高等学校法律实务系列教材

总主编：孟庆瑜
副总主编：何秉群　朱良酷　时清霜

民法案例教程

主　编：陈　佳　戴景月
副主编：苏艳英　邓春景　苗春刚

中国民主法制出版社
全国百佳图书出版单位

2015·北京

图书在版编目（CIP）数据

民法案例教程/陈佳，戴景月主编．—北京：中国民主法制出版社，2015.8

高等学校法律实务系列教材/孟庆瑜主编

ISBN 978-7-5162-0795-6

Ⅰ.①民… Ⅱ.①陈… ②戴… Ⅲ.①民法—案例—中国—高等学校—教材 Ⅳ.①D923.05

中国版本图书馆 CIP 数据核字（2015）第 087203 号

图书出品人：刘海涛
文案统筹：陈晗雨
责任编辑：逯卫光

书名/民法案例教程
MINFAANLIJIAOCHENG
作者/陈　佳　戴景月　主编

出版·发行/中国民主法制出版社
地址/北京市丰台区右安门外玉林里 7 号（100069）
电话/（010）63055259（总编室）　63057714（发行部）
传真/（010）63056975　63056983
http：// www.npcpub.com
E-mail：mzfz@npcpub.com
经销/新华书店
开本/16 开　787 毫米×960 毫米
印张/16.75　**字数**/254 千字
版本/2015 年 6 月第 1 版　2016 年12月第 2 次印刷
印刷/北京天宇万达印刷有限公司

书号/ISBN 978-7-5162-0795-6
定价/35.00 元

总序

为了贯彻落实教育部、中央政法委《关于实施卓越法律人才教育培养计划的若干意见》的文件精神，全面推进法律硕士专业学位研究生教育综合试点改革工作，充分发挥国家大学生校外实践基地的育人功能，持续深化法学专业实践教学改革，不断提高法学专业学生的实践创新能力，我们组织法学专家与法律事务部门专家共同编写了这套高等学校法律实务系列教材。

本套教材以案例研析和实务操作为主题，以高等学校和实务部门的共同开发为特点，以培养学生的法律实践应用能力为目标，以《宪法案例教程》、《行政法案例教程》、《刑法案例教程》、《民法案例教程》、《经济法案例教程》、《刑事诉讼实务教程》、《民事诉讼实务教程》和《法律文书教程》等8部教材为主要内容，以逐步形成适应应用型、复合型法律人才培养需要的法律实务教材体系。

本套教材的编写力求遵循以下原则：一是理论与实践相结合，突出实践性。即教材内容要强化法学理论和原理的综合应用，强调实践和应用环节，侧重实践能力培养，为学生的知识、能力、素质协调发展创造条件。二是立足现实，追踪前沿。即教材内容要最大限度地反映本专业领域的最新学术思想和理论前沿，吸收本专业领域的最新实务经验和研究成果，具有前瞻性。三是全面覆盖，突出重点。即教材既要整体反映本专业知识点，又要彰显案例和实务操作领域的规律和重点，以避免与理论教材之间的内容重复。

本套教材的编写力求满足以下要求：一是立足基础，突出应用。即立足基本知识，不做系统讲解，着重法律应用，突出应用性和实务特色。二是表述准确，言简意赅。即基本概念阐释清晰准确，知识要点讲解言简意赅。三是篇幅适中，便于使用。即控制每部教材的篇幅字数，均衡各章之间的权重，不宜畸轻畸重。四是知识案例，融会贯通。即将知识讲授与案例评析有机结合，真正做到以案说法，突出案例与知识的互动。

本套教材的编写是高等院校与法律实务部门之间深入合作和大胆尝试的结果，无论是教材内容，还是编写体例，肯定还存在诸多有待完善提高的地方，使用效果也有待教学实践的评估与检验。我们将及时总结经验，不断修订提高。同时，也期待着法学界和法律实务部门的各位同仁能够提出宝贵的意见和建议。

本套教材编委会

2015 年 2 月 26 日

目录

DIYIBIAN

第一编

民法总论

引例一　泸州遗赠案

一、案情简介[①] > > >

黄永彬(男)与蒋伦芳(女)于1963年5月登记结婚,婚后未育,收养一子黄勇。1996年,黄永彬与张学英相识,之后一直在外租房同居生活。2001年年初,黄永彬因肝癌晚期住院进行治疗。4月18日,黄永彬立下书面遗嘱,将其所得的住房补贴金、公积金、抚恤金和卖泸州市江阳区新马路6-2-8-2号住房所获款的一半40000元及自己所用的手机一部,赠与张学英所有。4月20日,张学英将该遗嘱进行了公证。4月22日,黄永彬去世。随后,张学英(原告)与蒋伦芳(被告)就黄永彬遗嘱内容发生争议并诉至法院。法院受理该案后,因张学英申请,5月17日,公证处又作出了《关于部分撤销公证书的决定》公证书,撤销了黄永彬遗赠公证书中的抚恤金、住房补贴金和公积金中属于蒋伦芳的部分,维持其余部分内容。

后来,经法院查明,在黄永彬患肝癌病晚期住院期间,一直是由蒋伦芳及其亲属护理、照顾直至去世。遗赠财产内容中,位于泸州市江阳区新马路6-2-8-2号房屋是由于1990年蒋伦芳继承的原泸州市市中区顺城街67号房屋拆迁,拆迁单位补给蒋伦芳的安置房,后来,此房屋黄永彬与蒋伦芳共同出售给陈蓉,卖得房款80000元,扣缴国家税费后剩余70000余元,2001年春节,黄永彬和蒋伦芳将售房款中的30000元赠与黄勇夫妇购买商品房。经过调查,法院认为,遗赠人黄永彬患肝癌病晚期临终前于2001年4月18日立下书面遗嘱将其财产赠与原告张学英,并经泸州市纳溪区公证处公证。该遗嘱虽是遗赠人黄永

① 案情来源:四川省泸州市纳溪区法院民事判决书〔2001〕纳溪民初字第561号;泸州市中级法院民事判决书〔2001〕泸民一终字第621号。

彬的真实意思表示且形式上合法,但在实质赠与财产的内容上存在以下违法之处:(1)按照国家有关政策规定,抚恤金是死者单位对死者直系亲戚的抚慰。黄永彬死后的抚恤金不是黄永彬个人财产,不属遗赠财产的范围。(2)遗赠人黄永彬的住房补助金、公积金属黄永彬与蒋伦芳夫妻关系存续期间所得的夫妻共同财产,按照《中华人民共和国继承法》第16条和司法部《遗嘱公证细则》第2条之规定,遗嘱人生前在法律允许的范围内,只能按照法律规定的方式处分其个人财产。遗赠人黄永彬在立遗嘱时未经共有人蒋伦芳同意,单独对夫妻共同财产进行处理,侵犯了蒋伦芳的合法权益,其无权处分部分应属无效。(3)泸州市江阳区新马路6-2-8-2号住房一套,系遗赠人黄永彬与蒋伦芳婚姻关系存续期间蒋伦芳继承父母遗产所得,根据《中华人民共和国婚姻法》第17条第4项之规定,为夫妻共同财产。但该房以80000元的价格卖给陈蓉,遗赠人黄永彬生前是明知的,且该80000元售房款还缴纳了有关税费,并在2001年春节,黄永彬与蒋伦芳共同又将该售房款中的30000元赠与其子黄勇用于购买商品房,对部分售房款已作处理,实际并没有80000元。遗赠人黄永彬在立遗嘱时对该售房款的处理显然违背了客观事实。

公证是对法律事实的真实性和合法性给予认可。泸州市纳溪区公证处在未查明事实的情况下,仅凭遗赠人的陈述,便对其遗嘱进行了公证,违背了《四川省公证条例》第22条"公证机构对不真实、不合法的行为、事实和文书,应作出拒绝公证的决定"的规定,显属不当。2001年5月17日泸州市纳溪区公证处作出的〔2001〕泸纳撤证字第2号《关于部分撤销公证书的决定》,撤销了〔2001〕泸纳证字第148号公证书中的抚恤金、住房补贴金、公积金中属于蒋伦芳的部分,该决定实质上变更了遗赠人黄永彬的真实意思,根据2000年3月1日司法部颁发的《遗嘱公证细则》第23条的规定,公证机关对公证遗嘱中的违法部分只能撤销其公证证明。作为公证机关直接变更遗赠人的真实意思没有法律依据。

遗赠属一种民事法律行为,民事行为是当事人实现自己权利,处分自己的权益的意思自治行为。当事人的意思表示一旦作出就成立,但遗赠人行使遗赠权不得违背法律的规定。而且根据《中华人民共和国民法通则》第7条的规定,民事行为不得违反公共秩序和社会公德,违反者其行为无效。本案中遗赠人黄永彬与被告蒋伦芳系结婚多年的夫妻,无论从社会道德角度,还是从《中华人民共和国婚姻法》的规定来讲,均应相互扶助、互相忠实、互相尊重。但在本案中遗赠人自1996年认识原告张学英以后，长期与其非法同居，其行为违反了《中华人民共和国婚姻法》第2条规定的一夫一妻的婚姻制度和第3条禁止有配偶者与他人同居以及第4条夫妻应当互相忠实、互相尊重的法律规定，是一种违法行为。遗赠人黄永彬基于与原告张学英有非法同居关系而立下遗嘱，将其遗产和属被告所有的财产赠与原告张学英，是一种违反公共秩序、社会公德和违反法律的行为。而本案被告蒋伦芳忠实于夫妻感情，且在遗赠人黄永彬患肝癌病晚期住院直至去世期间，一直对其护理照顾，履行了夫妻扶助的义务，遗赠人黄永彬却无视法律规定，违反社会公德，漠视其结发夫妻的忠实与扶助，侵犯了蒋伦芳的合法权益，对蒋伦芳造成精神上的损害，在分割处理夫妻共同财产时，本应对蒋伦芳进行损害赔偿，但将财产赠与其非法同居的原告张学英，实质上损害了被告蒋伦芳依法享有的合法的财产继承权，违反了公序良俗，破坏了社会风气。原告张学英明知黄永彬有配偶而与其长期同居生活，其行为是法律禁止的，也是社会公德和伦理道德所不允许的，侵犯了蒋伦芳的合法权益，于法于理不符，本院不予支持。

综上所述，遗赠人黄永彬的遗赠行为违反了法律规定和公序良俗，损害了社会公德，破坏了公共秩序，应属无效行为，原告张学英要求被告蒋伦芳给付受遗赠财产的主张本院不予支持。被告蒋伦芳要求确认该遗嘱无效的理由成立，本院予以支持。据此，依照《中华人民共和国民法通则》第7条的规定，判决驳回原告张学英的诉讼请求。

张学英不服，提出上诉，认为遗嘱中所处分的个人财产应属于部分有效遗嘱，有效部分应当受法律保护；本案属于遗嘱继承案件，应适用继承法。二审法院审理认为：遗赠人黄永彬的遗赠行为虽系其真实意思表示，但其内容和目的违反了法律规定和公序良俗，损害了社会公德，破坏了公共秩序，应属无效民事行为。上诉人张学英要求被上诉人蒋伦芳给付受遗赠财产的主张，不予支持，被上诉人蒋伦芳要求确认该遗嘱无效的理由成立，予以支持。原审判决认定事实清楚，适用法律正确，依法应予维持。据此，依照《中华人民共和国民事诉讼法》第154条第1款第1项之规定，该院于2001年12月28日判决驳回上诉，维持原判。

二、思维路径 > > >

本案中，最终法院适用民法基本原则中的公序良俗原则对此案进行了处理，以违背了民法通则第7条为由而驳回了原告的诉讼请求，这里的焦点问题集中在以下几个方面。第一，本案涉及遗赠，为何没有适用继承法？第二，本案为何要以民法基本原则作出裁判？公序良俗原则在本案中发挥什么样的作用？第三，黄永彬的遗赠内容进行公证过，公证遗嘱的法律效力是什么？为何要被撤销？

▶三、法律依据 > > >

1.《中华人民共和国民法通则》第7条："民事活动应当尊重社会公德，不得损害社会公共利益，破坏国家经济计划，扰乱社会经济秩序。"

《中华人民共和国民法通则》第58条："下列民事行为无效：

（一）无民事行为能力人实施的；

（二）限制民事行为能力人依法不能独立实施的；

（三）一方以欺诈、胁迫的手段或者乘人之危，使对方在违背真实意思的情况下所为的；

（四）恶意串通，损害国家、集体或者第三人利益的；

（五）违反法律或者社会公共利益的；

（六）以合法形式掩盖非法目的的。

无效的民事行为，从行为开始起就没有法律约束力。"

2.《中华人民共和国继承法》第3条："遗产是公民死亡时遗留的个人合法财产，包括：

（一）公民的收入；

（二）公民的房屋、储蓄和生活用品；

（三）公民的林木、牲畜和家禽；

（四）公民的文物、图书资料；

（五）法律允许公民所有的生产资料；

（六）公民的著作权、专利权中的财产权利；

（七）公民的其他合法财产。"

3.《中华人民共和国婚姻法》第3条："禁止包办、买卖婚姻和其他干涉婚姻自由的行为。禁止借婚姻索取财物。

禁止重婚。禁止有配偶者与他人同居。禁止家庭暴力。禁止家庭成员间的虐待和遗弃。"

《中华人民共和国婚姻法》第4条:"夫妻应当互相忠实,互相尊重;家庭成员间应当敬老爱幼,互相帮助,维护平等、和睦、文明的婚姻家庭关系。"

4.《中华人民共和国公证法》第39条:"当事人、公证事项的利害关系人认为公证书有错误的,可以向出具该公证书的公证机构提出复查。公证书的内容违法或者与事实不符的,公证机构应当撤销该公证书并予以公告,该公证书自始无效;公证书有其他错误的,公证机构应当予以更正。"

四、学理分析 > > >

(一)民法基本原则概述

民法基本原则通说概念是指民事立法、民事行为和民事司法的基本准则,贯穿整个民法,是规范民事主体进行民事行为的基本准则,并能够体现民法的基本价值和基本理念。同时,也是制定、解释、执行和研究民法的出发点,是最一般的民事行为规范和价值判断标准①。

民法基本原则的特点具有以下几个方面:

1. 全面性。民法基本原则贯穿整个民法体系之中,为法律规范确定价值取向,在法律规范空白的地方起到指导性作用并可以直接进行适用。具体来看,民法基本原则体现在具体的民事法律关系中,但是由于民事法律关系的不同,所以适用的民法基本原则的侧重面不同,比如本案适用的公序良俗原则在婚姻法、合同法上较为普遍,侵权责任法上公平原则体现则较为普遍,婚姻法、继承法体现的自愿原则较为普遍,等等。民法基本原则不可能脱离我们的生活而独立在外,体现在一切民事活动中。

2. 抽象性。民法基本原则具有高度的抽象性,它并不直接指导具体权利义务的分配,也并不直接指向责任人具体分配责任多少,具体权利义务设立和责任的分配都有具体的法律规范进行调整。基本原则只是在有的民事行为还没有可适用的民法规范的情况下,或者在适用法律规范却违背宪法精神的情况下、存在法律规范相互冲突的情况下才能够援引具体的法律原则对法律事实进行判定,这也是因为基本原则体现的是民法最基本的理念。在适用基本原则上,往往赋予了法官较大的自由裁量权,对法律空白或者法律冲突而作出有利于正确价值取向的裁判。但是也是由于适用基本原则可以为法官带来较大的

① 王利明:《民法总则研究》,中国人民大学出版社2003年版,第99页。

自由裁量权，所以，一般情况下基本原则并不直接适用于裁判案件，否则，在裁判案件时没有统一的裁判标准，容易产生异议，造成司法解释混乱的局面。

民法基本原则的作用有以下几个方面：

1. 民法基本原则指导民事立法、民事行为和民事司法，具有指导作用。在民事立法上，立法者倾向于用什么形式的法律条文去进行概括意思表示，如何将法律思维转换为法律条文，在法律条文之后能体现什么样的立法理念，这些都是基本原则所强调的大方向，也可以称之为价值指引。只有在了解大方向的情况下，才能正确解读具体的法律条文。在民事行为上，民事基本原则指导人们的应然行为、禁止性行为，贯穿于各个民事法律关系。比如，当事人如果在签订合同中，其中一方当事人胁迫他人签订了不利于被胁迫人的合同，那么此合同违背了自愿原则，根据我国合同法的规定就应当予以撤销。如果在合同中约定违背诚实信用原则的条款，那么此条款也应当作无效处理。在婚姻关系中，如果当事人处于威胁的情况下不得不结婚，违背了当事人的自愿原则，事后可向相关机关提出撤销婚姻。这样，违背法律原则精神的行为在法律上得不到支持，同时还要承担相应的法律责任。那么，人们在民事活动中，就会朝着民事基本原则指引的方向去作为。民事司法中，基本原则可以为人民法院的调解、裁判，仲裁机构的裁决提供指导作用。比如，在侵权责任的确定上，依据过错责任进行归责，这里就体现了公平原则的精神。本案中，黄永彬与张学英存在非法同居的行为，且遗赠的行为违背了公序良俗原则，所以她的诉讼请求被法院予以驳回。

2. 补充与修正的作用。这是指在法律没有具体的法律条文依据或者可以适用的多个法律依据存在冲突的情形下，依照法律原则进行补充解释和修正。比如，在裁判中，涉及两个指向性相左的法律规定，根据合同法第 314 条，货物在运输过程中因不可抗力灭失，已收取运费的，托运人可以要求返还。但是根据邮政法第 48 条，因不可抗力造成的给据邮件损失，邮政企业不承担赔偿责任。那么遇到这样的纠纷，需要法官或者仲裁人员根据公平原则进行解释，判定责任。这里，基本原则发挥的是补充作用。有些情况下，法律没有及时修订，出现滞后的情形，那么法官运用自由裁量权依据基本原则在具体案例中进行扩张解释或者限制解释等，可起到修正作用。

民法基本原则分为学理民法基本原则和法定民法基本原则。学理民法基本原则是指从学理上提出的基本原则。法定基本原则主要指民法中规定的基本原则。在民法通则中，目前我国确立了以下几项民法的基本原则，被称之为法定民法基本原则，具体有：平等原则、自愿原则、公平原则、诚实信用原则、公序良俗原则。

平等原则主要是指民事主体的法律地位是平等的，其合法权益应平等地受到法律的保护。自愿原则是指民事主体根据自己的意思表示行使民事行为，进行民事活动，其民事行为不受任何人的干扰。公平原则主要是以利益的平衡作为判断标准，衡量并调整当事人的利益，在调解当事人的利益纠纷上侧重实现实质上的公平，达到公平正义的结果。诚实信用原则属于道德准则的法律化，在日常生活中，诚实信用原则主要体现在各个民事主体之间活动中，它具有法律价值判断、填补法律漏洞和修正制定法的功能（[德]迪特尔·梅迪库斯《德国债法总论》，杜景林、卢谌译，法律出版社 2004 年版，第 24 页）。尤其是在合同法上适用广泛，并且衍生出一系列的具体规则与原则。

公序良俗原则主要源于大陆法系成文法中，在《德国民法典》中主要指善良风俗，《日本民法典》中主要指公共秩序，《法国民法典》中指“公共秩序”和“善良风俗”。我国的民法立法过程中进行了借鉴归纳，结合本国国情的善良风俗习惯，将公序良俗概括成为“社会公德”和“社会公共利益”，主要体现在民法通则第 7 条，统一称为公序良俗原则，与大陆法系的公序良俗原则本质是一样的。同时，习惯作为法的渊源之一，公序良俗原则传承下来的还有善良民俗和优良习惯，那些遭受人们摒弃的习惯在立法精神和立法目的上是背道而驰的。

（二）公序良俗原则的运用

在我国民法中，公序良俗原则主要用来规范民事主体的法律行为，体现为社会公共利益和社会公德。符合社会公共利益的公共秩序的保障，不仅可以体现为现有的法律规范，同时对于规定不周全的地方也可以用符合社会公共利益来涵盖。尤其是在我国民法通则司法解释中直接规定了违反社会公共利益的民事行为无效，同时在合同法等法律规定中也存在着相关规定。社会公德主要体现了道德的法律化，让人们在判定某个行为时是否符合法律同时也不违背善良风俗的规定，这是对人们进行民事行为的一种正确指引，也是提出了道德约束。我们在判断某一行为是否违反公序良俗时，一般要经过两个步骤：首先是确认公序良俗的存在；其次认定行为是否违反公序良俗。目前，经过社会变迁与发展，公序良俗原则也在逐渐发展，但是传承下来的精神却是和立法精神相契合的。

我国奉行一夫一妻制，一夫一妻制也是明确规定在我国婚姻法第2条中。《中华人民共和国婚姻法》第3条还明确规定禁止有配偶者与他人同居，这些都体现了我国立法中对婚姻制度的保护。在婚姻法第46条中，因重婚和有配偶者与他人同居导致离婚的，无过错方有权请求损害赔偿，这里出现的重婚行为和与他人同居导致离婚的行为，法律规定进行损害赔偿，同时在第45条中规定出现重婚行为的可以追究刑事责任，这都属于对夫妻忠诚义务的肯定，维护家庭秩序稳定的法律措施。

（三）公证遗嘱的法律效力

根据我国继承法，公证遗嘱在遗嘱类别里具有最高法律效力。也就是说，如果有公证遗嘱、自书遗嘱、口头遗嘱、代书遗嘱，那么在进行遗产分配时以公证遗嘱的法律效力最强，自书、代书、录音、口头遗嘱，均不能撤销、变更公证遗嘱。

（四）法律规则与法律原则的冲突

法律规则是采取一定的结构形式具体规定权利、义务以及法律责任的行为规范。在构成上，我们普遍认为主要是指由假定（适合此规则的背景、前提条件等）、行为（要求人们为什么或者不为什么）和法律后果三要素组成。

法律原则是为法律规则提供各种基础或本源的具有价值指向性的准则。按照法律原则产生的基础不同，法律原则分为公理性原则和政策性原则；按照原则覆盖面不同，可分为基本法律原则和具体法律原则；按照内容不同，可分为实体性原则和程序性原则。

法律规则和法律原则的区别：

首先，在特性上，法律规则的规定是明确的、具体的，具有直接指向性，它可以直接适用于主体行为，运用法律规则可以直接根据行为模式得出法律后果的结论，赋予法官的自由裁量权较小。与此相比，法律原则较为宏观，它不预先设定假定条件，也不会直接规定法律后果，但是具有指导意义。

其次，在结构上，法律原则也并不像法律规则一样是由要素结构构成，法律规则由于包含要素不同可能存在结构差异，但法律规则较为有规律，均是由要素构成；法律原则呈现出来的语句没有包含要素之说。

再者，在适用内容上，法律规则由于内容具体明确，只适用于某一类型的行为。法律原则比较抽象，适用于某一类行为、某一法律部门，具有宏观的指导性，适用内容更为广泛。

最后，两者稳定性不同，一般而言，法律原则比法律规则更稳定，时效性更强。如自愿原则，在我国施行经济合同法时就适用，我国施行合同法后依然适用，但是法律规则随着立法环境的改变发生了变更。

本案中，矛盾的焦点集中在以下几个方面。

第一，本案的焦点是为何没有适用继承法。黄永彬生前与张学英非法同居，并立下书面遗嘱，将其所得的住房补贴金、公积金、抚恤金和卖泸州市江阳区新马路6—2—8—2号住房所获款的一半40000元及自己所用的手机一部，赠与张学英所有。根据我国继承法第16条，公民可以依照本法规定立遗嘱处分个人财产，可以立遗嘱将个人财产赠给国家、集体或者法定继承人以外的人。我国继承法是1985年出台的，已经出现了同社会发展不相适应的情形，对于遗嘱处分的规定继承法中采取了意思自由的表述，但是没有对违反公序良俗的情形和其他情形作出限制性规定，这是我国继承法的法律空白地区，也是法律的一个漏洞。继承法在立法目的与立法精神上不仅应当尊重当事人意思自治，还应当与我国婚姻法、民法通则的立法目的和立法精神保持一致，显然，如果适用了继承法就是利用了法律漏洞，并且作出的判决与婚姻法、民法通则的立法目的和立法精神相违背！

在学界，很多学者指出非法同居行为与遗赠行为是两个行为，应当分别对待，对于遗赠行为如不违反法律规定法院应当支持。黄永彬生前具有完全民事行为能力、意思表示真实、其遗赠行为也不违反继承法规定，也没有侵犯社会公共利益，应当属于有效的民事行为。但是，我们要看到非法同居行为与遗赠行为里面的因果关系，正是由于长期的非法同居行为，致使黄永彬在自书遗嘱时将其财产遗赠给张学英。在这种遗赠行为基础上是两个人的非法同居行为的结果，是黄永彬和张学英长期非法同居对蒋伦芳和黄永彬婚姻破坏的结果。所以，在法律对一种行为进行适用时，应当首先对其适用的行为进行评价，其次，其适用法律的价值应当得到体现。在我国婚姻法中明确规定了一夫一妻制，体现了对于我国婚姻制度的保护，同时还规定夫妻间应当互相忠实。禁止有配偶者与他人同居。而且对于重婚行为也有规定，受害人可以提出自诉追究家庭成员中重婚一方的刑事责任，还可以主张损害赔偿。这些法律规定都体现出我国婚姻法对一夫一妻制和夫妻忠实义务的法律保护，而继承往往是基于婚姻家庭、血缘的基础而产生，所以，如果适用继承法的法律规定应当能够作出利于立法目的的法律解释，体现出法律的价值。所以在本案中，如果适用继承法的规定，也是等于赞同了能够产生遗赠结果的原因——婚姻关系存续期间与他人非法同居甚至重婚的行为，这与我国婚姻法的立法目的背道而驰。法律具有指引作用，价值取向正确对于人的行为的评价才能够发挥正确的指引作用。如果适用了继承法的规定，支持了张学英的诉讼请求，将黄永彬的遗产给予张学英，则是通过法律判决放纵并支持了婚外同居的行为，法律价值的取向就会出现问题，会造成错误的指引效果。

第二，为何适用民法基本原则中的公序良俗原则作为本案的判案依据。现实生活中，法律一经出台就会产生滞后的问题，实践中的问题并不是在立法时就能够预见到并且能够详尽规定的，所以当出现法律规则无法适用的情形或者法律中没有规定的情形，民法的基本原则才能够适用。本案中，正是由于在继承法中对遗赠人范围的规定存在法律漏洞而无法适用的情形下，法官们行使了自由裁量权基于民法基本原则进行了判决。

我国的公序良俗原则是我国民法基本原则之一，对民事行为也可以直接适用。目前主要规定在民法通则第 7 条之中，我国用社会公德、社会公共利益的表述对公序良俗原则的内涵进行了概括。那么，对于本案中是否适用民法通则中公序良俗原则还要看是否具有违背了社会公德或者社会公共利益的行为。

本案中，法官适用了民法基本原则中的公序良俗原则进行判决。公序良俗的发展和民法的产生和发展是分不开的。民法的产生和发展是由习惯到习惯法、习惯法到成文法的历程。所以，法律和好的习惯、人们的善良风俗也是分不开的，诚如法律是道德的最低限度一样，善良风俗也是由人们的道德积累而来的，立法者总是要注意保留善良风俗的精华，同时对恶俗进行否定性评价，从而建构一种社会秩序。本案中，遗赠行为的出现正是基于非法同居的感情基础，所以并不能单纯地评价遗赠行为的好恶，而是应当正确、全面地评价在非法同居时期内对非法同居者进行遗赠的行为，这个破坏婚姻基础上出现的遗赠对于社会秩序是一种破坏，不仅违背了公共秩序，即“公序”，还违背了善良风俗“良俗”，应当被人们所批评。而且，不能仅从这个行为有效就能够判定出其一定是符合法律的。立法精神和法律原则对法律的制定是具有指引作用，制定出的法律要与立法精神相契合，本案中，婚姻法仅对于善良风俗中一夫一妻制和夫妻忠实义务进行规定，同时，对破坏婚姻的家庭成员也作出了损害赔偿、追究刑事责任的否定性评价的规定。但是对于本案中的第三者张学英并没有法律规定可以适用。所以在没有具体的法律规则适用情形下，直接适用民法通则中公序良俗原则对遗赠行为进行评价和判决，是符合法律逻辑的，也是符合立法精神和立法目的的。同时，对于非法同居甚至重婚形成的新型社会秩序作出了否定性评价，这也是符合社会公众利益的。本案虽然是发生在某一户家庭，但是对于全国的家庭中，并不希望出现第三者而破坏自己已经受到法律保护的婚姻，所以，对于个体的禁止可以理解为对于整体秩序和全体婚姻家庭者利益的保护。所以，本案适用公序良俗原则不仅合法，而且能够作出合理解释。

本案中，如果法院直接依据继承法判案，支持了遗赠人的意思表示，除去夫妻共同财产，将黄永彬个人财产遗赠与张学英，那么蒋伦芳同样可以主张黄永彬为了逃避其应履行的夫妻忠实的法定义务，将自己的财产赠与他人，应当认定赠与无效，那么对于遗赠财产也应当属于赠与无效。

第三，本案公证遗嘱的效力是什么？为什么被撤销？根据我国公证法第36条规定，经公证的文书应当作为认定事实的根据，但有相反证据足以推翻该项公证的除外。所以，在经法院调查后，其中遗赠内容中房款事实上并不是80000元，而是剩余的40000元夫妻共同财产，这与遗嘱内容不实。住房补助金、公积金也是夫妻共同财产。对于夫妻共同财产黄永彬无权处分。抚恤金部分属于死者单位对死者直系亲戚的抚慰，不属于黄永彬个人财产，黄永彬也无权处分。黄永彬在生前与张学英去立遗嘱公证的行为直接损害蒋伦芳的合法权益。根据我国民法通则规定，对于恶意串通，损害第三人利益的行为应认定为无效。所以，本案中黄永彬公证遗嘱的行为无效。根据公证法第31条规定，申请公证的事项不真实、违背社会公德均不应予以公证，但是由于两人办理了公证，就存在了一个违法办理公证的事实。所以，根据公证法第39条，对内容与事实不符的公证文书应当予以撤销并公告，且该公证文书自始无效。而第一次作出部分撤销公证内容的行为于法无据，是错误的。

综上，本案中遗嘱虽然经过公证，但撤销后该遗嘱是不具有公证遗嘱的效力的，应当按照普通继承来对待，可是由于遗嘱内容与事实不符，且遗赠违背社会公德、触碰了社会公共利益，所以应当根据民法通则第7条予以判决。

▶五、相关案例 > > >

【案例 1-1】曲连吉诉天仙阁酒楼收取“开瓶费”案[①]

2001 年 7 月 15 日晚，曲连吉与几位好友为庆贺北京申奥成功，相聚于被告天仙阁酒楼，曲连吉带上一瓶珍藏十多年的“杜康酒”并亲手开启了这瓶名酒。但在饭后结账时，被告除收了饭菜款 186 元外，还加收了“自带酒水开瓶费”20 元。当时曲连吉认为收取顾客自带酒水开瓶费不合法，不应收取，但酒楼服务员坚持收取开瓶费是酒楼的规定，最后曲连吉只好支付了餐饮费和开瓶费 206 元。后曲连吉起诉天仙阁酒楼要求返还所收的开瓶费 20 元，并赔偿 20 元，要求被告向原告赔礼道歉，赔偿原告精神损失费 1 元。被告广州市白云天仙阁酒楼辩称：“我酒楼对顾客有规定‘谢绝自带酒水，如自带酒水收取开瓶费 20 元’，该规定写在酒楼大堂及包房内，原告应是知道的。我酒楼服务员并未言语冒犯原告，原告称我服务员侵犯原告的人格尊严不实。”

一审法院认为酒楼“谢绝自带酒水，自带酒水收取开瓶费 20 元”的规定，违反了合同法中有关格式条款的规定，也违背了民法通则的自愿、公平、等价有偿原则，侵犯了消费者依据消费者权益保护法第 9 条和第 10 条享有的自主选择权和公平交易权，不具有法律效力。被告将该规定公开张贴在酒楼大堂和包房内，已向消费者作了明确提示，原告认为被告收取“开瓶费”的行为具有欺诈性质，要求赔偿 20 元的请求无事实依据。原告在消费过程中，被告并无对原告有人身、人格上的侵犯，原告人格权益并未受到侵害，故原告要求被告赔礼道歉，并赔偿 1 元精神损失费的请求无事实和法律依据。故判决广州市白云天仙阁酒楼返还曲连吉 20 元开瓶费，驳回曲连吉的其他诉讼请求。

一审法院判决后，曲连吉不服上诉，诉讼请求与一审一致。二审法院认为酒楼依据店堂告示收取开瓶费，而没有向就餐顾客给予提示，其违背消费者的意愿而强迫收取开瓶费，违背了民法自愿、公平、等价有偿原则，应退还开瓶费。天仙阁酒楼关于“自带酒水收取开瓶费 20 元”的规定虽没有及时提示给曲连吉注意，但向曲连吉收取开瓶费的行为不具有欺诈性质，其上诉要求天仙阁酒楼赔偿 20 元没有法律依据。曲连吉与天仙阁酒楼的服务员为收取费用的问题产生争执，曲连吉认为酒楼服务员在争执中侵犯了他的人格尊严，要求天仙阁酒

---

① 参见：广东省广州市白云区人民法院〔2001〕云法民初字第 1430 号；广东省广州市中级人民法院〔2001〕穗中法民终字第 2901 号。

楼赔礼道歉,并赔偿精神损失费 1 元,因证据不足,不予支持。二审法院判决驳回上诉,维持原判。

【案例 1-2】"五月花"餐厅案[①]

1999 年 10 月 24 日傍晚 6 时左右,原告李萍、龚念夫妇二人带着 8 岁的儿子龚硕皓,与朋友到被告五月花公司经营的五月花餐厅就餐,由餐厅礼仪小姐安排在二楼就座,座位旁边是名为"福特"的餐厅包房。龚硕皓靠近该房木板隔墙的外侧就座。傍晚 6 时 30 分左右,"福特"包房内突然发生爆炸,李萍和龚硕皓随即倒下不省人事,龚念忍痛将龚硕皓送往医院抢救,李萍也被送往医院。龚硕皓经抢救无效死亡。李萍进行了左上肢截肢技术及脾切除术,伤愈后被评定为二级残疾。龚念右外耳轻度擦伤,右背部少许擦伤。后查明,五月花餐厅的这次爆炸,是由于餐厅服务员为顾客开启自带的伪"五粮液酒"瓶盖导致的,实质是爆炸物。事后李萍、龚念起诉五月花公司要求赔偿 403 万元。

一审法院认为原告李萍、龚念到被告五月花公司下属的餐厅就餐,和五月花公司形成了消费与服务关系,五月花公司有义务保障李萍、龚念的人身安全。五月花公司是否尽了此项义务,应当根据餐饮行业的性质、特点、要求以及对象等综合因素去判断。本案中,李萍、龚念的人身伤害和龚硕皓的死亡,是五月花餐厅发生的爆炸造成的。此次爆炸是第三人的违法犯罪行为所致,与五月花公司本身的服务行为没有直接的因果关系。在当时的环境下,五月花公司通过合理注意,无法预见此次爆炸,其已经尽了保障顾客人身安全的义务。五月花餐厅同样是此次事件的受害者,不用承担侵权损害的赔偿责任。判决驳回原告诉讼请求。

一审判决后,原告不服上诉。二审法院认为由于刑事犯罪的突发性、隐蔽性以及犯罪手段的智能化、多样化,即使经营者给予应有的注意和防范,也不可能完全避免刑事犯罪对顾客人身、财产的侵害。这种侵害一旦发生,只能从经营者是否尽到合理的谨慎注意义务来判断其是否违约。五月花餐厅接受顾客自带酒水到餐厅就餐,是行业习惯使然。对顾客带进餐厅的酒类产品,根据我国目前的社会环境,还没有必要要求经营者采取像乘坐飞机一样严格的安全检查措施。由于这个爆炸物的外包装酷似真酒,一般人凭肉眼难以识别。携带这个爆炸物的顾客曾经将其放置在自己家中一段时间都未能发现危险,因此要求

① 参见:《中华人民共和国最高人民法院公报》,2002 年第 2 期(总第 76 期)。

服务员在开启酒瓶盖时必须作出存在危险的判断，是强人所难。五月花餐厅通过履行合理的谨慎注意义务，不可能识别伪装成酒的爆炸物，不存在违约行为。木板隔墙倒塌是犯罪分子制造的爆炸所引起，其责任自应由犯罪分子承担。五月花公司既与犯罪分子没有侵权的共同故意，更没有实施共同的侵权行为，不能依消费者权益保护法的规定认定五月花公司侵权。综上所述，五月花餐厅既没有违约也没有侵权，不能以违约或者侵权的法律事由判令五月花公司承担民事责任。但五月花餐厅与这次事件也不能说毫无关系，双方当事人虽然同在此次事件中受害，但李萍、龚念一家是在实施有利于五月花公司获利的就餐行为时使自己的生存权益受损，五月花公司受损的则主要是自己的经营利益。根据《最高人民法院关于贯彻执行〈中华人民共和国民法通则〉若干问题的意见（试行）》第 157 条的规定，二审法院为平衡当事人的损害结果，贯彻民法的公平原则，应酌情由“五月花”餐厅补偿龚氏夫妇 30 万元。

【案例 1-3】李珉因返还拾得物诉朱晋华、李绍华履行悬赏广告约定的给付酬金义务纠纷案[①]

1993 年 3 月 30 日中午，朱晋华在天津和平电影院看电影时将朋友李绍华委托代办的内装洛阳市机电公司价值 80 余万元人民币的汽车提货单及附加费本等物品的公文包遗忘在座位上。位于后几排同场观看电影的李珉发现后，将公文包捡起，与同去看电影的王家平（本案第三人）在现场等候良久，未见失主来寻，便将公文包带走，并委托王家平予以保管。同年 4 月 4 日、5 日和 7 日，朱晋华先后在《今晚报》和《天津日报》刊登寻包启事，表示要“重谢”拾得人。李绍华得知失包情况后，于 4 月 12 日和 13 日也在《今晚报》刊登内容相同的寻包启事，声明“一周内有知情送还者酬谢 15000 元”。12 日晚，李珉得知以李绍华名义刊登的寻包启事后，即告诉王家平并委托其与李绍华联系。次日，双方在约定的时间和地点交接钱物，由于在给付酬金问题上双方发生争执，李珉遂向法院提起诉讼，要求朱晋华、李绍华依其许诺支付酬金 15000 元。王家平表示，本人仅替李珉保管公文包，不要求酬金。朱、李辩称：寻包启事中许诺给付酬金不是其真实意思，且公文包内有被告李绍华单位及本人的联系线索，李珉不主动进行寻找，物归原主，却等待酬金，法院应驳回诉讼请求。

一审法院认为，李珉及王家平在电影院内拾到内装价值 80 万元人民币的

---

① 参见：《中华人民共和国最高人民法院公报》1995 年第 2 期（总第 42 期）。

汽车提货单、附加费本及其他物品的公文包，确系李绍华所在单位之财物，系朱晋华遗失的。根据包内所装提货单及其他物品线索，均可找到遗失人或财物所属单位。依照《中华人民共和国民法通则》第79条第2款的规定，李珉及王家平应将拾得的遗失物归还原主。但是，他们不主动与失主联系，反而在家等候寻包启事，这是有违社会公德的。李绍华和朱晋华在寻包启事中所载之酬金，并非其真实意思表示，依照民法通则第58条第3项的规定，在违背真实意思的情况下所为的民事行为，应属无效。故对李珉的诉讼请求不予支持。

李珉不服一审判决，提起上诉。二审法院审理认为，一审法院认定的事实基本清楚，但认为朱晋华、李绍华在寻包启事中所载报酬15000元并非真实意思这一点，尚欠缺充分的依据。因此，二审人民法院依照《中华人民共和国民事诉讼法》第85条的规定，在事实清楚的基础上，分清是非，进行调解，双方当事人达成调解协议，由朱晋华、李绍华一次性给付李珉酬金人民币8000元。一、二审诉讼费人民币1435元，李珉负担635元，朱晋华、李绍华负担800元。

【案例1-4】TMT商标权属纠纷案[①]

广东省轻工业品进出口（集团）公司（以下简称轻工业品公司）于1979年春季与香港TMT贸易有限公司（以下简称TMT公司）总经理王少明等人商谈生产吊扇出口业务达成一致意见，同意轻工业品公司使用由TMT公司提供的由该公司设计的TMT商标并将其组织生产的吊扇卖给TMT公司，其他外商不得向轻工业品公司订购TMT牌吊扇。之后TMT公司与轻工业品公司分别签订两份《包销协议》，约定由前者定牌及包销TMT、TMC牌吊扇，免费提供生产吊扇商标等，由后者布产。1980年7月11日、1981年1月23日两公司签订了两份有关TMT、TMC、SMC、SMT商标权属协议书，约定上述商标权属归轻工业品公司所有，委托王少明先生全权代表轻工业品公司在香港及世界各电器主销地区申请办理TMT、TMC、SMT、SMC牌家用电器产品注册的一切事宜。轻工业品公司在1980年向国家工商局办理了TMT商标注册登记。为防止其他公司模仿、影射TMT商标，轻工业品公司又于1981年办理了TMC、SMT商标的注册登记。TMT公司则在香港地区和中东部分国家办理TMT商标注册。数年来，TMT公司在TMT牌吊扇的主要销售国家和地区办理了TMT、SMT、TMC商标注册，并花巨资为推销上述名牌产品做了大量的广告宣传工作，使TMT名牌产品在海外

① 参见：广东省高级人民法院〔1998〕粤法知初字第2号民事判决；最高人民法院〔1998〕知终字第8号。

具有一定的知名度。1987年10月23日、12月16日，轻工业品公司发出两份证明文件，证明轻工业品公司注册的TMT、SMT和TMC商标由香港TMT公司所有和受益，轻工业品公司只是作为受托人代表TMT公司持有此商标。1994年10月6日，两公司还签订了一份协议，约定：(1)在中国境内，TMT牌商标属轻工业品公司注册，轻工业品公司有绝对的经营和管理权利。(2)在中国境外（包括香港）TMT牌商标属TMT公司注册，TMT公司有绝对的经营和管理权利。(3)TMT公司在中国境内生产出口的TMT牌电风扇及其配件产品，必须全部经过轻工业品公司出口。如因其他原因，轻工业品公司不能提供出口服务，TMT公司在征得轻工业品公司的同意下，可以由其他公司或工厂经营出口服务，但需按工厂出厂价的2%缴纳商标使用费用，并签订商标使用协议。后双方在履行过程中产生矛盾，就商标问题一直没有达成协议。后来，TMT公司以轻工业品公司违背双方的委托约定，意图侵吞TMT公司委托其在中国注册的商标，阻止TMT公司定牌加工产品的出口，造成其经济损失为由，向广东省高级人民法院起诉，请求判令终止其委托轻工业品公司在国内注册和管理TMT商标的关系；轻工业品公司返还因委托关系而取得的财产并赔偿损失人民币1亿元。

一审法院认为，双方争议的TMT、TMC、SMT商标是TMT公司自行设计和首先实际使用的商标。TMT公司主要是委托轻工业品公司在国内办理商标注册。TMT公司主张其对这三个商标的权属是有合法依据的。根据前述理由，并考虑到TMT等三个商标一直是由TMT公司及其前身东明公司在内地作定牌生产使用的，这些商标还给TMT公司，有利于继续发挥其应有的作用；只有TMT公司才能在境外市场合法经销这三个牌子的商品；双方已发生矛盾，失去合作基础，TMT公司诉请终止委托关系，并返还上述商标的主张应予支持。鉴于轻工业品公司在国内办理了TMT、TMC、SMT商标的注册并进行了有效管理，故其商标返还给TMT公司时，TMT公司应予以适当的经济补偿。据此，一审法院依据民法通则第5条、第6条、第65条第1款、第69条第2项和民事诉讼法判决：(1)确认轻工业品公司注册的TMT、TMC、SMT三个商标专用权归TMT公司所有。(2)TMT公司在本判决发生法律效力后到国家商标局办理有关TMT、TMC、SMT商标权属变更手续。(3)TMT公司应于本判决生效之日起一个月内补偿轻工业品公司人民币50万元。(4)驳回TMT公司的其他诉讼请求。

轻工业品公司不服省高院上述判决，向最高人民法院提起上诉。最高人民法院经审理认可了省高院的事实，原审法院根据民法通则的有关规定判决将商标权返还TMT公司是正确的。但认定存在委托关系,未考虑该商标是以被委托人名义注册并管理的这一事实,未认定存在事实上的商标权财产信托法律关系,所作认定欠当。对上诉人的上诉不应支持;原审判决事实清楚,适用法律正确,除判决的补偿数额较低有失公平应予变更外,其他处理正确,应予维持;原审判决在陈述判决理由和主文表述上有所失当,应予变更。二审院根据民法通则第4条和民事诉讼法第153条第1款第1项、第2项的有关规定判决:(1)维持省高院判决第四项。(2)变更省高院判决第一项、第二项为:轻工业品公司在国内注册的TMT、TMC、SMT文字及文字与图形组合商标的商标专用权归TMT公司所有,轻工业品公司应当在本判决生效之日起一个月内负责协助TMT公司办理商标注册人的变更手续。(3)变更省高院判决第三项为:TMT公司补偿轻工业品公司250万元人民币,于本判决生效后一个月内支付。

六、问题与思考 > > >

1. 假如在泸州遗赠案中黄永彬的遗赠内容符合法律规定,仅就其个人财产即不包含与蒋伦芳的夫妻共同财产,请问该案该如何处理?

2. 既然民法基本原则能够在具体案例中适用,那么,民法基本原则能否作为法的渊源?

引例二　范应莲诉敬永祥侵害海灯名誉案

一、案情简介[①] > > >

海灯法师是我国武术界、佛教界的著名人士。1988年1月20日、2月26日《"海灯法师"是个大骗子》一文在湖南的《新闻图片报》和四川的《星期天》刊登。文章的出处,是新华通讯社《内参选编》(发行量70万册/期)1988年第51期刊登的《对海灯法师武功提出不同看法》一文,作者是《四川日报》记者敬永祥。文章主要内容表述海灯法师及其徒弟范应莲自我吹嘘,……海灯没有正式的工作,也没有档案……海灯的徒弟范应莲明明是在1尺多高的木桩上表演

① 案情来源:四川省高级人民法院民事判决书〔1993〕川民终字第6号。

"梅花精拳",纪录电影说是在1丈8尺高的木桩上练拳。……海灯在少林寺客居一个多月时通过自我介绍,当了武术教练,拿到聘书不久就离开了少林寺。以后便以"少林寺武术教练"的名义成了"少林武术正宗"。1985年,徒弟范应莲用这套办法在成都、北京、济南等地的部队教武,宣称是"我军武术总教练"。……海灯在电影《四川奇趣录》中表演的"二指禅"是弄虚作假。海灯出名后,国家拨款和地方筹款130多万元,在江油李白纪念馆和太白公园附近修起了"海灯武馆",另外还拨款数万元,在海灯故居修起了"本愿精舍"。除了国家拿出巨资外,全国各地的佛教信徒和武术信徒纷纷给他寄赠供奉,使海灯和范应莲成了巨富。……同时,该文还刊登在新华社《国内动态清样》1988年第3467期上。

此后,1989年7月和8月,敬永祥又先后在海南《金岛》杂志和《报告文学》上发表了《海灯法师神话的破灭》、《海灯现象——80年代的一场造神运动》,两篇文章雷同,均是对《内参选编》中刊载文章的观点进一步阐述和公开扩散,使影响继续扩大。

1989年8月5日,海灯法师弟子范应莲作为原告,向成都市中级人民法院起诉敬永祥、《星期天》和《新闻图片报》,称被告无中生有,歪曲事实,采取在报刊上公开发表文章诽谤海灯法师和本人的人格,故意侵害名誉。原告请求法院:判令被告立即停止侵害,消除影响,恢复名誉,公开在报刊上赔礼道歉;判令被告赔偿因其行为对原告造成的损失。

敬永祥辩称:(1)这是一起极为严重的党内泄密案。《内参选编》明确规定是党内秘密刊物,不具有公开性,刊登的情况也不属公开报道,订阅范围极其有限。原告范应莲既非共产党员,更非有资格看这个刊物的党员领导干部。《内参选编》上的材料,原告非通过泄密,是不可能获知的。本人作为新闻记者,为履行法定职责,有权利也有义务向党内有关部门反映情况,应受法律保护。(2)既然范应莲提出名誉侵权诉讼的基本证据是通过党内秘密泄密所获,因此,原告所提供的基本证据的来源是非法的,请求依法驳回范应莲起诉。(3)本案在全国有重大影响,应当由最高人民法院受理,成都中级人民法院无管辖权。之后,敬永祥提起反诉,认为范应莲侵害其名誉权。

根据后来的法庭调查,范应莲作为政协委员,具有看《内参选编》的资格。敬永祥系投稿到《内参选编》,并不属于向领导反映情况。《新闻图片报》是未经新华社同意擅自将该文部分摘登,自行另加大号标题为《"海灯法师"是个大骗子》,《星期天》是根据《新闻图片报》的报道自行全文转载。上述文章发表后,江油市海灯资料组和范应莲分别向新华社《内参选编》《新闻图片报》《星期天》提出意见,要求更正。《星期天》和《新闻图片报》分别于1989年3月26日、4月7日登报更正,并赔礼道歉。《内参选编》也于1989年5月刊出了江油市海灯资料组与敬文祥观点不同的文章。后来,因《新闻图片报》和《星期天》已道歉,并且停刊解散,范应莲撤销了对《新闻图片报》和《星期天》的起诉。1990年2月13日,江油市海灯法师武馆以敬永祥对该馆名誉造成损害为由,申请作为原告参加诉讼。后未被法院允许。

经法院审理,海灯生于1902年,生前曾任全国政协委员、四川省政协委员等,均进行过调查,具有档案;海灯自称"少林武术正宗"无确切依据;海灯生活简朴,其所收取供奉大多用于捐献给当地建寺庙、学校、街道等,并非海灯本人成了"巨富",海灯法师武馆也仅以海灯命名,武馆是江油市政府为发展旅游业等需要而修建的,并非为海灯个人修建;范应莲表演"梅花精拳"经查是在2米2左右高的木桩上表演,敬文祥称"被说成是在1丈8尺高的木桩上练拳",经查未查到这方面的报道;范应莲从1985年11月至1988年5月先后被成都军区、总参、国防科工委、空军等部队聘请为武术集训队的教练,有关部门证明范应莲任教是根据部队首长提议或指示办理的,范在成都军区教武时从未提出过要报酬,且证实集训效果好,范在成都军区要求给一套军服作纪念,但未提出入伍当军官,范曾以"中国人民解放军武术总教练"名义在四川《文明》杂志上发表过数篇文章,并以此名义印过名片,但范称这是朋友为其印制,未公开使用过。

后来,四川省中院认定了敬永祥侵犯海灯名誉和范应莲的名誉权。认定敬永祥提起的反诉范应莲侵害其名誉权无事实依据。判决敬永祥立即停止对海灯名誉和范应莲名誉的侵害;敬永祥判决生效后一个月内,在公开发行的一种全国非专业性报纸上和四川省级非专业性报纸上,为海灯、范应莲消除影响、恢复名誉,并赔礼道歉,稿件须经法院审查认可,费用由敬永祥承担;敬永祥于判决生效后一个月内,一次性向范应莲赔偿损失4000元;驳回敬永祥反诉的诉讼请求。本诉案件受理费50元,反诉案件受理费50元,均由敬永祥负担。敬永祥不服,上诉至四川省高院。最终,1998年8月17日,四川高院作出〔1993〕川民终字第6号判决。认定敬永祥在《报告文学》和《金岛》等杂志公开发表贬低了海灯法师和范应莲人格的言论,又在四川省民法、经济法学会学术研讨会上发言,继续扩散其论点,构成对海灯法师和范应莲名誉权的侵害,原审认定事实清楚。故敬永祥上诉认为事实不清的理由不能成立。上诉人敬永祥反诉范应莲侵害其名誉权无事实根据,原判驳回其反诉请求正确,其称原判驳回其反诉请求不当的上诉理由亦不能成立。海灯法师已死亡,原审判决由敬永祥向海灯法师赔礼道歉不当,应予纠正。鉴于敬永祥的行为对范应莲名誉侵权较轻,可适当承担民事责任,不再作赔偿。最终,四川省高院依照《中华人民共和国民事诉讼法》第 153 条第 1 款第 2 项、《中华人民共和国民法通则》第 101 条、第 120 条、第 134 条之规定,判决如下:维持四川省成都市中级人民法院〔1989〕成法民一字第 9 号民事判决第一项、第四项即敬永祥立即停止对海灯和范应莲名誉的侵害,驳回敬永祥反诉的诉讼请求;撤销四川省成都市中级人民法院〔1989〕成法民一字第 9 号民事判决第三项即敬永祥于判决生效后一个月内,一次性向范应莲赔偿损失 4000 元;变更四川省成都市中级人民法院〔1989〕成法民一字第 9 号民事判决第二项为敬永祥判决生效后一个月内,在公开发行的一种全国非专业性报纸上和四川省级非专业性报纸上,为海灯法师消除影响、恢复名誉,为范应莲消除影响,稿件内容需经成都市中级人民法院审查认可,所需费用由敬永祥承担。一审案件受理费 50 元,反诉案件受理费 50 元,由敬永祥负担。二审案件受理费 50 元,由上诉人敬永祥负担。

二、思维路径 > > >

本案涉及名誉侵权的问题,应从以下几点进行思考:首先,海灯法师已经逝世,又没有子女及其他亲属,为何范应莲能作为原告起诉,海灯法师武馆能否作为诉讼主体进行起诉?其次,由于海灯法师已逝世,是否享有名誉权,如何对死者名誉进行保护?

三、法律依据 > > >

1.《中华人民共和国民法通则》第 5 条:“公民、法人的合法的民事权益受法律保护,任何组织和个人不得侵犯。”

《中华人民共和国民法通则》第 101 条:“公民、法人享有名誉权,公民的人格尊严受法律保护,禁止用侮辱、诽谤等方式损害公民、法人的名誉。”

《中华人民共和国民法通则》第 120 条第 1 款:“公民的姓名权、肖像权、名誉权、荣誉权受到侵害的,有权要求停止侵害,恢复名誉,消除影响,赔礼道歉,并可以要求赔偿损失。”

2.《最高人民法院关于审理名誉权案件若干问题的解释》第 3 条：“新闻媒介和出版机构转载作品，当事人以转载者侵害其名誉权向人民法院提起诉讼的，人民法院应当受理。”

《最高人民法院关于审理名誉权案件若干问题的解答》第 5 条：“死者名誉受到损害的，其近亲属有权向人民法院起诉。近亲属包括：配偶、父母、子女、兄弟姐妹、祖父母、外祖父母、孙子女、外孙子女。”

3.《最高人民法院关于贯彻执行〈中华人民共和国民法通则〉若干问题的意见（试行）》第 140 条第 1 款：“以书面、口头等形式宣扬他人的隐私，或者捏造事实公然丑化他人人格，以及用侮辱、诽谤等方式损害他人名誉，造成一定影响的，应当认定为侵害公民名誉权的行为。”

4.《中华人民共和国侵权责任法》第 2 条第 1 款：“侵害民事权益，应当依照本法承担侵权责任。”

《中华人民共和国侵权责任法》第 3 条：“被侵权人有权请求侵权人承担侵权责任。”

《中华人民共和国侵权责任法》第 15 条：“承担侵权责任的方式主要有：

（一）停止侵害；

（二）排除妨碍；

（三）消除危险；

（四）返还财产；

（五）恢复原状；

（六）赔偿损失；

（七）赔礼道歉；

（八）消除影响、恢复名誉。

以上承担侵权责任的方式，可以单独适用，也可以合并适用。”

5.《中华人民共和国侵权责任法司法解释》第 4 条：“违反保护他人的法律，或者故意违背善良风俗，侵害下列民事利益的，应当认定为侵权责任法第二条第二款规定的民事利益保护范围：

（一）法律规定的具体人格权不能保护的其他人格利益；

（二）死者的姓名、肖像、名誉、荣誉、隐私以及遗体或者遗骨等人格利益；

（三）胎儿的人格利益；

（四）法律规定的身份权不能保护的其他身份利益；

（五）法律规定的物权、债权和知识产权不能保护的占有、纯粹经济利益损失等其他财产利益。

前款规定的死者的人格利益，由死者的近亲属予以保护。胎儿的人格利益受到损害，在其出生后有权就其受到的损害提出赔偿请求；胎儿遭受损害没有出生或出生时为死体的，该损害视为对其母亲的损害。”

《中华人民共和国侵权责任法司法解释》第35条：“侵害他人人身权益，虽然没有造成严重精神损害，人民法院可以根据实际需要，确定侵权人承担名义损害赔偿。

确定名义损害赔偿的数额，由人民法院根据实际情况确定，但数额不宜过高。”

四、学理分析 >>>

本案中，敬永祥陆续通过发表刊物、论坛言论对海灯法师、师徒弄虚作假观点的阐述和公开扩散，使海灯法师、师徒不良影响处于持续扩大状态。1989年8月5日，海灯法师弟子范应莲作为原告，向成都市中级人民法院起诉敬永祥称被告无中生有，歪曲事实，采取在报刊上公开发表文章诽谤海灯法师和范应莲本人的人格，故意侵害名誉。在本案的诉讼法律关系中，既有实体性问题，也存在程序性问题。

关于程序性问题，首先涉及管辖权问题，根据民事诉讼法第18条，第一审民事案件是最高人民法院确定由中级人民法院管辖的案件可由中级人民法院管辖。本案中，由中级人民法院向四川省高院请示，再由四川省高院对最高院的逐级请示，最高院答复中确定可由成都市中级人民法院管辖。所以，本案属于指定管辖，由成都市中级人民法院依法受理并不违背管辖权的规定。

在起诉人的问题上，如何确定范应莲的身份问题。经查明，范应莲原名赵荣莲，12岁时（即1965年）由其生父赵康万抱养给海灯法师，介绍人为陈启元，写有纸约，抱养后改名为现名，由海灯法师抚养成人，海灯法师自幼出家为僧，无配偶子女等亲属。范应莲跟随海灯法师多年，与海灯法师形成了事实收养关系，关系密切。我国收养法系1991年出台，海灯法师已故，对于范应莲和海灯法师的收养关系登记与认定并无法律溯及力。且海灯法师属于宗教界人士，较为特殊，本案中范应莲可视为海灯法师的直接利害关系人，能够作为原告提起诉讼。

对于海灯武馆，虽然范应莲作为法人代表，但是本案中敬永祥的批判文章中并没有直接指向海灯武馆，而是用大篇幅的文章渲染了海灯法师和范应莲的不实行为。所以根据最高人民法院的批复本案没有列海灯武馆作为原告。

在确定被告的问题上，由于《最高人民法院关于侵害名誉权案件有关报刊社应否列为被告和如何适用管辖问题的批复》已被《最高人民法院关于审理名誉权案件若干问题的解答》代替，所以本案应参照《最高人民法院关于审理名誉权案件若干问题的解答》进行适用。

因新闻报道或其他作品引起的名誉权纠纷，应根据原告的起诉确定被告。只诉作者的，列作者为被告；对作者和新闻出版单位都提起诉讼的，将作者和新闻出版单位均列为被告，但作者与新闻出版单位为隶属关系，作品系作者履行职务所形成的，只列单位为被告。本案中，敬永祥在《内参选编》中刊登了《对海灯法师武功提出不同看法》一文，虽然敬永祥具有党员身份，但并不是基于职务而发表文章的行为，而是采取了投稿的形式发表文章。本案中，范应莲将敬永祥、《星期天》和《新闻图片报》列为被告，并没有将《内参选编》和《国内动态清样》诉至法院，所以本案列敬永祥为被告并无不妥。

《星期天》和《新闻图片报》属于事业单位，由于其对转发《内参选编》的海灯法师的文章已经登报更正，并赔礼道歉，且解散停刊。范应莲进行了撤诉，也经过了法院的准许，所以，本案的被告只有敬永祥一人。

对于是否具有存在侵犯范应莲名誉权和海灯法师死者名誉利益的事实涉及实体法的适用。首先，根据民法通则第 9 条规定，公民从出生时起到死亡时止，具有民事权利能力，依法享有民事权利，承担民事义务。所以，死者没有民事权利能力，不具备民事行为能力的资格，不能享有相应的民事权利，包括人格权、名誉权，死者也不能称之为权利主体。所以本案中海灯法师是不享有民事权利能力，进而也不享有名誉权。范应莲作为完全民事行为能力人，享有民事权利能力，享有民事权利、人身权利，也就享有名誉权。两个人物要区分对待。

但是对于死者人格利益若不予保护，对于死者的人格利益的侵害就会使死者的社会评价降低，进而影响死者亲属的社会评价，对死者亲属造成精神损害。那么死者名誉性质是什么？保护死者名誉有无必要？如何保护？

死者的名誉随着权利主体的消灭，权利的属性也就丧失了，但是死者的名誉尤其是公众人物的名誉能够造成广泛社会影响，其高度的社会评价往往能够带给近亲属一种高度的社会评价，能够带来一种荣誉感，这也属于利益的一种。而正是由于公众人物往往受到的社会评价比较多，所以破坏公众人物名誉、荣誉、隐私等社会评价的行为会对其近亲属造成精神损害。我们认为，死者的名誉应该属于一种人格利益，对这种人格利益应当运用法律加以保护。一般，受到法律保护的利益被称之为法益。所以，死者的荣誉、隐私等应当属于一种法益。目前，我国法律支持法益保护说并通过立法予以规定。法益具有广义和狭义之分。广义上的法益是指法律所保护的利益，包含民事主体的民事权利、死者利益等；狭义的法益是指权利之外而为法律所保护的利益，是一个与权利相对应的概念。所有的法益无论是个人利益或者共同社会利益，都是生活利益。生活利益包括财产利益和非财产利益两种。前者如一般之财富，后者如生命、身体、健康、自由、名誉、隐私等。生活利益本来很广泛，其中受法律保护者，视为法律利益，简称法益[①]。根据《最高人民法院关于确定民事侵权精神损害赔偿责任若干问题的解释》中规定的法律所保护的死者人格利益包括姓名、肖像、名誉、荣誉、隐私、遗体等。由此可见，法益在狭义上法律所保护的权利之外的民事利益的范围包括姓名、肖像、名誉、荣誉、隐私、遗体等利益。这些利益不像健康、自由等权利随着主体的消失就一同消失了。同时，也不因主体消失，就丧失保护手段。而本案涉及的主要是死者名誉，属于人格利益，属于法律所保护的法益内容之一。

对于自然人的名誉权利保护，根据《中华人民共和国民法通则》第 120 条被侵权人有权要求停止侵害，恢复名誉，消除影响，赔礼道歉，并可以要求赔偿损失。根据侵权责任法第 2 条和第 15 条，也有权利要求侵权人停止侵害，赔礼道歉，消除影响，恢复名誉，赔偿损失，等等。

目前对于死者名誉利益的保护主要是由死者近亲属进行主张。在死者人格利益受不法侵害时，死者近亲属有权起诉并可以请求精神损害赔偿。近亲属的权利应是近亲属自身的一个独立的权利，其请求权基础应当基于法律规定其自身的诉权。在《最高人民法院关于审理名誉权案件若干问题的解答》第 5 条中规定，对于死者名誉的保护，赋予其近亲属向人民法院起诉的诉权，进而保护死者的人格利益。死者近亲属包括：配偶、父母、子女、兄弟姐妹、祖父母、外祖父母、孙子女、外孙子女。所以对于死者人格利益的保护是有法律规定的，其近

---

① 梁慧星：《民法总论》，法律出版社 2011 年版，第 77 页。

亲属可以依法对侵害死者人格利益的行为提起诉讼。但是对于死者人格利益的保护是否应予以设定限制,目前众说纷纭。有的认为应当对死者人格利益保护限定期限,因为时间越久,对于近亲属的考证越为困难,可以将死者人格利益的保护期限设定具体的10年、30年、50年等。也可以参照如德国《艺术与摄影作品著作权法》第22条第3款和第4款规定,死者肖像在死后10年的期限内可以受到保护,超过10年的,死者肖像的著作权人可以不经其近亲属同意而使用。美国加利福尼亚州的法律规定,肖像权在权利人死后50年到70年间仍受法律保护。[①] 对不同的人格利益种类进行区分保护,所以,目前在我国没有合理的设定保护死者人格利益期限,需要进行进一步规范。但是,有的学者在认定对死者人格利益保护期限上法律已经做了限制,在近亲属的关系上,只规定到了孙子女辈,实质也就是最多到第三代人的生活时间。呈现年代跨度较广、孙子女辈不易确认等特点,在现实生活中一般根据血缘、户籍、族谱综合进行身份确认,这不得不说是对法院审理的一个挑战。

本案中,进入实体部分后,首先应当确认是否存在侵权的事实。四川法院经过调查认定的事实是:(1)海灯法师有户口档案,户口表载明其生于1902年8月19日,与各界新闻媒介宣传其生于1901年、1903年、1904年相差无几,不存在海灯在不同场合把自己年龄越说越大的问题;(2)海灯法师作为出家和尚,终身从事宗教事业,在其任政协委员时,有关部门对其身世、经历都进行了大量调查,因此,海灯法师并非无工作、无档案、身世都是自己说了算;(3)关于海灯法师的武术问题,经查证,海灯法师在20世纪五六十年代就表演过"二指禅",在拍摄《四川奇趣录》时,海灯法师年事已高,拍"二指禅"时双脚靠在窗上,从窗格中用绳系于双脚上(至于绳起保险作用还是将人吊起,无法查明),但不能仅凭此认定海灯法师不会"二指禅";(4)关于海灯法师的佛学、医学问题,经查海灯法师虽无佛学著作,但其修炼"头陀行",衣、食、住特别苦,受到广大佛教徒的尊敬,同时讲经也很多,因此佛教界承认其具有高深的佛学修养,其长期在江油市等地方为群众治病,据了解医术尚可;(5)关于敬文祥称"海灯自称为少林寺武术教练,此后以少林寺武术教练四处活动,成了少林寺武术正宗"的问题,经查1946年海灯法师曾在少林寺挂单,少林寺是否聘请其为武术教练无法查证,但海灯法师所持《敦请书》上少林寺及住持、知客等印章齐全,无任何证据证

① 霍银泉:《死者人格利益保护的法律分析》,《中共郑州市委党校学报》2010年第2期(总第104期),第61页。

明是伪造的;海灯法师先后于 1946 年、1983 年应聘到少林寺教授武术,其武术属少林派,因此,被记者宣传为"少林武术正宗",至于海灯法师自称"少林武术正宗"无确切依据;(6)关于海灯法师是否成为"巨富"的问题,海灯法师作为出家人,靠收取信徒供奉生活,海灯法师出名后,其生活仍很简朴,其所收取供奉大多用于捐献给当地建寺庙、学校、街道等,并非海灯法师本人成了"巨富",海灯法师武馆也仅以海灯命名,武馆是江油市政府为发展旅游业等需要而修建的,并非为海灯法师个人修建;(7)关于范应莲表演"梅花精拳"的情况,经拍摄《少林海灯法师》时的摄影师、群众证实,当时范应莲是在 2 米 2 左右高的木桩上表演(范本人称当时桩高 2 米 2 左右),至于敬文祥称是在 1 尺多高的木桩上表演,采取抑拍而成不符合事实,也是不可能的,敬文祥称"被说成是在 1 丈 8 尺高的木桩上练拳",经查未查到这方面的报道;(8)关于范应莲到部队教授武术及相关聘书问题,经查范应莲从 1985 年 11 月至 1988 年 5 月先后被成都军区、总参、国防科工委、空军等部队聘请为武术集训队的教练,有关部门证明范应莲任教是根据部队首长提议或指示办理的,范在成都军区教武时从未提出过要报酬,且证实集训效果好,范在成都军区要求给一套军服作纪念,但未提出入伍当军官,范曾以"中国人民解放军武术总教练"名义在四川《文明》杂志上发表过数篇文章,并以此名义印过名片,但范称这是朋友为其印制,未公开使用过。

上述调查内容证明了敬永祥的报道存在不属实的事实,根据《最高人民法院关于审理名誉权案件若干问题的解答》第 8 条,因撰写、发表的文章基本内容失实,使他人名誉受到损害的,应认定为侵害他人名誉权。所以,在本案中,由于敬永祥首先在党刊发表侵犯海灯法师及范应莲名誉权的文章,随后通过在海南《金岛》杂志和《报告文学》上陆续发表侵犯海灯法师及范应莲名誉权的文章,并通过讲座宣讲使影响陆续扩大,应当认定存在侵权事实,侵犯了范应莲的名誉权,还侵犯了海灯法师的名誉,即侵犯了海灯法师的人格利益。根据《中华人民共和国侵权责任法司法解释》第 4 条,侵犯海灯法师的名誉应当认定为侵犯了侵权责任法第 2 条第 2 款规定的民事利益保护范围。

同时,由于文章中捏造事实,使用贬低、侮辱、诽谤海灯法师及范应莲人格的言词,损害其名誉,且行为具有持续性,也没有弥补海灯法师及范应莲的受损名誉的行为。依据《中华人民共和国民法通则》第 101 条和《最高人民法院关于贯彻执行〈中华人民共和国民法通则〉若干问题的意见(试行)》第 140 条的规定，应认定其行为具有违法性。根据侵权责任法第2条对民事权益的保护规定和《中华人民共和国侵权责任法司法解释》第4条对死者人格利益保护的规定，应认定敬永祥侵犯了海灯法师的人格利益，具有违法行为。

综上，敬永祥的行为符合《最高人民法院关于审理名誉权案件若干问题的解答》第7条，应依照《中华人民共和国民法通则》第120条和第134条、侵权责任法第15条的规定承担民事责任。对范应莲名誉权停止侵害、赔礼道歉，并恢复名誉，消除影响，赔偿损失。对海灯法师人格利益的保护应根据《中华人民共和国侵权责任法司法解释》第35条对人身权益保护的规定要求敬永祥承担民事责任。在二审中，四川省高院撤销了对范应莲的赔偿款，改为刊登报刊进行道歉。对于赔偿损失更重要的是精神损失，这和《中华人民共和国侵权责任法司法解释》第35条立法精神也是相符合的，赔偿的数额不宜过高。对于物质损失是可衡量的，本案中并没有损害海灯和范应莲的物品，而主要是因为敬永祥通过报刊、言论报道造成了侵害两者名誉权而造成的精神痛苦。所以，本案在高院二审中对于赔偿金钱损失而变更为登报道歉，也算是将赔偿损失的形式从物质形式转变为精神损害赔偿。

▶五、相关案例 > > >

【案例2-1】陈秀琴诉魏锡林、《今晚报》报社侵害名誉权纠纷案①

陈秀琴系新中国成立前已故天津曲艺演员吉文贞（艺名荷花女）之母。吉文贞自幼随父学艺，15岁起在天津登台演出，有一定名声。1944年19岁时病故。魏锡林于1985年着手创作以吉文贞为原型，表现旧社会艺人苦难生活的小说。在创作期间，魏锡林曾先后3次找到陈秀琴，并给吉文贞之弟写信了解有关吉文贞的生平以及从艺情况，索要了吉文贞的照片，但未将写小说一事告诉原告及其家人。魏锡林写完小说《荷花女》后，投稿于《今晚报》。《今晚报》于1987年4月18日至6月12日在副刊上连载，每日刊登1篇，共计56篇，约11万字。当小说在《今晚报》刊登不久，原告陈秀琴及其亲属即以小说内容及插图有损吉文贞名誉为由，先后两次去《今晚报》报社要求停载。《今晚报》报社以报纸要对读者负责为由予以拒绝。

魏锡林所著《荷花女》一书使用了吉文贞的真实姓名和艺名，称陈秀琴为陈

① 参见：《中华人民共和国最高人民法院公报》1990年第2期；《人民法院案例选》1993年第3辑。

氏。书中描写了吉文贞从 17 岁到 19 岁病逝的两年间,先后同许某某等 3 人恋爱,并 3 次接收对方聘礼,其中于某某已婚,吉文贞却愿意作于某某的妾。小说还描写了吉文贞先后到当时天津帮会头头、大恶霸袁某某和刘某某家唱堂会并被袁、刘侮辱。小说最后影射吉文贞系患性病打错针致死。同时,小说还描写了陈秀琴同意女儿作于某某的妾,接收了于家的聘礼。经法庭调查,上述内容确属魏锡林虚构。而陈秀琴在《荷花女》发表后,精神受到刺激致病,造成医疗费等实际损失 404.58 元。后来,陈秀琴以被告侵害了她及死去的女儿吉文贞的名誉权为由,于 1987 年 6 月向天津市中级人民法院起诉魏锡林、《今晚报》报社侵害了吉文贞的名誉权。魏锡林辩称:《荷花女》为小说体裁,作者有权虚构。创作小说的目的,是通过对“荷花女”悲惨命运的描写,使读者热爱新社会,痛恨旧社会。小说并未损害“荷花女”之形象,而是美化抬高了她的形象,故不构成侵权。且吉文贞本人已故,原告陈秀琴与本案无直接利害关系,无权起诉。并反诉:由于原告起诉造成本人名誉的损害及经济损失,要求原告陈秀琴为其恢复名誉,赔偿损失。《今晚报》报社辩称,报社对小说不负有核实内容是否真实的义务。如该小说构成侵权,按“文责自负”原则,责任应由作者本人承担;吉文贞早已死亡,保护死人名誉权没有法律根据。

法院审理认为我国民法通则规定公民享有名誉权,公民的人格尊严受法律保护,公民死亡后,亦不能例外。不保护已死亡公民的名誉权,就不能对公民生前的名誉进行有效的保护。小说虽允许虚构,但使用公民真实姓名为小说人物,不顾其人格尊严,随意进行虚构,则是法律和道德所不允许的。该小说虚构原告母女有关道德品质、生活作风等情节,贬低了死者吉文贞的人格,损害了吉文贞的名誉,也必然不同程度地损害其在世亲属的名誉。同时,小说对原告陈秀琴的描写,也使其名誉受到损害,并在经济上受到一定损失。被告《今晚报》报社在原告陈秀琴两次提出小说《荷花女》损害了其女吉文贞名誉,要求其停载的情况下,仍继续连载,使吉文贞及原告陈秀琴的名誉在更大范围内受到损害。《今晚报》报社的行为已侵害了吉文贞及原告陈秀琴的名誉权,亦应承担民事责任。原告陈秀琴在其女儿及本人名誉权受到侵害的情况下,有权提起诉讼。两被告提出不应保护死者名誉权及原告无诉权的主张,显然缺乏根据,本院不予采纳。小说连载中的插图、题图无明显侵权情况,对原告主张插图侵权,本院不予支持。被告魏锡林反诉原告侵害其名誉权没有根据,本院予以驳回。天津市中级人民法院根据《中华人民共和国民法通则》第 6 条、第 120 条第 1 款之规定，于1989年6月21日判决魏锡林、《今晚报》报社承担侵害吉文贞（荷花女）及原告陈秀琴名誉权的责任，分别在《今晚报》上连续三天刊登道歉声明，为吉文贞及原告陈秀琴恢复名誉，消除影响。其道歉声明的内容及版面由本院审定。被告如拒绝执行，本院即在其他报刊上刊登为吉文贞及原告恢复名誉、消除影响的公告，其费用由拒绝执行的被告负担。二者赔偿原告陈秀琴损失费400元。魏锡林停止侵害，其所著小说《荷花女》不得再以任何形式复印、出版发行。驳回二被告其他诉讼请求。二被告不服，以原理由向天津市高级人民法院提出上诉。天津市高级人民法院经不公开审理，认为：法律保护公民的名誉权。公民死亡后，虽丧失了权利能力，但其生前享有的名誉权仍受法律保护。损害死者名誉的同时，也会使其在世亲属的名誉受到损害。因此，公民死亡后，其名誉权受到侵害时，有直接利害关系的亲属有权提起诉讼。魏锡林在其小说中使用吉文贞和陈秀琴的真实姓名，虚构有损她们名誉的故事情节，是法律所不允许的，其行为侵害了她们的名誉权，应承担主要民事责任。《今晚报》报社对使用真实姓名的小说未作认真审查，即予登载，致使损害吉文贞和陈秀琴名誉的不良影响扩展，应承担相应的民事责任。经说明是非责任，在法院主持下，当事人双方于1990年4月20日自愿达成调解协议如下：

1. 为消除魏锡林所著小说《荷花女》不良影响，由《今晚报》报社负责将双方商定的陈秀琴所写介绍吉文贞生平真实情况的来信，魏锡林所写表示道歉的复信，在原连载该小说版面上刊登，并加有道歉内容的编者按，于本调解书送达后十日内执行完毕。

2. 经济赔偿问题双方自行解决。

3. 魏锡林原著小说《荷花女》不得以任何形式复印、出版发行。小说修改后，出版发行必须征询吉文贞有关亲属的意见。

【案例2-2】霍寿金与中国电影集团公司等名誉权纠纷上诉案①

2006年3月，霍寿金作为霍元甲长子霍东章的第四个儿子，认为2006年1月25日上映的《霍元甲》将原告祖父描写成从小生性好斗，成人以后为争“津门第一”而好勇斗狠，乱收酒肉徒弟，甚至滥杀无辜的一介江湖武夫，被塑造成了一名无父、无母、无妻、无子、无女的落魄流浪汉，侵犯了原告祖父霍元甲的名誉。于是向北京市第一中级人民法院起诉影片侵犯了霍元甲的名誉，故请求判

① 参见：北京市高级人民法院民事判决书〔2007〕高民终级字第309号。

令十被告停止影片《霍元甲》的各种发行放映行为,消除影响、恢复名誉,公开赔礼道歉。

中国电影集团公司、北京电影制片厂、星河投资有限公司、中国电影集团公司第一制片分公司、杨步亭、李连杰、中国电影集团公司电影发行放映分公司、安乐(北京)电影发行有限公司、广东泰盛文化传播有限公司、辽宁文化艺术音像出版社等十被告首先均对原告的身份表示了异议,认为原告提供的自身身份材料尚不足以证明其与霍元甲之间的亲属关系。然后,中国电影集团公司、星河投资有限公司称,中国电影集团公司下属的第一制片分公司与星河投资有限公司签订有《霍元甲》影片合作拍摄合同书,星河投资有限公司独立拥有该剧本和影片的版权。《霍元甲》已获得国家广电总局立项、拍摄电影片许可证,并通过电影审查,被授予了电影公映许可证。《霍元甲》作为一部在中国摄制的电影作品,依我国《电影管理条例》规定,对中外合作摄制电影实行许可证和电影审批制度,审查内容包括不得诽谤、侮辱他人。《霍元甲》一片通过了广电总局的行政审查,获得了国家行政主管部门批准的立项、摄制、发行和公映等合法手续,故不存在侵害霍元甲生前名誉的内容与情节。霍元甲为历史公众人物,《霍元甲》一片具有夸张、虚构情节,属于受到法律保护的艺术创作,并不影响影片总体上坚持了褒扬霍元甲爱国武术家的形象。霍元甲的近亲属在领受艺术形象给霍元甲带来的更大、更广泛的声誉的同时,应该给予电影制作者及表演艺术家更大的宽容。中国电影集团公司第一制片分公司辩称,自己是中国电影集团公司的分公司,不是独立法人,根据民法通则及公司法的有关规定不能独立承担民事责任。北京电影制片厂辩称,自己与本案没有关系,请求法院驳回原告的诉讼请求。杨步亭辩称,自己仅为中国电影集团公司的法人代表,不是合格被告。李连杰辩称,在该片中,自己虽被冠以“出品人”身份,并不是实质上的制片人,本案与其本人无关。安乐公司辩称,自己仅为电影发行公司,与本案无关。中国电影集团公司发行放映分公司辩称,自己是根据国家广播电影电视总局核发给中国电影集团公司的《电影发行经营许可证》从事电影发行工作。经电影《霍元甲》版权人星河投资有限公司授权在中国内地境内(不包括香港、澳门、台湾地区)发行电影《霍元甲》,被告的发行行为合法有据。且自己亦不是独立法人,不能独立承担民事责任。辽宁音像出版社、广东泰盛公司辩称,依据《电影管理条例》,电影《霍元甲》已通过国家广播电影电视总局电影事业管理局的审查。该音像制品进口时,依据《音像制品管理条例》及《音像制品进口管理办法》,也通过了文化部的审查。原告仅以被告从事音像制品出版行为为由起诉被告,无事实与法律依据。以上十被告认为,原告诉称电影《霍元甲》侵害霍元甲生前名誉及其名誉权没有事实和法律依据,均要求驳回原告的诉讼请求。

原审法院经审理认为,公民的名誉权受法律保护。自然人死亡后,名誉受到侵害的,其近亲属有权向人民法院起诉。霍元甲去世于1910年,霍寿金出生于1925年。当时中国正处于清朝末年与民国初年的混乱期,在当时的历史情况下,国家并无规范的户籍制度,更绝少有可保留至今的户籍档案,故要求霍寿金以出示国家户籍部门的证据的方式来证明其与霍元甲的亲属关系,实属苛求。以中国之民俗,家族族谱即为记载家族亲属关系的家族档案,个人在族谱中所列位置,需由全体族人认可。霍寿金所出示的族谱,虽修成于2002年,但仍遵循了上述民俗。家族墓地的排列,亦同上理。霍寿金的乡邻的证言,出证者虽出世于霍元甲去世之后,但证言佐证了霍寿金自证的相关内容。故法院对霍寿金以霍元甲之孙的身份提起本诉的主体资格,不提异议。霍元甲作为历史公众人物,对其名誉的保护范围并不同于普通人,而应受到一定的限制。历史人物的后代对此应持有一定的容忍态度,不应以自己对已被艺术化了的历史人物的内心感受作为衡量真实历史人物的名誉是否受到了侵害的标准。影片《霍元甲》中的某些细节描写虽与历史不尽相符,但基调情节仍为褒扬霍元甲的爱国精神及表现中华武术的深刻内涵,对霍元甲的刻画基本符合其历史经历,对其历史定位亦未歪曲。至于影片为表现上述主题而进行的铺衬描写和艺术表现手法是否准确到位,则属艺术探讨与艺术批判之范畴,而非法律问题。且片中并未对这一特定历史人物有侮辱、诽谤之描写,其夸张与虚构内容仍在可容忍的范围之内,故该片并未对霍元甲的名誉构成侵犯。据此,依据《中华人民共和国民法通则》第101条之规定,判决驳回霍寿金的诉讼请求。

判决后,霍寿金不服,向高院提起上诉,请求依法改判支持原审诉讼请求。认为原审认定事实不清,影片中描写霍元甲是个好勇斗狠,滥杀无辜,无父、无母、无子、无女、没有后代的流浪汉和与盲女关系暧昧等情节与事实不符。认为适用法律不明 ,应予以纠正。

后来高院经过审理,认为根据《民法通则》第101条、第106条,《最高人民法院关于贯彻执行〈中华人民共和国民法通则〉若干问题的意见(试行)》第140条和《最高人民法院关于确定民事侵权精神损害赔偿责任若干问题的解释》第

3条认为侵害死者的名誉应符合以下几个要件：过错；违法行为；损害后果；违法行为和损害后果之间的因果关系。影片《霍元甲》旨在弘扬霍元甲的爱国精神与武术精神，从艺术上再现一代武术家成长和思想变化的过程，其主观上并无捏造事实毁损他人名誉的故意和过失。《霍元甲》通过了广电总局和文化部的审查，制片方根据行政主管部门的意见进行了适当的修改，从总体上排除了侮辱、诽谤等情节的存在；另一方面，现行法律并没有要求制片方必须征得历史人物后人的同意才能进行电影创作，也没有要求制片方必须调查史实、走访所描写对象的后人以及依据事实编写剧本，因此，影片的拍摄行为难以称为非法行为。上诉人提交的证据仅表明了特定群体对于电影的感受，即主观上该群体由于特定的地位和角色所产生的"名誉感"的降低，并不必然代表客观上霍元甲一般社会评价降低。综上，上诉人关于侵害霍元甲名誉之主张不能成立。最终，二审法院依照《中华人民共和国民法通则》第101条、第106条，《最高人民法院关于贯彻执行〈中华人民共和国民法通则〉若干问题的意见（试行）》第140条和《最高人民法院关于确定民事侵权精神损害赔偿责任若干问题的解释》第3条以及《中华人民共和国民事诉讼法》第153条第1款第1项之规定，判决驳回上诉，维持原判。

▶六、问题与思考 > > >

1. 对于死者名誉权的保护是否可以表述为对死者人格利益保护的延伸？请思考保护的限度。

2. 对于侵权人发表在报刊、媒体的不实报道，是否可以认定两者间存在共同加害行为？两者承担何种民事责任？

引例三　钱钟书、人民文学出版社诉胥智芬、四川文艺出版社侵犯著作权案

▶一、案情简介[①] > > >

1980年，原告人民文学出版社征得原告钱钟书同意出版《围城》一书，按照

① 案情来源：上海市高级人民法院民事判决书〔2004〕沪高民三（知）终字第24号。

文化部《图书、期刊版权保护试行条例》的有关规定，人民文学出版社对《围城》一书的专有出版权可行使到1990年。1991年2月4日，钱钟书书面授权将《围城》交由人民文学出版社继续出版，并言明待著作权法实施时，再按国家有关规定签订正式出版合同。1992年3月18日，钱钟书与人民文学出版社签订"图书出版合同"，授予人民文学出版社以图书形式继续出版《围城》中文本的专有使用权。

1990年，被告四川文艺出版社向被告胥智芬约稿，对《围城》进行汇校。胥智芬汇校时所依据的《围城》底本，分别为1946年2月至1947年1月连载于《文艺复兴》月刊上的版本、1947年5月上海晨光出版公司初版本和1980年10月人民文学出版社重印本。《围城》汇校本出版时，把《文艺复兴》月刊上以连载小说形式发表的《围城》一书全文排印发表，每页上附有胥智芬所作的汇校内容。四川文艺出版社从1991年5月至1992年7月，共出版发行《围城》汇校本一书总计12万册，其中精装本1万册，定价为人民币8.20元，覆膜本11万册，定价为人民币5.40元和6.20元。在12万册《围城》汇校本一书中，封面印有"汇校本"字样的为3万册，无"汇校本"字样的为9万册。四川文艺出版社在第五届全国书市看样订货会四川省店订货目录、1992年春新华书店图书看样订货会四川省店订货目录上所列的《围城》一书，均无"汇校本"字样。

1991年8月8日，四川文艺出版社在给四川省新闻出版局版权处、人民文学出版社总编室的信函中均承认未取得钱钟书同意出版编辑此书，侵害了作者权益；在不了解钱钟书先生将《围城》一书的专有出版权授予人民文学出版社的情况下，事先没有征得人民文学出版社同意即出版汇校本，构成侵权行为。四川文艺出版社还表示愿意赔礼道歉、赔偿损失，保证今后不发生类似事件。但是，1991年8月以后，四川文艺出版社又继续出版发行了《围城》汇校本一书，总数达8万册，所有书的封面均无"汇校本"字样。12月，四川文艺出版社汇给钱钟书稿费9800元。1992年3月，钱钟书通过中国工商银行北京分行退回上述稿费。在此期间，人民文学出版社与四川文艺出版社为《围城》汇校本进行过多次交涉。原告钱钟书、人民文学出版社对被告四川文艺出版社、胥智芬提起诉讼，要求两被告停止侵权，在全国性报纸上公开向原告赔礼道歉，并赔偿损失。

上海市中级人民法院认为，原告钱钟书对其创作的小说《围城》享有著作权。被告胥智芬未经著作权人同意，对《围城》进行汇校，被告四川文艺出版社出版《围城》汇校本，其行为违反了《中华人民共和国民法通则》第94条、第118

条的规定，共同构成了侵害钱钟书著作权，应当依照民法通则第134条第1款的规定，承担停止侵害，赔偿损失，赔礼道歉的民事责任。根据1980年两原告的约定及有关规定、1991年2月4日钱钟书出具的出版授权书及1992年3月18日的出版合同，人民文学出版社依法享有《围城》一书自1980年至2002年3月的专有出版权。在此期间，四川文艺出版社将最初刊载于《文艺复兴》杂志上的《围城》版本连同胥智芬的汇校文稿一起，以"汇校本"名义出版《围城》，是不适当地大量复制、发行《围城》一书的行为，违背了民法通则第4条规定的诚实信用原则，不利于出版界正常的出版秩序，侵害了已经由人民文学出版社享有的对《围城》原著的专有出版权。据此，上海市中级人民法院于1994年12月9日判决如下：(1)被告胥智芬和四川文艺出版社应当承担侵害原告钱钟书著作权的责任，停止侵害，并在《光明日报》上公开向原告钱钟书赔礼道歉（该书面赔礼道歉内容需经本院审核）。(2)被告胥智芬和四川文艺出版社共同赔偿原告钱钟书人民币88320元。(3)被告胥智芬和四川文艺出版社应当承担侵害原告人民文学出版社的专有出版权的责任，停止侵害，在《光明日报》上公开向原告人民文学出版社赔礼道歉（该书面赔礼道歉内容需经本院审核）。(4)被告胥智芬和四川文艺出版社共同赔偿原告人民文学出版社人民币11.04万元。案件受理费人民币5140元由两被告承担。两被告不服，于是上诉，认为事实不清、定性不明、适用法律不当。上海市高级人民法院认为：著作权包括发表权、署名权、修改权、保护作品完整权、使用权和获得报酬权，改编、翻译、注释、整理已有作品而产生的作品，其著作权由改编、翻译、注释、整理人享有，但行使著作权时，不得侵犯原作品的著作权。据此，钱钟书依法享有对《围城》一书的著作权。"汇校"是对原作品演绎的一种形式。汇校者必须依法汇校，不得侵犯原作品的著作权。胥智芬未经钱钟书的许可对《围城》进行汇校，侵犯了钱钟书对作品的使用权和获得报酬权。四川文艺出版社在钱钟书未授权他人汇校的情况下，以营利为目的，出版发行《围城》汇校本一书，也构成了对钱钟书著作权的侵害，应承担连带责任。著作权法正式实施以前，文化部和版权局有关文件规定，作者或其他版权所有者向国内出版单位转让作品的出版权，应是专有出版权（即原本、修订本、摘编本、选编本出版权和转载权）。国内出版社根据作者和编注者的协议对自己出版的图书享有出版权利，没有原出版社的授权，其他出版者无权翻印，也不得擅自删节（不含缩写本）或改头换面之后另行排印。著作权法实施以后，对专有出版权有明确规定："图书出版者对著作权人交付出版的作品，在合同约定期间享有专有出版权。合同约定图书出版者享有专有出版权的期限不得超过十年，合同期满可以续订。图书出版者在合同约定期间享有的专有出版权受法律保护，他人不得出版该作品。”人民文学出版社对钱钟书《围城》作品享有的专有出版权受法律保护，未经许可，他人不得出版该作品。1991 年 5 月，四川文艺出版社出版《围城》汇校本不久，即接到钱钟书和人民文学出版社提出的异议。该社当时承认其行为属于侵权，并认为是在纯属过失的情况下出版了《围城》汇校本，愿意赔礼道歉、赔偿损失。可是在 1991 年 8 月以后，该社仍继续大量出版《围城》汇校本，数量达 8 万册之多。四川文艺出版社还在《围城》汇校本的征订单上和正式出版的 9 万册《围城》汇校本的封面上将“汇校本”原字样去掉，而在另外 3 万册书上印上“汇校本”字样。该社在出版和发行过程中的这些行为，足以说明其是以《围城》汇校本的形式出版《围城》。该行为已经违背了诚实信用和尊重社会公德的原则，扰乱了正常的出版秩序，构成对人民文学出版社专有出版权的侵害。两上诉人应依照著作权法第 45 条第 5 项和第 46 条第 3 项规定承担停止侵害、赔礼道歉和赔偿损失的民事责任。一审对本案主要事实的认定基本清楚，但是对《围城》汇校精装本的部分定价认定有误，应予纠正。民法通则是我国规范民事行为的准则，一审适用民法通则关于著作权的规定对本案作出判决，并无不当。1991 年 6 月 1 日，著作权法在我国施行，对于发生于著作权法施行后的著作权侵权行为，适用专门法判处，更为适当。上诉人的其他上诉理由不能成立，应予驳回。

据此，依照《中华人民共和国民事诉讼法》第 153 条第 1 项、第 3 项之规定，上海市高级人民法院于 1996 年 12 月 25 日判决：(1)维持第一审民事判决的第 1 项。(2)变更第一审民事判决的第 2 项为：胥智芬和四川文艺出版社共同赔偿钱钟书损失人民币 87840 元。(3)维持第一审民事判决的第 3 项。(4)变更第一审民事判决的第 4 项为：胥智芬和四川文艺出版社共同赔偿人民文学出版社损失人民币 109800 元。本案第一、二审诉讼费人民币 10924 元，由胥智芬、四川文艺出版社承担。

▶二、思维路径 > > >

本案涉及著作权侵权问题，首先应该思考，四川文艺出版社和胥智芬没有经过著作权人钱钟书的授权自行对《围城》进行汇校并出版，是否存在侵权，在本案中分别侵犯了钱钟书和人民文学出版社哪些权利，其中对四川文艺出版社出版的《围城》是否具有“汇校本”的字样进行区分有何意义？其次，本案中，四川文艺出版社汇给钱钟书的书稿费的性质如何认定，钱钟书退回书稿费的行为如何理解？

▶三、法律依据＞＞＞

1.《中华人民共和国民法通则》第 4 条：“民事活动应当遵循自愿、公平、等价有偿、诚实信用的原则。”

《中华人民共和国民法通则》第 94 条：“公民、法人享有著作权（版权），依法有署名、发表、出版、获得报酬等权利。”

《中华人民共和国民法通则》第 118 条：“公民、法人的著作权（版权），专利权、商标专用权、发现权、发明权和其他科技成果权受到剽窃、篡改、假冒等侵害的，有权要求停止侵害，消除影响，赔偿损失。”

《中华人民共和国民法通则》第 134 条：“承担民事责任的方式主要有：

（一）停止侵害；

（二）排除妨碍；

（三）消除危险；

（四）返还财产；

（五）恢复原状；

（六）修理、重作、更换；

（七）赔偿损失；

（八）支付违约金；

（九）消除影响、恢复名誉；

（十）赔礼道歉。

以上承担民事责任的方式，可以单独适用，也可以合并适用。

人民法院审理民事案件，除适用上述规定外，还可以予以训诫、责令具结悔过、收缴进行非法活动的财物和非法所得，并可以依照法律规定处以罚款、拘留。”

2.《中华人民共和国著作权法》第 12 条：“改编、翻译、注释、整理已有作品而产生的作品，其著作权由改编、翻译、注释、整理人享有，但行使著作权时不得侵犯原作品的著作权。”

《中华人民共和国著作权法》第 48 条：“有下列侵权行为的，应当根据情况，承担停止侵害、消除影响、赔礼道歉、赔偿损失等民事责任；同时损害公共利益的，可以由著作权行政管理部门责令停止侵权行为，没收违法所得，没收、销毁侵权复制品，并可处以罚款；情节严重的，著作权行政管理部门还可以没收主要用于制作侵权复制品的材料、工具、设备等；构成犯罪的，依法追究刑事责任：

（一）未经著作权人许可，复制、发行、表演、放映、广播、汇编、通过信息网络向公众传播其作品的，本法另有规定的除外；

（二）出版他人享有专有出版权的图书的；

……”

《中华人民共和国著作权法》第 49 条第 1 款：“侵犯著作权或者与著作权有关的权利的，侵权人应当按照权利人的实际损失给予赔偿；实际损失难以计算的，可以按照侵权人的违法所得给予赔偿。赔偿数额还应当包括权利人为制止侵权行为所支付的合理开支。”

3.《中华人民共和国著作权法实施条例》第 23 条：“使用他人作品应当同著作权人订立许可使用合同，许可使用的权利是专有使用权的，应当采取书面形式，但是报社、期刊社刊登作品除外。”

四、学理分析 > > >

著作权，根据著作权法第 57 条，著作权也是指版权。著作权分为狭义的著作权和广义的著作权。狭义的著作权是指对作品享有的独占权利，作品包括多种形式创作的文学、艺术和自然科学、社会科学、工程技术等作品，有摄影形式、文学著作、美术作品、建筑设计等。包括著作人身权和著作财产权。

著作人身权，是指作者对其作品享有的各种人身相关的权利，具有永久性、不可分割、不可剥夺的特点，根据著作权法第 10 条规定，著作人身权主要有：(1)发表权，即决定作品是否公之于众的权利；指著作权人许可的条件下自己或者许可他人将作品面向公众公开。发表与否一般是由著作权人享有决定权，其他任何人未经著作权人许可不得将著作权人的作品进行公开发表，依法除外的情况例外，如作者死亡后 50 年内，其发表权可由继承人或者受遗赠人行使，无继承人、受遗赠人的，由其作品原件的所有人行使。发表权是一次性权利，一经发表即是行使了发表权，其后不能再次行使发表权。发表权的行使往往伴随财产利益，一般和著作财产权紧密联系。(2)署名权，即表明作者身份，在作品上署名的权利。署名权的行使只限于原创作者，作者以外的人无权享有，署名权也不能转让、继承、放弃,这是专属于著作权人自身的权利,著作权人署名可以签署艺名、真名等均可,也可以选择不署。(3)修改权,即修改或者授权他人修改作品的权利;对于自己的作品,著作权人无须他人同意即可修改自己的作品。作品的修改是为了更好地呈现给公众,对于报社、杂志社的编辑等对作品进行的文字性修改、润色、删减无须经过作者同意。(4)保护作品完整权,即保护作品不受歪曲、篡改的权利。保护作品完整权是修改权的延伸,对于作品完整,是指作品的内容、观点不被他人所篡改、曲解。保护作品完整权一般由著作权人行使,著作权人死后,由其继承人或受遗赠人行使,无继承人或者受遗赠人的由著作权行政管理部门保护。

著作人身权一般不直接涉及财产内容,一般与著作财产权相结合出现。著作财产权根据著作权法第 10 条第 5 项至第 17 项,主要有:(1)复制权,即以印刷、复印、拓印、录音、录像、翻录、翻拍等方式将作品制作一份或者多份的权利;既可以本人进行作品复制,也可以许可他人对作品进行复制。(2)发行权,即以出售或者赠与方式向公众提供作品的原件或者复制件的权利;著作权的发行权和物品的发行有所不同,著作权的发行是指将著作权人的脑力劳动成果以一定形式面向公众发布,若通过图书、影像等不同形式发行不仅需要制作发行部门审批,还需要著作权人的授权。(3)出租权,即有偿许可他人临时使用电影作品和以类似摄制电影的方法创作的作品、计算机软件的权利,计算机软件不是出租的主要标的的除外。(4)展览权,即公开陈列美术作品、摄影作品的原件或者复制件的权利。(5)表演权,即公开表演作品,以及用各种手段公开播送作品的表演的权利。(6)放映权,即通过放映机、幻灯机等技术设备公开再现美术、摄影、电影和以类似摄制电影的方法创作的作品等的权利。(7)广播权,即以无线方式公开广播或者传播作品,以有线传播或者转播的方式向公众传播广播的作品,以及通过扩音器或者其他传送符号、声音、图像的类似工具向公众传播广播的作品的权利。(8)信息网络传播权,即以有线或者无线方式向公众提供作品,使公众可以在其个人选定的时间和地点获得作品的权利。(9)摄制权,即以摄制电影或者以类似摄制电影的方法将作品固定在载体上的权利。(10)改编权,即改变作品,创作出具有独创性的新作品的权利。(11)翻译权,即将作品从一种语言文字转换成另一种语言文字的权利。(12)汇编权,即将作品或者作品的片段通过选择或者编排,汇集成新作品的权利;汇编并不改变作品本身,而是通过作品汇集后进行编排、整理从而形成新作品。汇编若干作品、作品的片段或者不构成作品的数据或者其他材料,对其内容的选择或者编排体现独创性的作品,为汇编作品,其著作权由汇编人享有,但行使著作权时,不得侵犯原作品的著作权。(13)应当由著作权人享有的其他权利。如注释权、整理权、制作录音制品的权利等。广义的著作权还包括其他相邻权。

著作权人创作完成作品后,无须他人同意或许可即自动取得著作权。虽然著作权人自动取得著作权无须履行法律程序,但是必须满足主体条件,须是我国公民、法人或者其他组织,满足著作权人作为我国著作权法对权利主体所要求的条件。

著作权人取得作品的著作权,对其作品直接享有人身权和财产权,其中作品是可以许可他人使用或者转让,并给著作权人带来收益。著作权许可使用是指著作权人授权他人以一定方式、在一定期限、地域内使用其作品的法律行为。著作许可使用是著作权人对其著作享有著作权的功能利用,主要是指许可他人行使著作财产权,也就是说通过许可他人复制、发行、出租、放映、广播、翻译其作品等,并由他人依照约定或者法律规定支付报酬。许可使用分为独占许可使用、排他许可使用和普通许可使用。独占许可使用是指著作权人授权他人在一定期限和地域内以特定的方式独占使用其作品,著作权人在此期限内也不得使用。排他许可使用是指著作权人授权一家被许可人以一定方式,在一定期限内使用其作品,著作权人也可以同时使用该作品。普通许可使用,指著作权人在一定期限、范围内可同时授权多人使用该作品的使用形式。著作权转让主要是指著作财产权转让,指著作权人将其著作财产权部分(主要是指上述权利中财产权第十七项内容)部分或者全部转移给他人所有的法律行为。著作权转让并不是其包含的所有权利内容进行转让,其中,人身权利部分是不能够转让的;其次,转让其财产权利可以是部分财产权也可以是全部的财产权;再者,转让之后是涉及的权利主体会发生变更。如将表演权进行转让后,表演权人就发生了变更。

著作权作为广义理解时,还包含邻接权。邻接权是指与著作权相关的权利,或者作品传播者权,主要包括出版者权、表演者权、录音录像制作者权、广播组织权。

出版者权是指图书、报刊出版者对出版的图书或报刊依法享有的专有权利。出版者权一般是著作权人对作品进行复制、发行的权利。如果出版者与著作权不是同一人,则必须享有著作权人的授权。出版者权分为图书出版者权和报刊出版者权。图书出版者一般是指专门出版机构,是根据国家行政审批登记,并具有统一编号的图书出版单位。图书出版者享有专有出版权,作品修改权,版式设计专有使用权等权利。

专有出版权是图书出版者(一般是指出版社)依据合同约定的期间内享有的排除其他出版者,包括著作权人在内的其他人再次出版该作品的权利。著作权人与图书出版者签订专有出版权合同后,就不得再行使出版权,只有等专有出版权合同约定授权期限届满,著作权人才能再次进行授权。也就是说专有出版权必须具有著作权人明确授权,并在享有著作权人的明确授权期间内依法受到保护。其他出版社不得复制发行该作品,侵犯该专有出版者的权益。

图书出版者依法享有权利,同时也负有义务。图书出版者出版图书应当和著作权人签订出版合同。图书出版者和著作权人签订出版合同后,图书出版者享有复制发行的权利,同时,支付给著作权人报酬。图书出版者应当按照合同约定的出版质量、期限出版图书。图书出版者重印、再版作品的,应当通知著作权人,并支付报酬。图书脱销后,图书出版者应当重印、再版并支付报酬,否则需要承担责任。图书出版者未经著作权人许可,不得对作品进行修改、删节。并且,出版改编、翻译、注释、整理、汇编已有作品而产生的作品,应当取得改编、翻译、注释、整理、汇编作品的著作权人和原作品的著作权人许可,并支付报酬。

在本案中,四川文艺出版社在未经著作权人钱钟书许可使用的情形下向胥智芬约稿,表示对《围城》进行汇校。根据《新民晚报》1993 年 7 月 28 日施蛰存文《什么叫"汇校本"》的解释,汇校本这个名词是一种被称为"校勘学"的学术工作,适用于秦汉以来的古书,经过校勘学者整理的古籍,经过校勘学者的校饬考订,编为汇校本以利现代读者。所以,经过对他人已发表作品进行汇校可以产生新的汇校作品。对汇校作品的形式问题,一种观点认为汇校者只能出版汇校部分,未经原作者的同意是不能出版原版的。另一种观点认为,汇校作品是由原作和汇校两个部分构成,原本无疑应包含在汇校本中。本案主要涉及以下几个法律问题。

1. 是否侵害了钱钟书的著作权

本案中,因胥智芬依据不同底本对《围城》进行汇校,而汇校的《围城》底本的著作权人均为钱钟书。根据著作权法第 12 条规定,注释、整理已有作品而产生的作品,其著作权由改编、翻译、注释、整理人享有,但行使著作权时不得侵犯原作品的著作权。胥智芬进行汇校,是为了使读者更好地理解原著的精髓,是对原作品演绎的一种形式。但是未告知著作权人钱钟书,也未经钱钟书的同意。胥智芬对《围城》进行汇校，其内容中复制了《围城》的内容，未经著作权人的许可使用对原作品进行复制的行为是侵犯了著作权人财产权中的复制权。并通过四川文艺出版社复制发行进行盈利，侵犯了著作权人的获得报酬权。

虽然12月，四川文艺出版社汇给钱钟书稿费9800元，但是1992年3月，钱钟书通过中国工商银行北京分行退回上述稿费。说明钱钟书是不同意四川文艺出版社使用其作品，不许可四川文艺出版社的出版行为。

2. 是否侵犯了人民文学出版社的专有出版权

本案被告四川文艺出版社将最初刊载于《文艺复兴》杂志上的《围城》版本连同胥智芬的汇校文稿一起，以“汇校本”名义出版《围城》，一开始只是不适当地大量复制、发行《围城》一书，扰乱了出版界正常的出版秩序，且1991年8月8日，四川文艺出版社在给四川省新闻出版局版权处、人民文学出版社总编室的信函中均承认未取得钱钟书同意出版编辑此书，侵害了作者权益；在不了解钱钟书先生将《围城》一书的专有出版权授予人民文学出版社的情况下，事先没有征得人民文学出版社同意即出版汇校本，构成侵权行为。四川文艺出版社表示愿意赔礼道歉、赔偿损失，保证今后不发生类似事件。但是，1991年8月以后，四川文艺出版社又继续出版发行了《围城》汇校本一书，总数达8万册，所有书的封面均无“汇校本”字样。作为出版社，应当据实出版，诚信不欺，追求自己利益的同时不得损害他人和社会利益。但是将汇校本的《围城》隐去“汇校本”的字样，出版的《围城》让读者误以为是著作权人发行的原版。此行为违背了民法通则第4条规定的诚实信用原则，不仅侵害了著作权人的获得报酬权，还欺瞒了广大消费者，存在继续侵权的行为。而且四川文艺出版社以无“汇校本”的《围城》发行也侵害了人民文学出版社的专有出版权，著作权法实施以后，对专有出版权有明确规定：“图书出版者对著作权人交付出版的作品，在合同约定期间享有专有出版权。合同约定图书出版者享有专有出版权的期限不得超过十年，合同期满可以续订。图书出版者在合同约定期间享有的专有出版权受法律保护，他人不得出版该作品。”根据《中华人民共和国著作权法实施条例》第23条的规定：“使用他人作品应当同著作权人订立许可使用合同，许可使用的权利是专有使用权的，应当采取书面形式，但是报社、期刊社刊登作品除外。”人民文学出版社对钱钟书《围城》作品享有的专有出版权依法具有专有出版合同，应当受法律保护，未经许可，他人不得出版该作品。所以，对于四川文艺出版社出版的《围城》不仅侵犯了著作权人的复制权和获得报酬权，而且侵害了已经由人民文学出版社享有的对《围城》的专有出版权。

3. 法律适用的问题

本案中,1991 年 2 月 4 日钱钟书作为著作权人书面授权将《围城》交由人民文学出版社继续出版,即钱钟书将其享有的著作权中的财产权里面的复制权和发行权交由人民文学出版社许可使用,人民文学出版社继续享有专有出版权。但因钱钟书与人民文学出版社签订授权合同时因著作权法还未施行,双方约定待著作权法施行后补签正式出版合同。1991 年 6 月 1 日起著作权法施行,所以 1992 年 3 月 18 日双方签订正式授权专有出版权,依据著作权法人民文学出版社享有专有出版权。而在著作权法未实施前本案钱钟书与人民文学出版社约定的专有使用权是依据当时《图书、期刊版权保护试行条例》的有关规定签订的协议。所以,本案中根据 1980 年钱钟书和人民文学出版社的约定及有关规定,1991 年 2 月 4 日钱钟书的出版授权书及 1992 年 3 月 18 日的出版合同,人民文学出版社依法享有《围城》一书自 1980 年至 2002 年 3 月的专有出版权。因四川文艺出版社从 1991 年 5 月至 1992 年 7 月,持续出版发行《围城》汇校本一书共计 12 万册,对人民文学出版社侵权行为处于持续发生状态。且钱钟书与人民文学出版社起诉时是在 1992 年年初,所以,对于四川文艺出版社和胥智芬的侵权行为能够适用著作权法规定。

民法通则第 94 条、第 118 条对著作权部分均作出了法律规定,著作权法属于特别法,根据法律适用中特别法优于一般法的规则,本案应当优先适用著作权法规定。

▶五、相关案例 > > >

【案例 3-1】北京搜狐互联网信息服务有限公司等与乐视网信息技术(北京)股份有限公司侵犯著作权纠纷上诉案①

乐视公司与搜狐公司签订协议,授权搜狐公司在授权范围内使用《一夜未了情》片,搜狐公司未经乐视公司书面许可,不得通过任何方式,包括转许可本合同以外的第三方,或与其合作而使其超级链接、深层链接、播放器嵌套,或共同设立合作频道,以使其得以直接使用本协议授权作品。所以,本案中,搜狐公司授权飞狐公司代其对外许可他人使用《一夜未了情》片,并通过飞狐公司与三

---

① 参见:北京市第一中级人民法院民事判决书〔2013〕一中民终字第 7642 号。

基公司签订协议书与之合作共建了 boosj. tv. sohu. com 网站，在该网站中可直接实现对《一夜未了情》片的在线播放。因此，原审法院认定搜狐公司的行为违反了其与乐视公司签订的《非独家信息网络传播权采购协议》，超越了授权范围，搜狐公司具有主观过错，构成对乐视公司合法权益的侵犯。三基公司对其与搜狐公司、飞狐公司共建的视频频道网站中是否有权使用《一夜未了情》片未尽相应的审查义务，亦具有主观过错。因此搜狐公司、飞狐公司和三基公司应共同承担侵权责任。原审法院对乐视公司要求搜狐公司、飞狐公司和三基公司共同赔偿其经济损失的诉讼请求予以支持。

至于具体的赔偿数额，鉴于乐视公司未提交证据证明其实际损失或搜狐公司、飞狐公司和三基公司的侵权获利，原审法院综合考虑涉案影片《一夜未了情》片的商业价值，搜狐公司、飞狐公司和三基公司的主观过错程度，侵权行为的性质，侵权时间，侵权期间等因素进行了酌定，依据《中华人民共和国著作权法》第 48 条第 1 项、第 49 条之规定，判决搜狐公司、飞狐公司及三基公司于原审判决生效之日起 10 日内共同赔偿乐视公司经济损失 25000 元；并驳回乐视公司其他诉讼请求。

上诉人搜狐公司、飞狐公司、三基公司不服原审判决，在法定期限内提起上诉。但上诉法院认为：鉴于本案涉及的是乐视公司与搜狐公司在《非独家信息网络传播权采购协议》（简称协议）中约定的权利义务是否按照协议履行，因此，应当就协议所约定的内容进行审查。且乐视公司与搜狐公司在协议中明确约定《一夜未了情》信息网络传播权的许可权利范围仅限于搜狐公司。由于该协议系乐视公司与搜狐公司的真实意思表示，且未违反法律规定，因此双方均应当严格按照协议约定的内容履行合同义务。本案中，搜狐公司不仅授权飞狐公司代其对外许可他人使用《一夜未了情》，亦通过飞狐公司与三基公司签订协议书，与之合作共建了 boosj. tv. sohu. com 网站，在该网站中可直接实现对《一夜未了情》片的在线播放。因此，搜狐公司的行为违反了其与乐视公司签订的协议，超越了授权范围。原审法院认定搜狐公司具有主观过错，构成对乐视公司合法权益的侵犯具有事实依据和法律依据。飞狐公司虽经搜狐公司授权，但未对搜狐公司是否存在超越权利范围的情形进行审查，未尽到合理的注意义务，主观上存在过错，亦应承担相应的法律责任。三基公司对其与搜狐公司、飞狐公司共建的视频网站未尽相应的审查义务，具有主观过错，亦应当承担相应的法律责任。原审法院关于本案的侵权行为系由搜狐公司、飞狐公司和三基公司的行为共同所致，因此上述三公司应共同承担侵权责任的认定正确，本院予以确认。同时，原审法院基于乐视公司未提交证据证明其实际损失或搜狐公司、飞狐公司和三基公司侵权获利的事实，综合考虑影片的商业价值，以及搜狐公司、飞狐公司和三基公司的主观过错程度、侵权行为的性质、侵权时间、侵权期间等因素对赔偿数额予以酌定并无不当，本院予以维持。故驳回上诉，维持原判。

【案例3-2】北京市仁爱教育研究所与上海好记星数码科技有限公司等著作权侵权纠纷上诉案①

北京仁爱教研所编著了义务教育课程标准实验教科书《英语》七年级上下册、八年级上下册、九年级上下册，并均已制版印刷发行。2011年1月24日，北京仁爱教研所代理人李晓辉、平萍在重庆新华传媒公司经营的重庆新华书店——重庆书城二楼“好记星”柜台（以下简称好记星柜台）以普通消费者身份购买到涉案学习机“好记星V5全能王”一台。购买过程中，代理人平萍询问该柜台的销售人员是否提供免费下载教材服务，该销售人员表示可以，并将七年级下册、八年级上下册、九年级上册共计四册的仁爱版教材（以下简称涉案电子教辅）复制到平萍提供的移动存储设备上。以上事实均由重庆市公证处公证员王庆及该处工作人员张平现场见证，重庆市公证处并于2011年1月26日出具了〔2011〕渝证字第5982号公证书。2011年1月1日，重庆新华传媒公司与鹤达公司签订为期1年的《电教产品供销合同》，该合同约定鹤达公司负责销售“好记星”系列电子产品，并负责产品的售后服务包括后期下载学习内容产品，且保证具有正规版权的学习内容，否则由鹤达公司承担一切责任。所以就本案涉案产品中涉及非法下载了北京仁爱教研所编著的义务教育课程标准实验教科书的事实一审法院认为，北京仁爱教研所编著了义务教育课程标准实验教科书《英语》七年级下册、八年级上下册、九年级上册四本教材，是上述汇编作品的著作权人，有权限制他人以营利为目的使用上述汇编作品。好记星柜台的销售人员在销售“好记星V5全能王”电子产品时，向消费者提供与北京仁爱教研所享有著作权的英语教材内容相一致的电子教辅的行为，侵害了北京仁爱教研所的著作权。重庆新华传媒公司与鹤达公司签订的《电教产品供销合同》是双方真实意思表示，真实合法有效。双方严格按照合同实际履行合同义务，且鹤达

① 参见：重庆市第五中级人民法院民事判决书〔2013〕渝五中法民终字第01251号。

公司认可其负责向重庆新华传媒公司派驻促销员促销“好记星”系列电子产品，并负责产品的售后服务包括后期下载学习内容的事实。因此，好记星柜台销售人员是鹤达公司派驻重庆新华传媒公司的促销员，其销售电子产品以及为消费者提供涉案电子教辅的行为均属于职务行为，其行为代表鹤达公司，其侵权行为应当由鹤达公司承担侵权责任。重庆新华传媒公司只是为鹤达公司提供销售产品的柜台，且北京仁爱教研所不能证明好记星柜台销售人员为消费者提供涉案电子教辅的行为与重庆新华传媒公司有关。好记星公司只是“好记星”电子产品的硬件生产商，其生产的硬件产品本身并不携带任何涉案电子教辅，北京仁爱教研所也不能证明好记星柜台销售人员为消费者提供涉案电子教辅的行为与好记星公司有关。因此，北京仁爱教研所对好记星公司和重庆新华传媒公司的诉讼主张不应支持。一审法院遂判决：(1)被告重庆鹤达信德科技发展有限公司立即停止在销售电子产品的过程中向消费者提供涉案教材的电子教辅。(2)被告重庆鹤达信德科技发展有限公司于本判决生效之日起10日内赔偿原告北京市仁爱教育研究所经济损失及合理费用共计人民币10200元。(3)驳回原告北京市仁爱教育研究所的其他诉讼请求。二审中北京市仁爱教育研究所提供了新证据证明好记星公司客服回答“只有MP3格式”的内容的仁爱教辅教材，但不能证明就是本案所涉北京仁爱教研所编著了义务教育课程标准实验教科书《英语》七年级下册、八年级上下册、九年级上册四本教材。故驳回上诉，维持原判。

【案例3-3】北京全景视拓图片有限公司诉兵团日报社侵害作品复制权纠纷案①

原告北京全景视拓图片有限公司(下称全景视拓公司)是一家专业图片制作公司，通过许可他人有偿使用其经营的摄影作品而获得合理收入，现原告发现被告在其主办发行的报纸《兵团日报》上2011年6月26日第1版、第2版，2011年7月3日第3版使用了原告拥有版权的摄影作品，编号为：qj-0003、qj-0691。上述涉案编号的摄影作品，均是北京全景图片贸易公司委托王建军、袁学军、褚勇进行摄影作品创作，并约定所创作的摄影作品的著作权属于北京全景图片贸易公司。上述作品褚勇、袁学军、王建军于1998年5月1日创作完成，于1998年6月1日在摄影作品《中国图片库》首次发表，有中华人民共和国国家版权局著作权登记证书为证。2004年2月1日，北京全景图片贸易有限公司

① 参见：新疆维吾尔自治区乌鲁木齐市中级人民法院民事判决书〔2013〕乌中民三初字第43号。

与原告签订《著作权转让协议》,约定北京全景图片贸易有限公司将中国图片库的摄影作品的著作权转让给原告。这些作品都收录在原告的供片目录《中国图片库》中,本供片目录的著作权登记号编号为2009-G-022114,被告兵团日报社的上述行为未获得原告的授权许可,也未向原告支付著作权使用费,故原告诉至法院请求依法判令被告赔偿原告侵权损失30000元并立即停止使用被侵权图片。经过审理,法院认为,根据原告提供的委托创作合同、著作权转让协议及著作权登记证书,可以证实原告对涉案摄影图片享有著作权。根据《中华人民共和国著作权法》第48条第1项之规定,被告在使用涉案摄影图片时未经原告许可,其行为侵犯了原告所享有的著作权的复制权及获得报酬的权利,故对原告请求判令被告停止侵权、赔偿损失的诉讼请求,本院予以支持。经对比,被告在报纸中所使用的图片与原告主张的涉案摄影图片在拍摄角度、光线及阴影位置等细节处完全一致,且被告也未能向本院提交证据证明其使用的图片是自己独立拍摄完成,故对被告称自己对被控侵权图片享有著作权的辩称意见,本院不予采信。从《兵团日报》所刊登的三篇文章内容来看,该三篇文章并不是单纯的事实消息,不属于报道时事新闻,且也不是不可避免的使用涉案图片,故对被告提出其是合理使用涉案摄影作品的答辩意见,本院亦不予采信。关于具体的赔偿数额,原告主张数额过高,且无充分依据,鉴于被告只是将涉案摄影作品作为文章的配图使用,侵权性质及情节比较轻微,本院综合考虑作品的独创性程度、侵权行为的性质、后果等因素,酌情确定被告赔偿原告经济损失共计3000元。

【案例3-4】广东步步高电子工业有限公司诉叶祥华侵害商标权纠纷案①

步步高公司于1995年9月18日登记设立,主要从事生产、销售家用电视游戏机(电子游戏机)、学习机及卡带、各类电话机、家用电脑及周边设备、电源、家用电器;生产电子轻工业品、各类电话机、锂电子电池、手机;销售百货、电子轻工产品、五金交电、普通机械、纺织品、化工产品及原料、电子计算机及配件、通讯设备等。2001年9月14日,步步高公司经国家工商行政管理局商标局核准注册第1634490号"BBK"商标,核定使用的商品为第9类,包括计算机、电子字典(电子辞典)、笔记本电脑、语言复读机、与电视机连用的游戏机、麦克风、电池充电器、变压器、稳压电源、电器接插件、光盘(音像)、电话机、移动电话等多种

---

① 参见:江苏省常州市武进区人民法院民事判决书〔2013〕武知民初字第61号。

商品。商标注册有效期为 2001 年 9 月 14 日至 2011 年 9 月 13 日，经续展，1634490 号“BBK”商标有效期延至 2021 年 9 月 13 日。2011 年 8 月 14 日，江苏省常州市常州公证处公证员与步步高公司委托代理人束文芳一起来到位于常州市武进区礼嘉新西街标有“大世界手机城”的经营店，叶祥华为个体工商户业主。束文芳以普通消费者身份购买了“BBR V207”型手机一只，手机外包装正面、侧面标明手机型号为“BBR V207”；手机屏幕下方标有“BBR”字样。束文芳支付货款 380 元，并现场取得号码为 0000492 的“大世界手机城”票据一张。购买结束后，公证员及公证人员将束文芳购买的手机带回公证处保管。2011 年 9 月 2 日，公证员对束文芳存放在公证处的手机进行拍照、封样后交步步高公司委托代理人束文芳保管。江苏省常州市常州公证处对上述过程出具了〔2011〕常证民内字第 8000 号公证书。法院认定，公证机关出具的公证书证明力高于其他证据，本案中被告未提供证据推翻公证书的真实性，该公证书的效力应当得以确认，可以证明购买过程的真实性。本案中，被告销售的手机上的“BBR”标志与原告的“BBK”商标相比较，仅最后一个字母有区别，两者文字字形、整体构图、读音极为近似，容易使消费者对商品来源产生误认。且原告的注册商标指定使用在商品国际分类第 9 类，包括移动电话，手机亦在移动电话之列。根据《中华人民共和国商标法》第 52 条规定，未经商标注册人的许可，在同一种商品或者类似商品上使用与其注册商标相同或者近似的商标的，销售侵犯注册商标专用权商品的，属于侵犯注册商标专用权的行为。所以，被告在与原告注册商标指定使用的相同商品上使用近似商标，并且未能就其商品的合法来源和提供者进行证明，其行为侵犯了第 1634490 号“BBK”商标在第 9 类商品上的商标专用权，应当承担停止侵权、赔偿损失等相应的民事责任。最终，判决叶祥华立即停止侵害原告广东步步高电子工业有限公司对第 1634490 号注册商标享有的商标专用权的行为，并于本判决生效之日起 10 日内赔偿原告广东步步高电子工业有限公司经济损失及合理费用共计 7000 元。

六、问题与思考 > > >

1. 本案是我国首例涉及汇校作品的著作权纠纷案，但是为何两级法院的审理在最后定案时均没有适用著作权法(1990 年)?

2. 在国际上，邻接权主要指作品传播者所享有的权利，一般包括表演者的权利、录制者的权利、播放者的权利，而不包括出版者的权利。我国著作权法是把专有出版权当作邻接权予以保护。享有邻接权的本质原因是权利人从事了演绎创作,从而使作品获得新的表现形式。但是作为出版者,没有进行创作,对作品形式的完成没有任何贡献,这样的规定是否合理?

引例四　上海家化(集团)有限公司诉上海霞飞日化有限公司借款合同纠纷案

▶一、案情简介[①] > > >

上海家化(集团)有限公司诉称被告上海霞飞日化有限公司在2000年2月至2002年12月间共向其借款人民币9479318.67元,此外,2000年12月27日,上海家化(集团)有限公司应被告上海霞飞日化有限公司请求,再次以借款形式借与钱款人民币6.4万元,供上海霞飞日化有限公司作验资之用。上海霞飞日化有限公司在该份函件上表明"日后归还"钱款。2003年4月14日,因上海霞飞日化有限公司未还款,上海家化(集团)有限公司诉至法院,要求法院判决确认双方借款行为无效;判令上海霞飞日化有限公司如数归还上述借款。后来经过法院审理,最终认定原被告间的借贷行为违反有关禁止非金融企业间直接借贷的法律规定,属无效的法律行为。原被告对该无效民事行为的形成均负有过错,应各自承担相应责任。鉴于原被告未就还款期限作出约定,被告应对依无效民事行为取得的钱款作出返还。关于双方系争的人民币6.4万元"验资费用"是否应在原告诉请金额中扣除的问题,从被告在相应函件上表明的"日后归还"钱款的意思看被告自认这笔费用应由其负担。且原告是以借款形式支付该笔钱款。由此可见,系争钱款的性质应为借款。原告诉称成立。至于"验资费用"由谁负担的问题,与本案不属同一法律关系,本院不予处理。最终,法院判决原告上海家化(集团)有限公司与被告上海霞飞日化有限公司间借款行为无效。被告上海霞飞日化有限公司应于本判决生效之日起10日内归还原告上海家化(集团)有限公司钱款人民币9479318.67元。

▶二、思维路径 > > >

本案应从上海家化(集团)有限公司和上海霞飞日化有限公司之间的借款

① 案情来源:上海市第一中级人民法院民事判决书〔2003〕沪一中民三(商)初字第83号。

合同的效力着手进行分析。首先,上海家化(集团)有限公司和上海霞飞日化有限公司之间的借款合同是否符合民法通则第58条规定的民事行为无效或者合同法第52条规定的合同无效的情形?其次,双方当事人系争的用作验资之用的人民币6.4万元的性质应当如何认定,采用何种解释方法进行解释?最后,本案中的借款合同无效的法律后果是什么,有何法律依据?

▶三、法律依据 > > >

1.《中华人民共和国民法通则》第55条:"民事法律行为应当具备下列条件:

(一)行为人具有相应的民事行为能力;

(二)意思表示真实;

(三)不违反法律或者社会公共利益。"

《中华人民共和国民法通则》第58条:"下列民事行为无效:

(一)无民事行为能力人实施的;

(二)限制民事行为能力人依法不能独立实施的;

(三)一方以欺诈、胁迫的手段或者乘人之危,使对方在违背真实意思的情况下所为的;

(四)恶意串通,损害国家、集体或者第三人利益的;

(五)违反法律或者社会公共利益的;

(六)以合法形式掩盖非法目的的。

无效的民事行为,从行为开始起就没有法律约束力。"

《中华人民共和国民法通则》第61条第1款:"民事行为被确认为无效或者被撤销后:当事人因该行为取得的财产,应当返还给受损失的一方。有过错的一方应当赔偿对方因此所受的损失,双方都有过错的,应当各自承担相应的责任。"

2.《中华人民共和国合同法》第52条:"有下列情形之一的,合同无效:

(一)一方以欺诈、胁迫的手段订立合同,损害国家利益;

(二)恶意串通,损害国家、集体或者第三人利益;

(三)以合法形式掩盖非法目的;

(四)损害社会公共利益;

(五)违反法律、行政法规的强制性规定。"

《中华人民共和国合同法》第58条:“合同无效或者被撤销后,因该合同取得的财产,应当予以返还;不能返还或者没有必要返还的,应当折价补偿。有过错的一方应当赔偿对方因此所受到的损失,双方都有过错的,应当各自承担相应的责任。”

《中华人民共和国合同法》第125条:“当事人对合同条款的理解有争议的,应当按照合同所使用的词句、合同的有关条款、合同的目的、交易习惯以及诚实信用原则,确定该条款的真实意思。

合同文本采用两种以上文字订立并约定具有同等效力的,对各文本使用的词句推定具有相同含义。各文本使用的词句不一致的,应当根据合同的目的予以解释。”

3.《最高人民法院关于适用〈中华人民共和国合同法〉若干问题的解释(一)》第4条:“合同法实施以后,人民法院确认合同无效,应当以全国人大及其常委会制定的法律和国务院制定的行政法规为依据,不得以地方性法规、行政规章为依据。”

《最高人民法院关于适用〈中华人民共和国合同法〉若干问题的解释(二)》第14条:“合同法第五十二条第(五)项规定的‘强制性规定’,是指效力性强制性规定。”

4.《中华人民共和国银行业监督管理法》第19条:“未经国务院银行业监督管理机构批准,任何单位或者个人不得设立银行业金融机构或者从事银行业金融机构的业务活动。”

5.《非法金融机构和非法金融业务活动取缔办法》第2条:“任何非法金融机构和非法金融业务活动,必须予以取缔。”

《非法金融机构和非法金融业务活动取缔办法》第3条:“本办法所称非法金融机构,是指未经中国人民银行批准,擅自设立从事或者主要从事吸收存款、发放贷款、办理结算、票据贴现、资金拆借、信托投资、金融租赁、融资担保、外汇买卖等金融业务活动的机构。

非法金融机构的筹备组织,视为非法金融机构。”

《非法金融机构和非法金融业务活动取缔办法》第4条:“本办法所称非法金融业务活动,是指未经中国人民银行批准,擅自从事的下列活动:

(一)非法吸收公众存款或者变相吸收公众存款;

(二)未经依法批准,以任何名义向社会不特定对象进行的非法集资;

（三）非法发放贷款、办理结算、票据贴现、资金拆借、信托投资、金融租赁、融资担保、外汇买卖；

（四）中国人民银行认定的其他非法金融业务活动。

前款所称非法吸收公众存款，是指未经中国人民银行批准，向社会不特定对象吸收资金，出具凭证，承诺在一定期限内还本付息的活动；所称变相吸收公众存款，是指未经中国人民银行批准，不以吸收公众存款的名义，向社会不特定对象吸收资金，但承诺履行的义务与吸收公众存款性质相同的活动。"

《非法金融机构和非法金融业务活动取缔办法》第22条："设立非法金融机构或者从事非法金融业务活动，构成犯罪的，依法追究刑事责任；尚不构成犯罪的，由中国人民银行没收非法所得，并处非法所得1倍以上5倍以下的罚款；没有非法所得的，处10万元以上50万元以下的罚款。"

▶四、学理分析 > > >

民事行为是指以意思表示为要素，发生、变更、终止民事权利义务的行为。民事行为的概念在我国具有争议，其他部门法中也称之为法律行为，我国民法通则中直接采用民事行为用以表述。民事行为在我国民法中属于上位概念，包含民事法律行为，无效的民事行为、效力待定的民事行为、可撤销的民事行为，这也是民法内部根据民事行为的效力状态进行划分的一种形式，还可以根据民事行为内涵划分为适法行为和违法行为等，适法的民事行为就是民事法律行为。违法的行为就会导致民事行为不发生法律效力。

民事行为的构成包含当事人、意思表示、标的三个要素，其中一个重要的构成要素就是有意思表示。意思表示就是当事人将自己设立、变更、终止民事权利义务的内心意思通过一定形式表达于外的行为。意思表示可以理解为"意思+表示"，"意思"往往代表了当事人的意愿，也是设立、变更、终止民事权利义务的内心意思；"表示"是指当事人用一定的形式表现出来，能够为人所知晓、理解。根据是否具有相对人可以分为具有相对人的意思表示和无相对人的意思表示。有相对人的意思表示指具有明确的相对方主体，可能是一个人，也可能是具体几个人。无相对人的意思表示主要是面向所有人，比如贴出的通知："装修的沙子不要了，用去吧。"那么这属于面向不特定主体抛弃所有权的民事行为。其中，对于沙子作出了不要了让其他任何人可以使用的意思表示。当事人进行民事行为，都是由意思表示进行沟通、表达，希望达到期望的效果，这也体现出意思表示具有目的性、针对性。但是,有时意思表示存在意思和表示不相一致的情况,若是主观上想法和表达出来的内容不相一致那么容易产生虚伪表示,心口不一;也可能隐藏表示,真实意思没有表达完整;或作出错误表示,看着三说成了二。若是被动上造成的意思和表示不一致,如相对人进行欺诈、胁迫、乘人之危的情形,对于当事人而言还可能造成重大误解,那么对于这些意思表示的,因并非主观上的过错或故意存在恶意而为之,于是就会产生根据意思表示类型的不同造成不同效力的民事行为,如欺诈而生成的民事行为则属于可撤销的效力状态,如果该欺诈行为损害了国家、集体或第三人的利益则该民事行为不具备法律效力。民事行为都含有意思表示的要素,同时民事行为还包含有当事人和标的,这些都是民事行为必须所具备的构成要件,当事人是民事行为的主体,意思表示必须由主体去进行表示,其主体必须是具有完全民事行为能力的当事人,若当事人无民事行为能力人或限制行为能力人,那么则由其监护人或法定代理人为意思表示。民事行为所包含的内容,也就是民事行为的标的,作为民事行为,其标的也是各种各样的,也可能是合法的,也可能是非法的,如海洛因。当事人、标的、意思表示共同构成了民事行为,具备了构成要件,民事行为就成立了。

民事行为的生效是指已经成立的民事行为符合法定有效要件取得法律效力。一般情况下民事行为成立即生效。但是,有的成立了的民事行为并不必然就能够导致生效,成立的民事行为通过实施达到其所意欲发生的效果也并不等于生效,民事行为的生效与成立属于两个阶段的问题。民事行为生效应当具备以下生效要件:(1)行为人具有相应的民事行为能力。行为人须是具有完全民事行为能力的当事人,若行为人是无民事行为能力人或限制行为能力人,那么则由其监护人或法定代理人代理进行。对于限制行为能力人和无民事行为能力人进行民事行为以不损害限制行为能力人和无民事行为能力人利益为原则,可以进行与其年龄相适应的民事行为,如小学生花五角钱买作业本进行购买的行为。(2)意思表示真实。从主观上内心意思与外在表示的行为相一致,客观上没有遭受胁迫、欺诈、乘人之危,使人误解等情形。(3)不违反法律或者社会公共利益。也就是指具备行为能力的当事人的意思表示和行为不违背我国现行法律和公序良俗、他人利益。合法的民事行为也称作民事法律行为,是指公民或者法人设立、变更、终止民事权利和民事义务的合法行为。民事法律行为的生效受到我国法律保护,民事法律行为属于合法行为,生效后就对当事人产生拘束力,如果出现违反当事人设定的义务的情况还须承担法律责任。目前,民事行为成立与生效存在不一致的状态。我国民法上列举了两种,一是附条件的民事行为,二是附期限的民事行为。附条件的民事法律行为在符合所附条件时生效,也就是说附条件的民事行为,其效力因条件成就或者条件不成就而生效或失效,对于条件的成就或不成就是不可预测的。附期限的民事行为,在所附期限到来时生效或者解除,而期限是未来一定会到达的,所以是在期限到来时民事行为才能够生效或失效。

无效的民事行为是指自始、当然、确定不发生效力的民事行为。也就是说归于无效的民事行为自行为开始起就没有法律约束力,不受法律保护;当然无效是指无论产生何种状态谁对民事行为进行认可都不发生作用,该民事行为还是没有法律效力;确定无效是指该民事行为无效的状态是不可动摇的,当事人或其他任何人都不能再使其产生法律效力。无效的民事行为具有以下几类:(1)无民事行为能力人实施的民事行为和限制民事行为能力人依法不能独立实施的民事行为,其中,无民事行为能力人、限制行为能力人需由监护人或者法定代理人实施的行为其自己实施无效,但对于限制行为能力人和无民事行为能力人进行民事行为以不损害限制行为能力人和无民事行为能力人利益为原则,可以进行与其年龄相适应的民事行为。(2)一方以欺诈、胁迫的手段或者乘人之危,使对方在违背真实意思的情况下作出的违背国家利益的民事行为。意思表示由于受到欺诈、胁迫、乘人之危的情况违背了当事人真实意愿,并且该行为损害了国家利益,这时该民事行为应判定为无效。(3)恶意串通,损害国家、集体或者第三人利益的。主要是指当事人之间恶意串通,该行为有损国家利益或者他人利益的,无论该行为是否已经完成,此类民事行为均属无效。(4)违反法律或者社会公共利益的。民事行为违反了法律、行政法规等规定的应当认定该民事行为无效,违反社会公众利益的、公序良俗的也应当认定为无效民事行为。(5)以合法形式掩盖非法目的的。当事人主观上具有非法目的,如公证其偷盗的财产,那么即使骗取了公证书,一经查实该财产系偷盗所得,该民事行为依然无效。(6)附条件的民事行为,如果所附的条件是违背法律规定或者不可能发生的,应当认定该民事行为无效。这里附条件的民事行为,是指未来有可能成就,也有可能不成就,没有成就的造成的只是该民事行为不生效,如果当事人明知该条件在未来是不可能发生的,那么该民事行为就是无效的民事行为。民事行为被确定为无效民事行为后,从行为开始起就没有法律约束力。当事人因该行为取得的财产,应当返还给受损失的一方。如果具有多方当事人,应当恢复未为行为时的状态,将财产全部返还,这里将财产进行全部返还,是一种恢复性质的返还,并不附加利息或折旧。如果当时是以物的形态而存在,那么就将物品如数返还,如物品已经损坏,那么就按照物品的价值进行返还。在造成民事行为无效其中当事人具有过错的,那么有过错的当事人还应承担赔偿责任,如果没有过错,则不需承担赔偿责任。对于双方恶意串通,实施民事行为损害国家的、集体的或者第三人的利益的,则应当追缴双方取得的财产,以收缴双方所得的财产来弥补国家、集体或第三人的利益损失。

本案中,上海家化(集团)有限公司分三次借款给上海霞飞日化有限公司,两企业之间存在的系借款合同行为。在该行为中,有双方当事人,有意思表示,也有标的,所以双方当事人订立借款合同的民事行为成立。

同时我国民法通则第 58 条第 5 项规定违反法律或社会公共利益的民事行为无效,我国合同法第 52 条第 5 项规定违反法律、行政法规的强制性规定的合同无效。本案中双方当事人即上海家化(集团)有限公司和上海霞飞日化有限公司订立借款合同的行为,违反了《中华人民共和国银行业监督管理法》第 19 条和《贷款通则》第 74 条的规定,因为根据该规定目前在我国只有经过国务院银行业监督管理机构批准的金融机构才能对法人、其他组织或自然人从事以还本付息为条件的出借货币资金使用权的营业活动,企业是不能够从事资金借贷业务的,所以上海家化(集团)有限公司和上海霞飞日化有限公司订立借款合同的民事行为属于民法通则第 58 条第 5 项规定的违反法律的民事行为以及合同法第 52 条第 5 项所规定的违反法律、行政法规的强制性规定的行为。

目前,本案中虽然当事人签订借款合同的民事行为成立了,但是是否具有法律拘束力还需要看其是否符合民事行为的生效要件。根据我国民法通则第 55 条规定,民事行为要生效需要具备三项要件,即:当事人具有相应的民事行为能力、意思表示真实、不违反法律或者社会公共利益。

根据民事行为生效的构成要件,第一,行为人具有相应的民事行为能力。本案中,双方均向法院提供了经过年检的营业执照,具备经营资质,是具有民事行为能力的企业法人。第二,意思表示真实。本案中并未体现出上海家化(集团)有限公司和上海霞飞日化有限公司之间具有欺诈、胁迫、乘人之危和重大误解的情形,也没有提供证据证明存在这样的情形。所以可以认定双方当事人意思表示真实。第三,不违反法律或者社会公共利益。这里关键看适用哪一部法律。我国民法通则第58条和合同法第52条都作出了合同无效的规定。但是根据立法法第83条的规定,法律适用中采取一般法服从特别法的原则,所以本案应适用合同法第52条规定。

在合同法第52条中规定违反法律强制性规定合同无效,因《中华人民共和国银行业监督管理法》第19条中的叙述是未经国务院银行业监督管理机构批准,任何单位或者个人不得设立银行业金融机构或者从事银行业金融机构的业务活动。这里存在着“不得”的字样,直接规定了权利主体的行为模式,属于典型的存在包含于强制性规定的禁止性规定,体现了对权利主体的强制性约束,对于违反强制性法律规定的就要承担其效力认定上的不利后果,两企业签订的借款合同违背了合同法第52条的规定。所以两企业签订借款合同的民事行为不符合民事行为生效的构成要件,应被认定为无效的民事行为。

关于双方争议的人民币6.4万元“验资费用”,上海家化(集团)有限公司以借款形式借出,且上海霞飞日化有限公司在相应函件上表明“日后归还”,从当时签订的意思表示来看,当事人是具有借款并归还的意思表示,且本案中并没有证据显示上海霞飞日化有限公司具有欺诈、胁迫、乘人之危和重大误解的情形,应当认定其当时作出“日后归还”的意思表示真实。且上海家化(集团)有限公司同样是以借款形式支付了该笔钱款。根据合同法第125条合同解释规则的一般性规定,即在当事人对合同条款的理解有争议时,应当按照合同所使用的词句、合同的有关条款、合同的目的、交易习惯以及诚实信用原则,确定该条款的真实意思。根据其使用的“日后归还”的语句确定该行为性质是借款性质,同时,上海霞飞日化有限公司在相应函件上签署“日后归还”的字样时也表明其已经接收该款项,应认定合同成立。同理,由于上海家化(集团)有限公司违反了《中华人民共和国银行业监督管理法》第19条的法律禁止性规定,所以依据合同法第52条违反法律的强制性规定的合同无效。对于6.4万元的验资款的借款协议也属无效。

合同无效后自始、当然、确定不发生法律效力。所以无论对于该合同是否已经实施,都不发生法律效力。故双方当事人应当根据合同法第58条规定,合同无效后,因该合同取得的财产,应当予以返还;不能返还或者没有必要返还的,应当折价补偿。有过错的一方应当赔偿对方因此所受到的损失,双方都有过错的，应当各自承担相应的责任。所以，上海霞飞日化有限公司应当返还原告上海家化（集团）有限公司借得的所有款项，合计钱款人民币9479318.67元。因本案中双方都实施了该违法行为，所以对该无效法律行为的形成均负有过错，应各自承担相应责任，上海霞飞日化有限公司应当返还财产，上海家化（集团）有限公司因擅自办理拆借贷款事项根据《非法金融机构和非法金融业务活动取缔办法》第22条和《贷款通则》第74条将面临中国人民银行的处罚。

▶五、相关案例 > > >

【案例4-1】金某诉李某等买卖合同纠纷案[①]

2013年2月19日，李某称有牌号为沪××××的出租车转让，经协商，出租车转让价为人民币55000元，当日双方签订书面合同，约定出租车沪××××转与金某开，到2013年6月份，李某给换部新车，如果不换新车，将此旧车退还给李某，李某将退给金某人民币伍万伍仟元整（大写）。于是金某将55000元分两次通过银行转账给李某。而后金某发现出租车实际营运人为张某，于是当日金某又与张某签订了书面合同。张某将出租车交付给予金某。3月6日晚，金某出租车在无准营证的情况下，驾驶该车上路营运，被上海市交通运输和港口管理局查扣。3月18日，上海某某出租汽车有限公司（以下简称某某出租公司）到公安机关处理相关事宜领回该车，李某、张某却一直未出面协调，后出租车被某某出租公司收回。金某多次联系李某、张某，要求协助取回该出租车或退还购车款，但都遭拒绝。金某认为其与李某、张某之间的买卖合同实质为出租车营运权的转让，系双方真实意思表示，应为有效，要求解除与李某、张某间的买卖合同，并请法院判令李某、张某连带返还购车款55000元。经法院审理，合同是平等主体的自然人、法人、其他组织之间设立、变更、终止民事权利义务关系的协议。违反法律、行政法规的强制性规定的，合同无效。被告李某将沪××××出租车转让给原告金某，实质为出租车营运权的转让。被告李某非沪××××出租车所有人，亦无证据证明其系该车的实际营运人，其擅自转让出租车营运权，且转让的对象为无准营证的金某，违反了我国法律、行政法规的强制性规定，致该车被上海市交通运输和港口管理局扣押，故原告

① 参见：上海市浦东新区人民法院民事判决书〔2013〕浦民一（民）初字第18851号。

金某与被告李某签订的合同无效。因金某未能提供其与被告张某签订的合同原件,故法院对原告金某与被告张某之间的合同不予认可。合同无效后,因该合同取得的财产,应当予以返还。沪××××出租车已经被其所有人某某出租公司领回,所以原告交付被告李某的营运权转让款55000元,被告李某应予返还。最终,法院经过公开审理,根据《中华人民共和国合同法》第2条第1款、第52条第5项、第58条及《中华人民共和国民事诉讼法》第144条之规定,判决原告金某交付被告李某的营运权转让款55000元,并驳回了原告金某的其他诉讼请求。

【案例4-2】聂某某诉某某人寿保险股份有限公司等人身保险合同纠纷案①

2012年11月26日,聂某某以其儿子聂非为被保险人向某某人寿保险股份有限公司投保人身保险,双方签订编号为8864257的人身保险合同,约定投保险种为尊享人生年金保险,身故保险金受益人为法定继承人,保险期间自2012年12月1日至2056年11月30日,交费方式为年交19929元,交费期间5年,聂某某支付了首期保险费。购买时因某某人寿保险股份有限公司的业务人员告知聂某某所购买的是理财产品,故可由聂某某代被保险人聂非签字,于是聂某某遂在未经被保险人同意的情况下签署了投保书。2013年5月3日,聂某某认为其与签订的保险合同未经被保险人同意,应为无效,遂起诉,请求法院判令编号为8864257的保险合同无效、被告某某人寿保险股份有限公司返还原告该合同首期保险费人民币19929元、赔偿19929元从2012年11月29日至2013年3月31日期间的利息(按短期贷款利率计算)。经法院委托司法机构对投保书中被保险人聂非的签名进行了笔迹鉴定,结论为不是聂非所写。根据《中华人民共和国保险法》第34条第1款规定以被保险人死亡为保险金给付条件的保险合同,未经被保险人同意并认可保险金额的,合同无效。根据《中华人民共和国合同法》第58条的规定,合同无效,依据合同取得的财产应予返还。本案的保险合同系以被保险人聂非身故为保险金给付条件,聂非未在保险合同签订时表示同意签订本案保险合同,故本案的保险合同依法应确认为无效。被告某某人寿保险股份有限公司作为专业的保险经营者,未经被保险人同意即与原告聂某某签订以被保险人聂非身故为保险金给付条件的保险合同,对造成合同无效存在过错;原告聂某某未征得被保险人聂非的同意,即与被告签订保险合同,

① 参见:上海市静安区人民法院民事判决书〔2013〕静民二(商)初字第761号。

对造成合同无效也存在过错。故法院最终根据《中华人民共和国保险法》第 34 条第 1 款、《中华人民共和国合同法》第 58 条的规定,判决原告聂某某与被告某某人寿保险股份有限公司、被告某某人寿保险股份有限公司上海分公司签订的合同编号为 8864257 的人身保险合同无效;被告某某人寿保险股份有限公司、被告某某人寿保险股份有限公司上海分公司应于本判决生效后 10 日内返还原告聂某某保险费人民币 19929 元;原告聂某某的其他诉讼请求,不予支持。如果未按本判决指定的期间履行给付金钱义务,应当依照《中华人民共和国民事诉讼法》第 253 条之规定,加倍支付迟延履行期间的债务利息。

【案例 4-3】杨某某等诉朱某等确认合同无效纠纷案①

原告杨某某、赖某某称他们是丽水市莲都区某村村民,系该集体经济组织成员,被告朱某、祁某非该集体经济组织成员。2003 年 1 月 15 日,原被告签订地基转让合同约定:两原告将坐落于丽水市莲都区某新村地基两间转让给两被告建造住宅;两被告按每间地基 13.5 万元向两原告支付地基转让费共计 27 万元;两被告先付给两原告每间 11 万元,共计 22 万元,余款 5 万元待审批手续办理后一次性付清。合同还约定了其他事项。合同签订后,两被告于 2003 年 3 月 8 日向两原告支付了首期转让费 19.5 万元,差额 2.5 万元至今未依约支付。经两原告多次催讨,2005 年 5 月 16 日,被告朱某出具欠条一张:"今欠杨某某购地基款人民币 2.5 万元(2003 年 3 月 8 日),利息 1%。"两原告认为,案涉拆迁安置地基的土地性质为集体所有土地,且两原告的拆迁安置地基至今尚未落实。原被告杨某某、赖某某签订的地基转让合同因违反法律法规的强制性规定而无效,该合同不受法律保护。为此,请求判决:依法确认 2003 年 1 月 15 日原被告双方所签地基转让合同无效。被告则认为杨某某在某老村拆迁迁建安置房已于 2013 年春节前抓阄落实,有地基安置图纸为证,法院不应该支持两原告诉求。经审理法院认为,被告朱某、祁某并非案涉宅基地所在的集体经济组织的成员,亦没有取得转让该宗土地的法定条件,即未在起诉前经有批准权的人民政府批准办理土地使用权出让手续,故不论该土地性质属于原告杨某某、赖某某诉称的集体所有或者是被告朱某、祁某辩称的国有划拨,本案涉地基转让合同均因违反法律法规的强制性规定,而应依法认定为无效。原告杨某某、赖某某诉请确认 2003 年 1 月 15 日签订的地基转让合同无效,符合法律规定,本院

① 参见:丽水市莲都区人民法院民事判决书〔2013〕丽莲民初字第 726 号。

予以支持。据此,依据《中华人民共和国合同法》第 52 条、《中华人民共和国土地管理法》第 43 条、《最高人民法院关于审理涉及国有土地使用权合同纠纷案件适用法律问题的解释》第 11 条的规定,法院判决确认原告杨某某、赖某某与被告朱某、祁某于 2003 年 1 月 15 日签订的地基转让合同无效。

六、问题与思考 > > >

1. 请思考放高利贷的行为是否属于无效的民事行为?

2. 法律规定禁止企业间借贷,若是公民与企业间进行借款,该行为将如何认定?

引例五　王某诉某物业管理有限公司等健康权纠纷案

一、案情简介[①] > > >

原告王某于 2011 年 7 月 7 日在某大厦乘坐客梯,当电梯下行至 4 楼时停止运行,然后又从 4 楼快速下滑至 1 楼,造成王某受伤。经过上海市第六人民医院诊断为 L4-5 椎间盘突出,王某于 2011 年 12 月 29 日至 2012 年 2 月 6 日入住上海市第八人民医院进行康复治疗,后来,又于 2012 年 4 月 23 日至 4 月 27 日入住中国人民解放军第八五医院进行手术治疗。王某认为,正是因为被告某物业管理有限公司作为电梯管理人没有尽到安全保障义务,某电梯有限公司作为生产方致使电梯存在质量问题,某某电梯有限公司没有及时维保,因此造成他的人身损害,所以于 2013 年 4 月 26 日将某物业管理有限公司、某某电梯有限公司、某电梯有限公司一并告上法院,要求赔偿医疗费、伙食补助费、医疗器具费、营养费、护理费、误工费、残疾赔偿金、交通费、精神损害金、鉴定费、律师费。但是三被告均认为,王某受伤是 2011 年 7 月 7 日,但是却在 2013 年 4 月 26 日提起诉讼,已经超过诉讼时效,法院应当驳回原告起诉。最终,经法院认定,公民的生命健康权受法律保护,公民、法人由于过错造成他人人身损害的,应当承担赔偿责任。原告 2011 年 7 月 7 日事发后至医院就诊,进行康复治疗至 2012 年年初,于 2012 年 4 月手术治疗,原告整个治疗经过完整、连续,原告待治疗完成

① 案情来源:上海市徐汇区人民法院民事判决书〔2013〕徐民一(民)初字第 3445 号。

后再提起诉讼并无不当,原告向本院提起诉讼并由本院委托鉴定时,距离原告手术治疗未超过1年,故本案并未超过诉讼时效。根据原告伤情、就诊记录以及工伤认定、伤残鉴定意见书,可以确认原告伤情系涉案事故所致。

▶二、思维路径 > > >

本案中系健康权纠纷案件,案发时间是2011年7月7日,提起诉讼已经超过一年,那么人身侵权的案件诉讼时效的起算点从何计算?法律规定人身损害赔偿的诉讼时效期间,伤害明显的,从受伤害之日起算;伤害当时未曾发现,后经检查确诊并能证明是由侵害引起的,从伤势确诊之日起计算。那么治疗期间属于什么期间?对诉讼时效有何影响?

▶三、法律依据 > > >

1.《中华人民共和国民法通则》第136条:"下列的诉讼时效期间为一年:

(一)身体受到伤害要求赔偿的;

(二)出售质量不合格的商品未声明的;

(三)延付或者拒付租金的;

(四)寄存财物被丢失或者损毁的。"

2.《中华人民共和国侵权责任法》第16条:"侵害他人造成人身损害的,应当赔偿医疗费、护理费、交通费等为治疗和康复支出的合理费用,以及因误工减少的收入。造成残疾的,还应当赔偿残疾生活辅助具费和残疾赔偿金。造成死亡的,还应当赔偿丧葬费和死亡赔偿金。"

▶四、学理分析 > > >

我国诉讼时效制度直接规定在民法通则第七章。民法中的诉讼时效是指权利主体在法定期间可以向人民法院请求保护其民事权利,超过法定期间权利主体就会丧失请求人民法院保护其民事权利的制度。在民法典中使用诉讼时效这个概念早见于1964年的苏俄民法典,是由"起诉时效"演变而来,学理上和司法实践中均认为诉讼时效届满的后果是消灭胜诉权,但不能剥夺当事人提起诉讼的权利。[1] 实际上,当权利主体向人民法院起诉要求保护自己的民事权利

---

① 魏振瀛:《民法》(第三版),北京大学出版社2000年版,第192页。

的时候是借助了一种公权力的手段，从而实现自己的民事权利，这也是权利主体实现实体意义上诉权的一个过程。但是，诉讼时效制度必须是在规定的时间内通过起诉而主张自己的民事权利，那么超过法律规定的时间而提起诉讼的，权利主体是没有胜诉权的，也就是说超过诉讼时效后权利主体可以起诉，具有起诉权，但是法院应当判决驳回其诉讼请求。

诉讼时效并不是绝对的，根据案件的不同，起算时间的计算方式也不尽相同，如民事行为中附条件的民事法律行为效力起算点是自条件成就之时；附期限的民事法律行为的效力起算点是到达约定的时限起算；人身损害赔偿的诉讼时效期间，伤害明显的，从受伤害之日起算；伤害当时未曾发现，后经检查确诊并能证明是由侵害引起的，从伤势确诊之日起算；债权中的诉讼时效起算时间一般看合同约定，约定权利义务履行期限后违约的，自期限届满的第二天起算。环境损害的案件中因环境污染损害赔偿提起诉讼的时效期间为 3 年，从当事人知道或者应当知道受到污染损害时起计算。诉讼时效制度一般适用民法通则上的规定，从知道或者应当知道权利被侵害时起计算，但是在特别法中有其他规定的应遵循特别法规定。在我国民法通则中诉讼时效制度有一般条款还有特殊条款，一般而言，权利主体向人民法院请求保护民事权利的诉讼时效期间为 2 年。但是在出现身体受到伤害要求赔偿的、出售商品质量不合格的商品未声明的、延付或者拒付租金的、寄存财物被丢失或者损毁的诉讼时效期限为一年，这是诉讼时效制度中的特殊条款，出现上述四种情形之一时须适用一年诉讼时效规定，遵循特别法优于普通法效力的原则。

诉讼时效中止的情况规定在我国民法通则第 139 条，在诉讼时效期间的最后 6 个月内，因不可抗力或者其他障碍不能行使请求权的，诉讼时效中止。从中止时效的原因消除之日起，诉讼时效期间继续计算。这是为了防止因为客观原因给权利主体带来的影响致使权利主体不能在诉讼时效内及时主张自己的权利，所以诉讼时效制度规定了诉讼时效中止的规定。诉讼时效中止并不是指发生在诉讼时效中的任何时间内，只有发生在最后 6 个月内，或者事由处于连续状态持续发生至诉讼时效最后 6 个月内的时间段，权利主体才能够主张诉讼时效中止，通过诉讼时效中止使权利主体的诉权得到完全保障。诉讼时效中止的事由只有不可抗力或者其他障碍两种形式。根据法律规定，不可抗力是指不能预见、不能避免、不能克服的客观情况。比如地震、海啸、台风等。其他障碍主要有以下几种形式：(1)权利被侵害的无民事行为能力人、限制民事行为能力人没有法定代理人,或者法定代理人死亡、丧失代理权,或者法定代理人本人丧失行为能力的,可以认定为因其他障碍不能行使请求权。(2)婚姻关系中双方互为诉讼当事人,婚姻关系的存续期间可以算作诉讼时效的中止。(3)继承关系中继承人失踪等无法确定继承人的情形下出现诉讼时效的中止。诉讼时效中止后产生中止期间不算在诉讼时效期间内的效力,也就是说,在诉讼时效最后6个月内,如果出现了不可抗力或者其他障碍的情形,权利主体并不因为不可抗力或者其他障碍情形的存在继续计算诉讼时效期间,只有在不可抗力或者其他障碍的情形消失以后,诉讼时效继续计算。比如,3月1日是诉讼时效的最后6个月的第一天,结果出现了地震把法院震没了。6月1日,法院又成立了,那么诉讼时效中止实际上是3个月,那么正常情况下诉讼时效期间应到9月1日,中止3个月,那么诉讼时效期间延长中止的期间,诉讼时效到期应是12月1日。如此,将不可抗力或者其他障碍不能归咎于权利主体主观意识造成的损害期限进行同等延迟,保护了权利主体的诉讼利益。同样的,假设地震是2月1日发生的,发生在距离诉讼时效最后的第7个月,同样,计算诉讼时效中止的期间还是需要从3月1日起算。

诉讼时效中止主要是由于客观因素造成的,存在客观损害事实结束后继续计算的效力。诉讼时效还存在中断的情形,诉讼时效中断主要是指诉讼时效因提起诉讼、当事人一方提出要求或者同意履行义务而中断。从中断时起,诉讼时效期间重新计算。诉讼时效中断具有重新计算的法律效力,所以也只有发生法定事由才能够产生诉讼时效中断,使已经发生的诉讼时效归于无效。诉讼时效制度的设立精神也是为了提高司法效率、促使当事人尽快解决矛盾。诉讼时效中断起到积极的作用并不与诉讼时效制度立法精神相冲突,诉讼时效中断后重新计算诉讼时效期间意味着延长了权利主体主张民事权利的期间,本身正是由于权利主体积极主张自己的权利或者义务方当事人积极履行义务才能够引起诉讼时效中断,所以说诉讼时效中断对于权利主体重新起算诉讼时效期间与诉讼时效的立法目的是相同的。目前,我国法律规定的事由主要有以下几点:(1)提起诉讼。向法院起诉或者仲裁机构申请仲裁,都是权利主体积极主张自己权利的表现,自提起诉讼之时引起诉讼时效中断。(2)当事人一方提出请求。在提出请求的诉讼时效内再次提出请求也属于引起诉讼时效中断的原因。也就是说在有效诉讼时效期间内权利主体向对方当事人提出请求权,那么诉讼时效应当自提出主张的第二天起重新计算。如果权利人向债务保证人、债务人的代理人或者财产代管人主张权利的，也可以认定诉讼时效中断。如果在重新起算的诉讼时效期间内再多次向对方当事人或者债务保证人、债务人代理人或财产管理人提出请求权的主张，那么在重新起算的诉讼时效期间内一样发生诉讼时效中断的效果，致使诉讼时效重新起算。但是当事人提出请求权具有证据不易保存的特点，一旦之后诉讼不被法院认定将很容易产生超过诉讼时效而丧失胜诉权的结果。(3)当事人一方同意履行义务。同意履行义务期间再次同意履行义务的，也可以认定为诉讼时效再次中断。(4)权利人向人民调解委员会或者有关单位提出保护民事权利的请求，从提出请求时起，诉讼时效中断。经调处达不成协议的，诉讼时效期间即重新起算；如调处达成协议，义务人未按协议所定期限履行义务的，诉讼时效期间应从期限届满时重新起算。

诉讼时效作为保护民事权利并节约诉讼资源的一项制度，并不是没有限制的。我国民法通则第137条规定“从权利被侵害之日起超过二十年，人民法院不予保护”实质是对诉讼时效的年限进行了规定。根据这一规定，即使权利主体不知道自己的权利被侵害，诉讼时效最长也是20年，只要自权利被侵害超过20年，人民法院就不予保护。诉讼时效系法律规定，不能通过约定进行排除，所以权利主体通过约定延长、放弃诉讼时效年限都是无效的。

本案中，王某2011年7月7日乘坐某客梯摔伤并诉至法院，属于人身损害赔偿案件。身体受到伤害要求赔偿的，诉讼时效期间为一年。王某受伤后到上海市第六人民医院治疗，并多次因为腰部伤痛不适持续就诊，王某治疗一直处于持续诊疗状态，直至确诊并委托法院进行鉴定病痛确系乘坐涉案电梯所致。本案中，王某受到伤害后及时就诊，具有持续诊疗的行为，这个持续的状态一直持续到2012年4月27日术后。所以，医院给予确诊的时间计算应当持续计算，一直到2012年4月27日术后。由于案中并未给出法院委托鉴定机构出具鉴定结论的具体时间，但是鉴定结论可以证明王某的腰痛和电梯下坠之间具有因果关系，那么本案中的诉讼时效起算时间应为确诊的时间，应当以其诊疗行为状态结束的最后一天计算，也就是2012年4月27日。所以法院得出本案并未超过诉讼时效。假如，王某病情在2011年年底确诊了，也确定了病情是由电梯下坠所引起，那么王某于2013年4月26日提起诉讼超过了一年的诉讼时效期间就应当认定为超过诉讼时效，王某可以起诉，但是法院应当判决驳回起诉处理。

▶五、相关案例 > > >

【案例5-1】黄某某诉韩某某健康权纠纷案①

黄某某房屋与韩某某的老屋相邻。2011年8月23日,黄某某在韩某某拆除的老屋地基上拔草,恰逢韩某某骑电瓶车经过看到,问黄某某为何在自家地上拔草,于是两人发生口角。韩某某将黄某某拔的草扔向黄某某,黄某某又将草扔回,双方发生争执和冲突,结果黄某某摔倒在地上受伤,经过医院治疗,诊断为双侧桡骨远端骨折、胸12椎体骨折。经鉴定,构成轻伤。2012年4月24日,萧山区义桥镇人民调解委员会召集双方当事人及家属进行调解,未调解成功。人民调解委员会告知双方亲属可向人民法院起诉。2013年4月23日,黄某某到法院进行起诉,要求韩某某赔偿医疗费、医疗辅助器械费、交通费、住院伙食补助费、护理费、营养费、精神损害抚慰金,合计29241.95元。黄某某起诉后,人民法院再次委托人民调解委员会进行调解,调解再次失败,遂法院于2013年5月立案受理。韩某某认为黄某某摔伤属于自伤,与其无任何关系,并诉称双方争吵是在2011年8月23日,2012年4月24日人民调解委员会调解时双方当事人并没有到场,所以调解不算数,且黄某某提起诉讼是在2013年4月23日,已超过一年的诉讼时效,所以法院应当驳回黄某某的诉讼请求。

最终,法院认定原被告在发生口角并相互扔草后,原告不慎倒地受伤,与被告有一定的因果关系,被告应承担相应的民事责任。根据纠纷发生的原因及过错,由被告承担30%为宜。诉讼时效从知道或应当知道权利受侵害时起计算,身体受损害的诉讼时效为一年,本案于2011年8月23日发生纠纷,此后公安机关调查处理,2012年4月24日萧山区义桥镇人民调解委员会召集原被告儿子进行调解,并告知双方可向人民法院起诉,诉讼时效中断,故重新开始计算为一年。2013年4月23日,原告黄某某向本院起诉,诉讼时效再次中断,法院要求其补充材料并委托萧山区联合人民调解委员会进行调解,诉讼时效又一次中断,诉讼时效再次重新计算为一年。因此,法院于同年5月立案,未过诉讼时效。故法院判决被告韩某某承担原告黄某某损失的医疗费、鉴定费、医疗辅助器械费、交通费、住院伙食补助费、护理费合计21684.55元的30%计6505.37元,并驳回黄某某的其余诉讼请求。

① 参见:杭州市萧山区人民法院民事判决书〔2013〕杭萧临民初字第416号。

【案例 5-2】姜某某诉袁某某合伙协议纠纷案[①]

原告姜某某与被告袁某某 1998 年合伙接手夔兴页岩砖厂进行经营,采取以替老厂还债的方式支付转让费,一直经营至 2000 年 2 月 14 日。截至 1998 年 12 月 30 日夔兴页岩砖厂实际换老厂的借款凭据 534345. 46 元,其中包括十里砖厂原股东五人计 150133. 98 元。在双方合伙经营期间,该厂为原十里砖厂代付煤款、水泥款、法院执行款、案款、退押金以及十里砖厂欠款、欠砖等往来纠纷而扣夔兴页岩砖厂的货款总计 139038. 30 元。2000 年 2 月 14 日,姜某某和袁某某将夔兴页岩砖厂又转让给了姜兴才等人,同年 3 月 15 日该厂又转让给了原告姜某某,2001 年 10 月 9 日原告姜某某将该厂又转让给了刘世媛。双方将砖厂转让后,因合伙期间的账务等事宜发生纠纷,于是,2002 年 4 月姜某某和袁某某共同委托重庆律枰会计师事务所进行审计,重庆律枰会计师事务所根据原被告双方提供的会计凭证、账簿及相关资料进行了审计,会计师事务所于 2002 年 5 月 15 日作出了"关于夔兴页岩砖厂财务收支的审计报告"。该报告在财务收支情况中对集资借款及利息偿付情况作了详细的说明,其中载明"夔兴页岩砖厂替十里砖厂偿还债务实际换借款凭据"等事项。姜某某和袁某某均表示认可。原被告双方承继的原十里、页岩砖厂债务中,债权人邹必恩等人分别于 2001 年、2002 年向法院提起过诉讼并已经强制执行。2011 年 8 月执行完毕,执行款项部分是从刘世媛支付给姜某某的转让费中扣除。2012 年 9 月姜某某以追偿权纠纷将袁某某诉至人民法院,要求袁某某对邹必恩等人主张的强制执行的债务承担一半责任,被告袁某某则反诉要求原告按照审计结果给付 5 万余元。后来法院以双方没有合伙账务结算依据为由,于 2013 年 3 月判决驳回了原被告双方的诉讼请求。2013 年 6 月原告姜某某再次将被告袁某某诉至法院,要求被告袁某某给付合伙期间擅自支付的款项 107208 元及利息。经审判,双方对于《关于夔兴页岩砖厂财务收支的审计报告》均表示予以认可,据此应当视为双方认可所提供审计的票据属于合伙经营期间共同收支的票据。即使姜某某没有签字便相继支付出去,只能说明在财务管理方面存在一些问题。况且在这 13 万余元的款项中,还包含有法院执行的案款和执行款,这种款项的支付是具有一定的法律强制力的,不能算是袁某某的擅自支出行为。综上,原告诉称这 13 万余元的款项系被告擅自支付的事实缺乏依据。另外,双方合伙事实发生在 1998 年 9 月至 2000 年

① 参见:重庆市奉节县人民法院民事判决书〔2013〕奉法民初字第 01954 号。

2月期间,审计报告也于2002年5月即已作出,对于被告是否有擅自支付款项的行为,原告在双方合伙行为终止或至迟于审计终结后就知道或应当知道,时隔十余年后原告才起诉被告在合伙期间擅自支付了不该支付的债务,又没有其他证据证明有中止、中断的情形,应当超过了诉讼时效。故被告袁某某抗辩本案已经超过诉讼时效的理由成立。最终法院判决驳回原告姜某某的诉讼请求。

【案例5-3】江丽文诉叶维静离婚后财产纠纷案①

江丽文与叶维静于2000年4月17日在浙江省文成县登记结婚,婚后无子女。2008年1月14日在文成县民政局登记离婚并签订《离婚协议书》。离婚协议中对夫妻共同财产的分割进行了约定:双方共同投资的凤凰县凤天大酒店(占52%股份)归叶维静所有,其中江丽文经手所借的投资款人民290万元整,由叶维静归还江丽文,叶维静并付给江丽文收益人民币50万元整,以上款项由叶维静另立借据给江丽文,月息2%。凤天大酒店是由叶维静与袁梦共同合作经营,叶维静负责投资,袁梦负责支付房屋租金等对外业务,2005年,叶维静从自己100%股份中给予袁梦48%的股份,并约定按各自股份进行利润分成。袁梦所占48%的股份中,实际上肖荐春又占30%股份。2006年11月,叶维静办理了凤天大酒店个体工商户营业执照,开始正式营业。而叶维静经营该酒店的投资款基本来源于江丽文,江丽文多次打款给叶维静共计290万元用于投资经营该酒店。为投资经营该酒店到离婚后索取投资款,江丽文曾多次到凤天大酒店考察、取款。2012年6月24日江丽文与叶维静对离婚协议中此约定的340万元还款计划进行协商并立《协议书》,袁梦作为担保人在《协议书》签字。2013年1月1日,江丽文与叶维静、袁梦再立《协议书》,约定截止到2012年12月30日叶维静、袁梦尚欠江丽文本息355.8万元,需归还江丽文270万元,剩余85.8万元江丽文不再要求归还。协议当天,江丽文出具收条,证明收到了叶维静、袁梦还款270万元。事后,2013年4月1日,江丽文以2013年年初发现酒店系个体工商户性质,应属于夫妻共同财产,所以未分割的48%的财产应予以平分,叶维静应赔偿24%的股份财产为理由将叶维静起诉到法院。本案的争议焦点为离婚时叶维静是否故意隐瞒夫妻共同财产,以及是否超过诉讼时效。根据《中华人民共和国婚姻法》第47条及《最高人民法院关于适用〈中华人民共和国婚姻法〉若干问题的解释(一)》第31条规定,离婚后,一方发现另一方有隐

① 参见:湖南省湘西土家族苗族自治州中级人民法院民事判决书〔2013〕州民一初字第3号。

藏、转移、变卖、毁损夫妻共同财产的，可以向人民法院提起诉讼，请求再次分割夫妻共同财产。请求再次分割夫妻共同财产的诉讼时效为2年，从当事人发现之日起计算。凤天大酒店的营业执照2006年登记为个体工商户，因个体工商户有个人经营、家庭经营与个人合伙经营三种组织形式，叶维静和袁梦两人实质为合伙经营。且叶维静仅占52%股份在双方离婚时已经告知江丽文，江丽文也没有直接证据证明叶维静拥有该酒店100%股份。个体工商户营业执照离婚后3年均悬挂在酒店显眼位置。原告离婚前多次到酒店考察，离婚后又多次到酒店取款，早应知晓该酒店的个体工商户性质，却在2013年才提起诉讼，明显超过了2年诉讼时效。所以法院判决驳回原告江丽文的诉讼请求。

【案例5-4】何某诉朱某民间借贷纠纷案①

1998年12月13日，朱某向何某借款人民币50000元经营矿产，约定借期4个月，每月利息1500元，到期本息归还。借款人注明是朱某、朱某某。借款到期后，朱某向原告何某出具一份还款保证书，注明1998年12月13日借何某现金人民币50000元，本应1999年4月13日还清，现延期分四次本金还清，第一次在2001年1月10日还本金1000元；第二次在2001年12月30日还本金9000元；第三次2002年12月30日还本金20000元；第四次在2003年12月30日还本金20000元。借款利息从1999年4月13日始按月息1.5%计，付至还清日止，保证人朱某某。结果第一笔保证还款到期后，朱某未偿还原告借款，何某于是向湖南省汝城县人民法院提起诉讼，要求被告朱某偿还借款1000元。2003年1月21日，湖南省汝城县人民法院支持了何某的诉讼请求。原被告双方均未对判决提出异议。保证还款到期后，何某多次向朱某催讨借款，朱某以本人或他人的方式分别于2008年4月23日还款2000元；2009年11月8日付款2000元；2009年6月25日还款2000元；2011年8月18日还款5000元。朱某将上述还款情况记入在1998年12月13日的借条中。2012年4月14日，何某再次向法院起诉，要求朱某偿还欠款本金49000元，利息145139元（利息算至2012年4月14日止，直至付清本金之日起；利率以年利率6.12%的四倍计算）。朱某认为本案已经超过诉讼时效，从2003年12月30日被告偿还借款本金20000元至2007年12月11日，被告才开始还款，期间4年，原告未向被告催讨，也未提交任何证据证实向被告催讨过，请求法院驳回原告的诉讼请求。最

① 参见：湖南省郴州市北湖区人民法院民事判决书〔2012〕郴北民一初字第312号。

终，法院根据《中华人民共和国民法通则》第 140 条的规定，诉讼时效因提起诉讼、当事人一方提出要求或者同意履行义务而中断。中断时起，诉讼时效期间重新计算进行案件认定，由于被告最后履行还款的期限为 2011 年 8 月 18 日，本案从此时诉讼时效中断。根据民法通则第 135 条的规定，向人民法院请求保护民事权利的诉讼时效期间为 2 年，法律另有规定的除外。认定何某 2012 年 4 月 25 日向法院提起诉讼未超过诉讼时效。根据双方提供的证据月息按 1.5% 计算。朱某总共归还 17000 元利息，并未支付借款本金，所以朱某至今尚欠何某借款本金应认定为 49000 元。最终判决朱某归还何某借款本金 49000 元及利息 114905 元（利率按每月 1.5% 计算，从 1999 年 4 月 13 日起至 2012 年 4 月 25 日止，以后利息按同样利率计算直至付清时为止），两项合计 163905 元。此款限被告朱某及保证人于本判决生效后 10 日内付清。

▶六、问题与思考 > > >

1. 假如，王某诉某物业管理有限公司等健康权纠纷案中王某在 2011 年确定了病情是由电梯下坠所引起，在 2012 年 4 月 27 日术后提起诉讼，但是证据不足败诉了，2013 年 4 月 26 日又提起了诉讼，该如何处理？

2. 假如，王某诉某物业管理有限公司等健康权纠纷案中王某病情在 2032 年才发现并确诊，请问他还能够提起诉讼吗？

DIERBIAN

第二编

物 权 法

引例一 北京月球村航天科技有限公司诉北京市工商行政管理局工商行政违法案

▶ 一、案情简介[①] > > >

该案中，北京月球村航天科技有限公司（以下简称月球村公司）销售月球土地，并声称298元就能在月球上购买1英亩（约合6亩）土地，购买者还可以获得月球土地证书。2005年10月19日"月球大使馆"宣布正式开盘。北京市工商局经调查认为，月球村公司销售月球土地的行为涉嫌投机倒把，于2005年10月28日作出京工商朝扣字〔2005〕245763号扣留（封存）财物通知，决定对月球村公司的相关财物予以扣留（封存），包括公司的公章。在经过听证程序后，2005年12月21日，北京市工商局依据《投机倒把行政处罚暂行条例》对月球村公司作出了处罚决定，月球村公司不服，先提起复议，而后又到人民法院提起行政诉讼。

在审理中，原告诉称其是经工商登记注册成立的合法公司，经美国月球大使馆公司授权，为其在中国代理外层空间地区销售业务，主要是出售月球土地，2005年10月28日，被告以原告涉嫌投机倒把为由，扣留了原告的营业执照、公章、经营款、月球土地所有权证等财产，使原告无法正常经营。原告认为，被告的行政强制行为是错误的，严重干扰了原告的正常经营行为，给原告带来了巨大的经济损失。

第一，原告不存在违法事实。(1)原告是经过合法注册成立的公司。2005年9月5日原告在北京市工商局登记注册，领取了营业执照。根据《公司登记

---

① 案情来源：中外民商裁判网，http://www.zwmscp.com/a/gedipanli/gedipanli/2010/0709/3726.html，2006-04-01。

管理条例》的规定,公司经公司登记机关依法核准登记,领取营业执照。根据营业执照,即取得企业法人资格,可以开展经营活动。因此,原告是具有合法企业法人身份的公司。(2)原告所出售的物品没有违反法律规定。1967 年的《外层空间条约》明确指出,任何国家都不能将太空的任何部分占为己有,同时所有的国家都应该同意太空的和平利用,但对于团体和个人却没有作出规定。世界上绝大多数国家都签署了这一公约。凡签约国即视为放弃了对包括月球在内的外太空的所有权,1984 年 7 月 11 日生效的《月球协定》明确禁止任何个人对地外空间中不动产拥有所有权,并认定太空资源作为"人类共同的遗产",但是仅仅 5 个国家签署了这一协定,中国没有加入这个协定。美国月球大使馆公司发起人丹尼斯霍普根据 1862 年的加利福尼亚法律的规定:谁只要对无主财产提出产权要求,便可以成为产权人,而月球就属于这种无主的财产,于是丹尼斯霍普就在美国旧金山土地管理部门登记了月球的所有权,并交纳相关费用,然后致信美国、前苏联以及联合国,声明自己为月球和太阳系其他行星的主人,并开始出售月球土地,丹尼斯的做法并没有违反任何法律的规定。现在月球公司拥有众多客户。(3)原告的经营行为本身也没有违反国家的禁止性规定。原告的经营行为没有违反我国法律、行政法规中的任何禁止性规定,因此就不是违法的行为,不应受到干涉。(4)原告销售的标的物不属于国家特许经营商品,不应受特别规制。原告所出售的不是法律、行政法规规定的专营、专卖和专控物品以及其他限制买卖的物品,因此不应当受到特别归置。原告的行为符合现有法律法规的规定,不应受到特殊干涉。

第二,原告与其客户之间的买卖合同合法有效。原告与其客户在自愿、平等的基础上签订的买卖合同,是双方真实的意思表示,也没有损害国家、集体、第三人的合法权益,因此是合法有效的。合同法第 4 条规定,"当事人依法享有自愿订立合同的权利,任何单位和个人不得非法干预",原告与其客户签订的买卖合同不应受到干涉。根据合同法第 52 条规定,该买卖行为不违背国家法律法规的强制性规定,因此,依据我国民法通则和合同法的规定,此买卖行为合法有效。

第三,被告对原告实施强制措施事实认定不清,证据不足。在被告出具给原告的京工商朝扣字〔2005〕245763 号扣留(封存)财务通知书上,违法事实只是笼统地写着"涉嫌投机倒把",而根据《投机倒把行政处罚暂行条例》第 3 条之规定,投机倒把的具体行为有 11 种之多,被告没有具体写出原告究竟涉及哪一种投机倒把行为，其实被告也说不清原告到底涉嫌哪一种投机倒把行为，被告也没有证据证明原告存在投机倒把的事实。根据法律规定，一个合法的行政行为应该是事实清楚、证据确凿。而在本案被告自己也认为只是“涉嫌”，是否违法尚未定性，更谈不到证据确凿。因此，被告的行政行为已具备了法定的撤销要件。实事求是地讲：原告经营项目是一个新的事物，公众需要一个认识过程，可以探讨，也允许争论，但不能认为违法。特别是被告自身对此认识不明显并且证据不足，在根本没有证据的情况下对原告采取强制措施，严重影响其正常经营，是既不合法也不合理，同时，也犯了“先裁决，后举证”之大忌。另外，“涉嫌”是刑事诉讼法上的专用概念，岂可乱用到行政执法领域。

第四，工商局的行政行为适用法律依据错误，没有法律根据。首先，原告不存在投机倒把行为。不存在适用《投机倒把行政处罚暂行条例》的事实基础。原告的行为，不属于条例中列举的 11 种投机倒把行为中的任何一种，根本就不是投机倒把行为，不能对此适用《投机倒把行政处罚暂行条例》。其次，《投机倒把行政处罚暂行条例》虽未被明令废止，但不应作为执法依据。(1)该条例与市场经济体制相悖，已失去其存在的经济基础。该条例出台的时间是 1987 年 9 月 17 日，可以断言，它是传统的、旧的计划经济体制的产物。如今，社会主义市场经济体制日益成熟和完善，已成为我们的基本经济制度，传统的、旧的经济体制已被彻底打破，为传统的、旧的经济体制保驾护航的法规理应随之而去。在市场经济的大潮中，动辄打击所谓的“投机倒把”，既有违历史潮流，也是非常可笑的。(2)该条例的出台没有法律依据。立法法第 65 条第 1 款明确规定：“国务院根据宪法和法律，制定行政法规。”任何一部法规的出台都要有其出台的法律依据，而该条例却没有。究竟是依据什么法律制定的该条例，条例本身没有告知，在实际使用过程中无法找到。(3)该条例的主要内容已被相关法律取代。一是该条例对投机倒把行为定性不准，该条例第 3 条讲的扰乱社会主义计划经济秩序行为，由于现在社会主义市场经济秩序早已确立，已经不可能存在扰乱社会主义计划经济秩序的行为了。二是该条例认定的 11 种投机倒把行为内容，已被 20 世纪 90 年代以来，我国进入市场经济体制后，新推出的几十部法律法规所取代。(4)该条例的处罚种类、程序与我国现行的行政处罚法规相抵触。一是该条例对投机倒把行为定性及处罚没有法律依据；二是该条例处罚程序违法，不讲程序；三是处罚种类超出法律规定的行政处罚种类的规定；四是该条例规定的复议前置、复议时效与法律规定相抵触。再次，根据法规适用与效力的相关规定,该条例也应立即撤销或废止。一是从效力上看,该条例所指投机倒把的全部内容,我国都有专门法律进行规定,这些法律效力均高于该条例。二是从法规出台的时间上看,新法优于旧法,该条例也已失效。三是从一般与特别的关系上看,该条例应视为一般规定,新出台法律法规应视为特别规定,特别规定与一般规定不一致的,适用特别规定。四是该条例在客观上为违法行政提供了保护伞,其一是该条例内容不具体,定性模糊,使得管辖面过宽;其二是行政机关自由裁量权过大,行政机关可以任意适用,权利不受限制。这样在执法实践中,容易出现同等情况不同等对待和不同情况同等对待的问题,因此,在执法实践中,该条例不应再作为执法依据来使用。

针对原告的诉讼请求,被告有针对性地进行了答辩,指出:

1. 我局认定原告涉嫌投机倒把行为的事实清楚,证据充分。2005 年 10 月 16 日,我局例行检查中发现原告从事月球土地销售活动,遂于当日立案调查。经查,2005 年 10 月 14 日至 28 日,原告向雷文庭、王悦、成兆生等 33 人出售"月球土地"48 英亩,每英亩价格为 298 元人民币。销售款共计 14304 元人民币。以上事实,有询问笔录、现场检查笔录、原告新闻发布会速记稿、原告销售款收据、原告销售日报表及原告月球土地所有权证销售登记表等为证。

2. 原告违法经营的行为涉嫌投机倒把行为。月球土地属于全人类开发的范围,对月球土地的探索和利用只能为所有国法律成立的法人主体,从事民事活动应当遵守中国法律。当我国参加的国际条约同民事法律有不同规定的,适用国际条约的规定。其公然出售月球土地的行为,违背了我国加入的《外层空间条约》,构成违法经营。合同法第 132 条第 1 款规定:"出卖的标的物,应当属于出卖人所有或者出卖人有权处分。"而原告对其所出售的月球土地,无法提供属于其所有或有权处分的事实和法律依据。综上,原告行为违反了国务院《投机倒把行政处罚暂行条例》的规定,以牟取非法利润为目的,违反国家法规和政策,扰乱社会主义经济秩序,涉嫌投机倒把。《投机倒把行政处罚暂行条例》在国务院明令废止以前,仍然有效。

3. 我局采取行政强制措施程序合法。根据国务院《投机倒把行政处罚条例》第 4 条第 2 项、第 4 项的规定,工商行政管理机关查处投机倒把活动时,有权检查行政相对人的财物,其中用于投机倒把的可以扣留;有权查阅、复制、扣留与投机倒把活动有关的合同、发票、账册、单据、记录、文件、业务函电和其他资料。2005 年 10 月 28 日,我局根据上述规定,作出京工商朝扣字〔2005〕

245763号扣留(封存)财务通知书,对原告用于投机倒把的财务予以扣留。该通知书于当日送达原告,向其告知了相关的权利。因此,我局采取行政强制措施符合法定程序,并无不当。综上所述,我局作出的京工商朝扣字〔2005〕245763号扣留(封存)财务通知书具有事实基础,程序合法。恳请法院维持我局的具体行政行为,驳回原告的请求。

2006年10月20日,北京市海淀区人民法院审结了此案。法院经审理认为,被告北京市工商局作为工商行政管理机关为了维护正常的市场经济秩序,可以对特定的物作出行政强制措施。被告北京市工商局具有扣留(封存)行政相对人财物的法定职权。原告对销售的月球土地并不具有合法的所有权,月球土地也不具有商品的特性,且月球村公司因为其销售行为赚取了高额利润,因此,北京市工商局认定月球村公司销售月球土地的行为构成投机倒把并无不当。原告不服,提起上诉。北京市第一中级人民法院在2007年3月16日,终审驳回起诉。

▶ 二、思维路径 > > >

在现代社会生活中发生的纠纷往往属法律调整的范围,社会关系的复杂性决定了法律调整方法的综合性。在现实的案例中,一个纠纷往往涉及多学科领域的问题。在本案中,表面上是行政纠纷案件,涉及行政行为是否合法的问题,但换个角度思考,该案件真正的焦点却是物权法理论中对物权标的物的法律属性的认定,究其根源,该案焦点是对物的属性的法律认识。

在本案中,首先应分析北京市工商局的行政执法行为是否符合合法性要件:(1)审查其执法是否有着实体法的依据,这涉及对月球土地产权归属的法律认定,从该案来看,月球土地在国际条约上有着明确的规定,因而工商局的执法行为有合法根据;(2)审查行政执法程序的合法性问题,从案情本身分析行政执法在程序上是否存在瑕疵。

▶ 三、法律依据 > > >

1.《中华人民共和国物权法》第2条:“因物的归属和利用而产生的民事关系,适用本法。

本法所称物,包括不动产和动产。法律规定权利作为物权客体的,依照其规定。

本法所称物权，是指权利人依法对特定的物享有直接支配和排他的权利，包括所有权、用益物权和担保物权。”

《中华人民共和国物权法》第50条：“无线电频谱资源属于国家所有。”

2.《中华人民共和国合同法》第132条：“出卖的标的物，应当属于出卖人所有或者出卖人有权处分。

法律、行政法规禁止或者限制转让的标的物，依照其规定。”

四、学理分析 > > >

虽然该案件发生在《中华人民共和国物权法》实施以前，但法院在判决时充分考虑到了物权法的相关理论，依据物权法对物的属性的认识来判定工商机关的行政执法行为是否有充分的法律依据。

在该案中，判断北京市工商局的行政执法行为是否合法，必须从执法是否符合实体法和程序法两个方面考虑。

首先，需要判断行政执法是否有着实体法的根据，即认定原告的行为是否构成投机倒把行为。经过法庭审理查明，被告对月球土地的销售行为事实清楚，证据充分。本案的焦点在于月球公司销售月球土地是否有着买卖合同的效力，即关注月球公司是否具有月球土地的所有权。在该案中，法院经审理认为原告对销售的月球土地并不具有合法的所有权，月球土地也不具有商品的特性。其判定原告对月球土地没有合法的所有权有着充分的法律依据。一方面根据物权法中的“物”必须为人力所控制，为人力所支配；另一方面，考虑到根据联合国《关于各国探索和利用包括月球和其他天体在内外层空间活动的原则条约》，月球土地属于全人类开发的范围，为全人类所共有。同时，法院审理认为，月球村公司因为其销售行为赚取了高额利润，属于投机倒把，因而北京市工商局的依法行政行为并无不妥之处，行政行为在实体法上有着合法根据，因而判决原告地球村航天科技有限公司败诉。北京市中级法院驳回原告上诉的终审决定也确认了北京市工商局行政执法行为的合法性。

其次，需要判断行政执法是否有着程序法的根据，即审查北京市工商局的行政执法程序是否合法。经法院审理查明，在该案中被告采取的行政强制措施程序合法，符合相关法律规定程序。具体来看，根据国务院《投机倒把行政处罚条例》第4条第2项、第4项的规定，工商行政管理机关查处投机倒把活动时，有权检查行政相对人的财物，其中用于投机倒把的可以扣留；有权查阅、复制、扣留与投机倒把活动有关的合同、发票、账册、单据、记录、文件、业务函电和其他资料。在该案中,这几条法律规定是对行政执法行为的程序性支持。从案件查明事实来看,2005 年 10 月 28 日,被告根据上述规定,作出京工商朝扣字〔2005〕245763 号扣留(封存)财务通知书,对原告用于投机倒把的财务予以扣留。该通知书于当日送达原告,向其告知了相关的权利。因此,被告采取的行政强制措施符合法定程序,并无不当。综上所述,被告作出的京工商朝扣字〔2005〕245763 号扣留(封存)财务通知书具有事实基础,程序合法。

综上,经过对案情的分析,北京市工商局的行政执法行为无论在实体法上还是在程序法上都符合行政合法性原则,因而行政行为是合法的,法院的判决有着充分的事实根据和法律依据,因此是合法的。

当然,该案件背后除了对行政行为合法性的判定这一表面问题,隐藏的最重要的问题是:从物权法的视角判定什么才是民法上的物以及物与物权的客体的关系问题。对于什么是民法上的物,人们常常存在误解,将物理学上的物等同于民法上的物,认为只要自然界存在的物,大到太阳、月亮、星星等,小到灰尘、分子等都是物权的客体。

关于物与物权的客体的关系问题,国内的物权法著作通说认为,物权的客体为物。而关于物权客体或者物的范围问题,立法上有不同的规定,学说理论中也尚存在争议,主要有下列几种不同认识:其一,认为物权的客体只能是有体物;其二,认为物权的客体既可以是有体物,也可以是权利;其三,认为物权的客体包括有体物及"法律上可得支配的自然力";其四,认为物权的客体既可以是有体物,也可以是权利,还可以是法律上可得支配的空间、能源与自然力。从国外法来看,罗马法对物的理解是广义的理解,认为物是指除自由人以外存在于自然界的一切东西,如山川、大地、阳光、空气等都是物,外延十分宽泛。然而现代各国民法却很少将物作广义理解。在我国物权法中并没有给出物的内涵,只是从外延上对物进行了界定,即包括动产和不动产。通说认为,民法上所说的物应具有下列特征:第一,作为物权客体的物,必须是存在于人身之外的。因为人本身不能作为客体。近代以来,法律思想以个人尊严为基本原理和出发点而予以构成,人的身体不属于物,所以活着的人的身体或者身体的一部分,不能成为物权的客体。如果承认了在他人的身体上可以设立物权,无异于承认古代的奴隶制度,是现代法所不能容忍的。第二,作为物权客体的物,必须要有支配的可能性。依照我国台湾学者谢在全的观点,所谓物权之直接支配性系指物权人得依自己之意思，无须他人之意思或行为介入，对标的物即得为管领处分，实现其权利内容之特性。民法上的物，应该是人力所能支配的物，人力不能支配的物，如太阳、月亮以及其他的星辰天体等，虽然它们都是有体物，能够被人所感知，但是，人力并不能支配它们，日月星辰等天体仅仅是物理学上的物，而不是民法上的物。民法上的物既然重视物与人的关系，当然物必须能够为人力所支配。没有支配可能性的物，绝对不能成为民法上的物。

通过以上分析可以看出，太阳、月亮、星星虽然是存在于人体之外的有体物，但是却不能为人力所支配，因此并不是民法上的物。既然不是民法上的物，任何人都不能对其行使任何权利，包括占有、使用、收益、处分等权利。当然，随着科学技术的发展，人类的探月计划等探索太空的计划使人类逐步对于地球以外的天体更为了解，但是也只是本着科学研究的目的出发，关注的是人类的整体利益，实践中也没有哪个国家或者是哪个人可以对太阳、月亮、星星享有所有权。

五、相关案例 > > >

【案例】“世界杯空气”案①

2006 年 10 月 18 日上午在北京朝阳法院，为在世界杯期间销售“世界杯空气”，到工商部门申请在营业执照的经营范围内增加“特定地区的特色空气”遭到驳回一事，“月球大使馆”CEO 李捷与朝阳工商局对簿公堂。世界杯期间，李捷拿到了德国一家公司“世界杯空气”中国销售总代理的授权。2009 年 6 月 12 日，为了能够在中国顺利销售“空气”，李捷到朝阳工商局申请变更登记，要求在公司营业执照的经营范围内增加一条“特定地区的特色空气”一项，但却拿到了一纸“驳回通知书”。法庭上工商局一方的代理人解释说国民经济行业分类中不存在这么一个行业。根据规定“公司的经营范围用语应当参照国民经济行业分类标准”，所以他们最终作出了登记驳回的决定。

六、问题与思考 > > >

1. 民法中关于物的概念是如何随着时代的发展而改变的，其在法律中有着怎样的表现形态？

2. 虚拟财产能否成为民法上的物？

---

① 参见魏民：《叫停卖“世界杯空气” 工商局成被告》，http://news.xinhuanet.com/video/2006-10/19/content_5221987.htm，2006-10-19。

引例二　彭州天价乌木案

▶一、案情简介[①] > > >

2012年春节，彭州市通济镇麻柳村17组吴高亮家附近，发现埋藏于地下的一批乌木，经鉴定树种为秋枫，估计市场价值上千万元。吴高亮自称发现者，并雇来挖掘机挖掘。2012年2月9日，通济镇政府接到举报，当夜赶往监控保护。随后在成都考古队专家指导下，镇政府挖掘出7件大型乌木，并运到当地客运站暂存。2012年7月，彭州市国资办正式答复：乌木归国家，奖发现者吴高亮7万元。而吴高亮提出这批乌木价值在2000万元左右，按照相关法规应该奖励自己400万元。2012年7月26日，吴高亮和姐姐吴高惠起诉通济镇政府，请求法院确认7件乌木为自己所有。

2012年11月28日，成都市中院审理此案，双方就乌木是谁发掘、是否在吴高亮的承包地下和通济镇政府是否有非法行政行为三大焦点问题进行了举证。

在庭审中，原告吴高亮的代理人表达了4个诉讼请求：一是确认被告从吴高亮、吴高惠二原告承包地中运走并扣押7根乌木的行政行为违法；二是确认孳息于二原告承包地并由原告发现发掘的7根乌木为原告所有；三是被告立即向二原告返还7根乌木；四是被告赔偿因其不当保管致乌木损毁造成的损失人民币1万元等。原告通济镇村民吴高亮、吴高惠诉称，2012年2月，原告在自家承包地偶然发现一批乌木。原告雇佣挖掘机挖掘出7根乌木，正当原告准备将乌木吊起进行清理时，当地派出所人员赶到，口头告知原告挖掘属于私挖滥掘。通济镇政府要求立即停止挖掘工作，听候处理，随后将该批乌木运到镇客运中心封闭保存并在外面木桩上贴上了《国有资产管理登记表》。原告认为：(1)被告在没有任何法律依据的情况下，强行挖掘起诉人承包田内的乌木，违反了农村土地承包法第9条、第61条，行政强制法第4条，《四川省行政执法规定》第8条等法律法规，严重侵害了起诉人的土地承包经营权，是非法的行政行为。(2)在被告强行挖掘并扣押二起诉人承包地中7根乌木的具体行政行为中，被告并未出具任何相关的行政决定书，对扣押的乌木也没有向原告出具扣押清单，违反了

① 案情来源：韩丹东：《四川彭州天价乌木案》，法制网，http://www.legaldaily.com.cn/index_article/content/2012-11/27/content_4016448.htm，2012-11-27。

行政强制法第17条、第18条、第22条至第28条,《四川省行政执法规定》第26条等法律法规,该行政行为在程序上明显违法。因此,原告要求确认被告通济镇政府从其承包地中运走并扣押7根乌木的行政行为违法。

被告通济镇政府辩称,7根乌木均由政府相关部门在河道中挖掘出土。被告称,2月9日23时许,被告和通济镇派出所均接到了群众举报,相关人员到现场发现,通济镇麻柳村17组河段的河道中间被挖出了一个大坑,坑中直立了一根乌木,采挖人员和机具均已不在现场。2月10日,被告向相关职能部门作了汇报,彭州文物管理所提出了保护性挖掘的建议。后经河道主管部门批准,在当地村民监督小组的监督下,在河道内挖掘出了该批乌木。同时,被告称没有扣押乌木,挖掘乌木并予以保管、保护的行为,是事实行为,而不是行政行为,故请求法院驳回原告的起诉。

法院审理查明:2012年春节期间,吴高亮在通济镇麻柳村17组河段发现一根露出河滩10多厘米的木桩,发掘未果。2012年2月9日23时许,通济镇派出所接到群众关于通济镇麻柳村有人采挖砂石的举报,即派值班民警到达现场。民警现场发现通济镇麻柳村17组河段的河道中间被挖出一个大水坑,水坑中直立一根木桩,没有发现采挖人员,现场附近有挖掘机。通济镇派出所通知镇政府,通济镇政府组织相关人员控制现场。2012年2月12日至23日,通济镇政府在水坑中直立木桩的周围发掘出地下埋藏木材6件(树干2根、树桩1个、树节3节),另在距水坑中直立的木桩约200米处的上游河道内发掘出地下埋藏木材(树桩)1件。原被告均确认对该案所涉地下埋藏木材曾分别邀请专家辨明为乌木(阴沉木,下同)。通济镇政府将发掘出的乌木存放在通济镇客运站内。第一次开庭后,吴高亮又提起两场土地确权官司。法院也在第一次庭审后,组织了两次现场勘验。2013年1月16日法院的裁定显示:吴高亮的承包地与乌木发掘地相隔较远,而其姐姐吴高惠名下编号为0026号的承包地虽与发掘6件乌木的河道相邻,但0026号承包地与河道间有自然河岸相隔,且河岸与河道具明显落差,该6件乌木的发掘地位于河道管理范围。

2013年1月16日下午,持续近一年的"彭州天价乌木案"在成都中院第二次开庭审理,虽然法院作出了裁定,但"乌木归谁所有"仍将是一个谜。法院作出裁定,驳回了彭州农民吴高亮关于确定7根乌木为他所有的起诉,和其姐姐吴高惠的全部起诉,但对吴高亮提请的其他三项诉讼请求,仍将继续审理。庭审时,吴高亮和吴高惠的代理律师张敏,对法院两次勘验的程序提出质疑。他说，法院在第一次勘验时，并未邀请承包土地的直接发包人到场，而第二次勘验时，并未邀请他或他的委托人吴高亮和吴高惠参加，在程序上并不合法，并当庭提出重新勘验。同时，张敏也当庭提出中止审理此案。2013 年 1 月 16 日下午 4 点 40 分，法院对案件作出了裁定，驳回了吴高亮的第二项关于确认于二原告承包地并由原告发现发掘的 7 根乌木为原告所有的起诉和吴高惠的全部起诉。法院认为，吴高亮请求确认 7 根乌木由他所有的诉讼请求，是确认权属纠纷，不属于行政审判的权限范围。同时，对于吴高惠和吴高亮提起的另外三项诉讼请求，即确认通济镇政府运走并扣押乌木的行政行为违法；要求镇政府返还乌木；要求镇政府赔偿不当保管导致乌木损毁的损失，还将继续审理。成都中院称，因在审理中查明，该案存在原告部分诉请是否属于行政诉讼受案范围及吴高惠是否具有原告主体资格等情况，需要先行裁定解决程序性问题，对吴高亮的其他三项诉请，法院将继续审理，将就通济镇政府的具体行政行为是否合法、是否应当返还乌木并赔偿损失，依法作出裁判。法院提出，现在仅仅是先行对确认乌木权属是否属于行政诉讼受案范围及吴高惠是否具有该案原告主体资格作出裁定。对乌木的发现、发掘者及发掘地点是否决定乌木归属，并未作出判定。

最终判决：四川省高级法院认为，吴高惠上诉的三条理由均不成立，一审法院查明事实所依据的证据，符合行政诉讼证据的基本要求，予以确认。并且，吴高亮在二审中提交的三份证据材料不符合《最高人民法院关于行政诉讼证据若干问题的规定》第 52 条有关新证据的要求，省法院不予采信。而上诉人吴高亮提出的关于乌木案是否可以行政附带民事诉讼的问题，省法院认为本案中不存在平等主体之间的民事争议问题，被诉行政行为也非行政裁决行为，因此行政附带民事诉讼的请求也被驳回。对乌木的发现经过及乌木的挖掘地点，省法院查明的事实与一审无异。综上，省法院认为一审裁定认定事实清楚，适用法律正确、程序合法。因此，省法院终审裁定：驳回上诉，维持原裁定。

▶二、思维路径 > > >

在民事纠纷的解决中，关注民事请求权的基础至关重要。本案中，乌木的权属纠纷涉及乌木的法律属性这一命题，只有明确了乌木的属性，才可能找到准确的法律适用规范，从而正确地解决纠纷。

在该案中，首先要分析乌木的法律属性：(1)是否是埋藏物、隐藏物？(2)是否属于国家所有的野生动植物资源？(3)是否属于物权法中所称的“孳息”？

其次要分析乌木的发现地到底在何方？是谁首先发现了乌木？这些事实问题与法律问题的查明与准确适用与案件的正确解决息息相关。从另一个角度讲，“乌木案”的频繁发生反映了我国现行法律的适用存在漏洞，需要立法中加以明确解决。

三、法律依据 > > >

1.《中华人民共和国物权法》第49条：“法律规定属于国家所有的野生动植物资源，属于国家所有。”

2.《中华人民共和国物权法》第116条：“天然孳息，由所有权人取得；既有所有权人又有用益物权人的，由用益物权人取得。当事人另有约定的，按照约定。

法定孳息，当事人有约定的，按照约定取得；没有约定或者约定不明确的，按照交易习惯取得。”

3.《中华人民共和国民法通则》第79条第1款：“所有人不明的埋藏物、隐藏物，归国家所有。接收单位应当对上缴的单位或者个人，给予表扬或者物质奖励。”

4.《中华人民共和国文物保护法》第2条第3款：“具有科学价值的古脊椎动物化石和古人类化石同文物一样受国家保护。”

四、学理分析 > > >

该案件的处理在法律上主要有两个争议焦点：其一是镇政府的行政行为是否合法的问题；其二是乌木在民事法律中的归属问题。

案件主要围绕判定镇政府的行政行为是否合法展开。在该案中，吴高亮的代理人认为，被告在没有任何法律依据的情况下，强行挖掘吴高亮承包田内的乌木，违反了农村土地承包法第9条、第61条，行政强制法第4条，《四川省行政执法规定》第8条等法律法规，严重侵害了原告的土地承包经营权，是非法的行政行为。这一主张强调镇政府的执法行为不符合实体法的规定，没有国家机关的行政授权。同时，吴高亮认为，镇政府的行政行为在程序上明显违法。在被告强行挖掘并扣押7根乌木的具体行政行为中，被告并未出具任何相关的行政决定书，对扣押的乌木也没有向原告出具扣押清单。通济镇政府答辩称，2012年2月10日被告及时向相关领导和国土、水务、林业、文物等职能部门作了汇报，相关部门派员到场核查。彭州市文物管理所邀请的成都市考古队的专家到现场鉴别，初步认定为乌木，并提出了保护性挖掘的建议。2月11日，彭州市文物管理所出具了《关于通济镇麻柳村河道里乌木保护的建议》，建议被告在确保乌木安全的情况下，进行清理挖掘并妥善保护。被告经河道主管部门批准后，在为挖掘工作而专门成立的村民监督小组的监督下，于2月12日至23日，在河道内共挖掘出乌木2根、树桩2个、树节3节，暂时存放在通济镇客运站内。乌木得到了有效的保护，没有损毁。通济镇政府代理人强调，在乌木的归属一直没有得到确认的情况下，镇政府在征得河道主管部门批准后，出资24万元，挖掘出7根乌木并拉走，是对乌木进行保管、保护，其行为的法律属性应界定为事实行为，而非法律行为。

通过对上述案件事实的梳理，可见镇政府的行政行为是合法的，符合行政诉讼法规定的行政行为合法性要件。在行政诉讼法上有5个标准衡量镇政府的行为是否合法，即判定是否有主体资格，也就是说镇政府有没有权利对乌木进行挖掘、保管和保护；是否有证据证明乌木属国家所有；适用法律法规是否正确；是否遵守法定程序，发生争议时要与村民说明理由、听取申辩，告知村民乌木所有权或者诉诸法院裁决；是否存在超越职权、滥用职权的行为。以上5点是镇政府的举证责任，否则就是违法。从法院裁定查明的事实来看，镇政府的行为符合这五项标准，因而法院的裁定是合法的，有着充足的法律依据。

关于乌木在民法上的归属，具有很强的争议性，这一问题涉及法律中对乌木属性的判定上。我们认为对乌木属性不同的法律认定，会对乌木的法律归属产生不同影响。

根据百度百科的描述：阴沉木（Dark wood），由于其一般浑身乌黑，所以四川当地一般就形象称为"乌木"，后来就流传开变成了对"阴沉木"的俗称（它和我国红木标准中的"乌木"是完全不同的概念），它是2000年至4万年前，古四川地域天体发生自然变异，由地震、洪水、泥石流将地上植物生物等全部埋入古河床等低洼处。一些埋入淤泥中的部分树木，在缺氧、高压状态下，细菌等微生物的作用下，经过数千年甚至上万年的碳化过程而形成，故又称"碳化木"。乌木（阴沉木）严重碳化，一碰即碎。乌木（阴沉木）与普通木头相比则显得较为奇特，除了质地坚实厚重，色彩乌黑发亮，断面柔滑细腻，耐腐朽抗虫蛀之外，一般木头（水沉木也是，特例除外）烧出的是白灰，而阴沉木烧出的是黄灰。其遇水颜色加深，水干后恢复本色；涂上少许菜油则乌黑锃亮，不褪色。大部分阴沉木出土时树心已腐朽，只剩下树头及树干中层；已严重碳化的表面无法当作一般材料使用，一般需刨去其外层，而留下木心使用。乌木一般用于棺材或把乌木用作辟邪之物，制作工艺品、佛像、护身符挂件。

由于乌木的价值较高，现在对乌木有几种不同的定性，并且根据不同的定性会适用不同的法律，产生不同的结果。

（一）认为乌木属于文物，适用文物保护法的相关规定。根据文物保护法第5条第1款之规定："中华人民共和国境内地下、内水和领海中遗存的一切文物，属于国家所有。"根据文物保护法第8条规定，国务院文物行政部门主管全国文物保护工作，地方各级人民政府负责本行政区域内的文物保护工作，县级以上地方人民政府承担文物保护工作的部门对本行政区域内的文物保护实施监督管理。县级以上人民政府有关行政部门在各自的职责范围内，负责有关的文物保护工作，这一主张在法理上存在极大的漏洞。我国文物保护法第2条第3款规定："具有科学价值的古脊椎动物化石和古人类化石同文物一样受国家保护。"而乌木为树木在缺氧、高压状态下，细菌等微生物的作用下，经过数千年甚至上万年的碳化过程而形成，故非文物保护法中所保护的文物。

（二）认为乌木属于文物之外的古生物化石。我国《古生物化石保护条例》第3条第1款规定："中华人民共和国领域和中华人民共和国管辖的其他海域遗存的古生物化石属于国家所有。"第5条规定："国务院国土资源主管部门主管全国古生物化石保护工作。县级以上地方人民政府国土资源主管部门主管本行政区域古生物化石保护工作。县级以上人民政府公安、工商行政管理等部门按照各自的职责负责古生物化石保护的有关工作。"

这一主张同样不符合相关条例的规定。《古生物化石保护条例》第2条第2款规定，古生物化石，是指地质历史时期形成并赋存于地层中的动物和植物的实体化石及其遗迹化石。根据百度百科对化石的定义，化石是指由于化石化作用在地层中保存下来的地史时期生物的遗体、遗迹，以及生物体分解后的有机物残余（包括生物标志物、古 DNA 残片等）等。化石化作用是指随着沉积物变成岩石的成岩作用，埋藏在沉积物中的生物遗体而经历了物理作用和化学作用的改造，但是仍然保留着生物面貌及部分生物结构的作用，主要有三种方式：矿物质填充作用、交替作用和升馏作用。乌木虽然在地底经历了成千上万年，并且部分碳化，但相比化石形成的上亿年时间以及化石化作用，并不能将其视为化石。

(三)认为乌木属于天然孳息。当前我国物权法中关于孳息的归属有两方面规定。(1)一般土地出产物,适用物权法第116条第1款之规定:“天然孳息,由所有权人取得;既有所有权人又有用益物权人的,由用益物权人取得。当事人另有约定的,按照约定。”(2)特殊土地出产物——矿产资源,物权法第46条规定:“矿藏、水流、海域属于国家所有。”

我国物权法对天然孳息没有作出明确规定,但是对天然孳息的定义可以参考国外立法例以及学理解释。《日本民法典》规定为“依物的用法所取得的出产物,为天然孳息”。《瑞士民法典》规定为“自然果实是指定期出产物及依通常方法使用该物所得之收益。自然果实在与原物分离前,是原物的组成部分”。我国台湾地区民法第69条第1项规定:“称天然孳息者,谓果实、动物之产物,及其他依物之用法所收获之出产物。”《意大利民法典》则采用了内涵加外延的方式来界定,“无论是否需要人的劳动,由物直接产生的收益,如农产品、木材、动物的幼仔、金属矿、石矿的矿产品是自然孳息”。在学术界,清华大学崔建远教授对天然孳息的定义是:“所谓天然孳息,是指母物根据自然规律产生之物,例如,幼畜、果实等,天然孳息在与母物分离前可能是物的成分或者出产物。”

综上可知孳息的要件为:(1)依照物的自然属性所收取的出产物、收益物;(2)孳息的取得不损害原物。从法理上看,乌木是由因地震、洪水、泥石流被埋入古河床等低洼处,一些埋入淤泥中的部分树木,在缺氧、高压状态下,细菌等微生物的作用下,经过碳化过程而形成,并且产生了一些新的特性,如质地坚实厚重,色彩乌黑发亮,断面柔滑细腻,耐腐朽抗虫蛀,并且具有神话色彩,如辟邪纳福之功效,因此比原木的经济价值高出许多。但是这样的新特性并不能改变乌木的木材属性以及其用途。故乌木在地下的碳化过程并不等于土地产生孳息的过程。而乌木也不能简单地被认定为天然孳息。而在此基础上,乌木更不可能被认为是特殊土地出产物——矿产资源来加以界定。

(四)认为乌木属于埋藏物。物权法第113条规定:“遗失物自发布招领公告之日起六个月内无人认领的,归国家所有。”物权法第114条规定:“拾得漂流物、发现埋藏物或者隐藏物的,参照拾得遗失物的有关规定。文物保护法等法律另有规定的,依照其规定。”

关于埋藏物的概念,依罗马法文献,其含义甚不明确,认为凡隐藏于他物之中,因时隔多年,而不能确定其所有人的动产即为埋藏物。近现代各国民法中也仅有《法国民法典》第716条第2项规定：一切埋藏或隐匿的物件，任何人又不能证明其所有权且其发现又纯为偶然者，为埋藏物。总结学者对埋藏物的概念界定，埋藏物的要件如下：(1)须为动产；(2)须为埋藏之物；(3)须为所有人不明。关于埋藏物的界定，物权法核心起草人梁慧星教授认为，埋藏物、隐藏物的前提必须是人为埋藏、隐藏，从这一点来看，乌木不应属于埋藏物。

(五)认为乌木属于自然资源。乌木来自自然，形成于自然，它属于自然资源。我国宪法和法律规定，自然资源的开采要经过授权以后才能进行。我国宪法第9条规定："矿藏、水流、森林、山岭、草原、荒地、滩涂等自然资源，都属于国家所有，即全民所有；由法律规定属于集体所有的森林和山岭、草原、荒地、滩涂除外。国家保障自然资源的合理利用，保护珍贵的动物和植物。禁止任何组织或者个人用任何手段侵占或者破坏自然资源。"

从学理上分析，乌木属性的归属与案件的处理结果密不可分。在学术界，关于乌木属性引发了众多讨论，也给法律解释学提供了丰富的发展空间。从现实来看，乌木的概念法律并未明确，存在天然孳息、矿产资源、埋藏物、文物、无主物等众多争议。我们必须清晰地看到，在法学概念中，关于法律属性的分类应明确分类方法，上述分类并非按照一个标准进行划分，因而在法律解释上带来了更大的挑战。从法律解释学看，法律解释有文义解释、历史解释、目的解释等，但需注意，每种法律解释都有其特定的要求及适用范围，并且在解释方法的综合适用上存在先后顺序的要求。文义解释是最基本的解释方法，但关于法律概念用语的解释需要考虑概念产生的法文化背景，必须注意的是很多民法法律概念源于西方，因而对文义的探求更多地应关注在英语及拉丁语文化背景中的特殊含义；历史解释强调在法律概念不明确时，关注历史解释的基础，例如说立法理由书、立法记录等，但实践中由于我国这些资料的匮乏，我们更多的是从参与立法的学者的专家建议稿中找渊源，这些专家建议稿的效力要低于立法理由书。关于目的解释，我们需要注意如果运用目的解释在民法上存在一个很大的前提，就是应由基本的文义解释和系统解释等作为出发点，此外还要注意当事人之利益衡量。在该案中，关于乌木的属性的众多解释，实际上都是围绕着上述法律解释理论展开，这也是我们在思考案件的处理争议时必须慎重考虑的问题。

在该案中，我们认为对乌木属性在法律上缺乏明确规定，但从判决的角度考虑可以暂时回避此问题，而重点从乌木的发现地上探求案件的解决办法。在该案中，法院经过审理裁定的事实查明：吴高亮的承包地与乌木发掘地相隔较远，而其姐姐吴高惠名下编号为0026号的承包地虽与发掘6件乌木的河道相邻，但0026号承包地与河道间有自然河岸相隔，且河岸与河道具明显落差，该6件乌木的发掘地位于河道管理范围。我国物权法第46条规定："矿藏、水流、海域属于国家所有。"由于村民是在河道中发现乌木，河道属于国家所有，乌木就应由河道所有权人国家取得。

当然，从民间情理上讲，将乌木的所有权界定为归国家所有，会出现对于发现人的补偿问题，补偿的标准应当如何界定？在这个问题上，我们认为应坚持行政法上的公信力和信赖利益保护原则，要求当地镇政府应该本着诚信的原则，进行相应的物质奖励。除了奖励之外，村民的损失也应该得到赔偿，包括开采费、劳务费、误工费等。在现行法律体系下，乌木的所有权应当归属国家，基于实现物尽其用这一物权法的价值目标的考虑，我们在立法中应当提高对乌木发现人的物质奖励标准，以更好地平衡发现人和所有权人之间的利益。

▶五、相关案例 > > >

【案例2-1】绵竹市板桥镇柏杨村乌木归属案①

2012年10月9日，四川省绵竹市板桥镇柏杨村5组挖出2根乌木，一根长为8.05米，直径30厘米至40厘米；另一根被折断，合计长约8米，直径30厘米至40厘米。据估计，少说一根也有1600斤以上。乌木被陌生人挖掘出准备运走时，被村民们拦了下来。当地政府对乌木的归属问题进行了研究，最终决定这2根乌木属于柏杨村5组的集体财产，归全体村民所有。

【案例2-2】长江奇石归属案②

潘某与刘某相约出游，潘某在长江边拾得一块奇石，爱不释手，拟带回家。潘某与刘某在奇石的归属上发生争议，潘某主张实行先占理论，归其所有，而刘某认为这是自然资源应归国家所有。

▶六、问题与思考 > > >

1. 在界定乌木的法律属性时，应如何利用法律解释学的方法作出正确的价值判断？

① 参见王明平：《绵竹板桥镇柏杨村挖出两根乌木　归村组集体所有》，四川新闻网，http://sichuan.scol.com.cn/dyxw/content/2012-10/23/content_4191060.htm?node=958，2012-10-23。

② 根据2011年国家司法考试（卷三）第9题改编。

2. 我国法律中有无必要明确认可先占制度是所有权的取得方式之一？

3. 在相关法律的修改中，对于乌木属性的规定怎样做才是最合理的价值选择？

引例三　李玉兰诉马海涛小产权房买卖合同纠纷案

一、案情简介[①] > > >

2002年7月1日，画家李玉兰与农民马海涛签订了房屋买卖协议，约定购买位于北京市通州区宋庄镇辛店村房屋八间及院落，房屋价款45000元。后来，宋庄要重新规划产业园区和道路，很多农家院落面临拆迁，按照现在的房价，房主会得到巨额的拆迁补偿。于是，2006年12月，马海涛向法院起诉要求确认双方签订的房屋买卖协议无效，返还房屋。

原告李玉兰诉称："2002年7月1日，我与被告马海涛签订了房屋买卖协议，约定由我购买位于北京市通州区宋庄镇辛店村房屋八间及院落，房屋价款45000元。2006年12月，马海涛向贵院起诉要求确认双方签订的房屋买卖协议无效，返还房屋。2007年12月17日，北京市第二中级人民法院作出终审判决，确认双方签订的房屋买卖协议无效，我向马海涛返还房屋，马海涛向我支付房屋及添附部分价款93808元，同时该判决认定马海涛为导致协议无效的主要责任方，应对我的信赖利益损失进行赔偿。现诉至法院要求被告马海涛赔偿我经济补偿金480000元，并负担本案诉讼费用。被告马海涛辩称：原告李玉兰要求赔偿信赖利益损失的诉讼请求违背事实和法理，不利于维护法律的权威及国家土地政策的落实，双方签订的房屋买卖协议已经二审判决确定无效，根据国家相关文件规定居民不能购买农村房屋，农民只能拥有一处宅基地，我不应该承担赔偿责任，不同意原告李玉兰的诉讼请求。"

经审理查明：2002年7月1日，原告李玉兰与被告马海涛签订了房屋买卖协议，双方约定马海涛以45000元的价格将位于北京市通州区宋庄镇辛店村的正房五间、厢房三间及院落出售给李玉兰。当天李玉兰交清了房款，马海涛交付了房屋。后李玉兰对该房屋进行了整修，添加了卫生间等附属设施，新建了

① 案情来源：北京市通州区人民法院〔2008〕通民初字第02041号，北京市第二中级人民法院民事判决书：〔2008〕二中民终字第13692号。

三间西厢房。后马海涛起诉要求确认其与李玉兰签订的房屋买卖协议无效，李玉兰腾退房屋。经北京市第二中级人民法院终审，判决双方签订的房屋买卖协议无效，李玉兰腾退房屋，马海涛支付李玉兰房屋及添附部分价款93808元，同时该判决认定马海涛为导致协议无效的主要责任方，应对李玉兰的信赖利益损失进行赔偿。另查，经原告李玉兰申请，2008年4月8日，北京中企华房地产估价有限公司对涉案房屋宅基地区位价值进行了评估，结果为房屋宅基地区位总价为264700元。上述事实，有房屋买卖协议、集体土地建设用地使用证、房地产评估报告、鉴定费票据、〔2007〕二中民终字第13692号民事判决书及双方当事人陈述等证据在案予以佐证。

经法院审理认为：合同无效后，因该合同取得的财产，应当予以返还；不能返还或者没有必要返还的，应当折价补偿。有过错的一方应当赔偿对方因此所受到的损失，双方都有过错的，应当各自承担相应的责任。原告李玉兰与被告马海涛所签订的房屋买卖合同被法院确认无效后，双方应按照各自的过错程度承担相应的责任。考虑到马海涛作为出卖人在出卖时即明知其所出卖的房屋及宅基地属于我国法律禁止流转范围，其在出卖房屋多年后又以违法出售房屋为由主张合同无效，故其应对合同无效承担主要责任。对于李玉兰作为买受人信赖利益损失的赔偿，应当全面考虑出卖人因土地升值或拆迁、补偿所获利益，以及买受人因房屋现值和原买卖价格的差异所造成损失两方面因素予以确定。马海涛出售给李玉兰的房屋及添附部分价值已经法院判决折价补偿李玉兰，就本案而言，对于李玉兰信赖利益损失的赔偿，仅考虑出卖人因土地升值或拆迁、补偿所获利益的因素，参照马海涛出售房屋宅基地区位总价予以确定。故对李玉兰要求马海涛赔偿损失的诉讼请求，理由正当，证据充分，本院对其合理部分予以支持。

综上所述，依据《中华人民共和国合同法》第58条之规定，判决如下：(1)被告马海涛赔偿原告李玉兰损失185290元，于本判决生效之日起7日内执行清；(2)驳回原告李玉兰的其他诉讼请求。如果未按本判决指定的期间履行给付金钱义务，应当依照《中华人民共和国民事诉讼法》第229条之规定，加倍支付迟延履行期间的债务利息。评估费3000元，由原告李玉兰负担1500元（已交纳）；由被告马海涛负担1500元，于本判决生效之日起7日内交纳。案件受理费8500元，由原告李玉兰负担4494元（已交纳4250元，其余244元于本判决生效之日起7日内交纳）；由被告马海涛负担4006元，于本判决生效之日起7日内交纳。

通州区法院一审判决后，被告李玉兰对判决不服，提出上诉。北京市第二中级人民法院作出终审判决。上诉人李玉兰因一般买卖合同纠纷一案，不服北京市通州区人民法院〔2007〕通民初字第1031号民事判决，向本院提起上诉。本院依法组成合议庭，公开开庭进行了审理，上诉人李玉兰及其委托代理人陈旭、王立则，被上诉人马海涛之委托代理人董秀梅到庭参加了诉讼。本案现已审理终结。经审理查明：2006年12月，马海涛与其母吴淑敏起诉至原审法院称：吴淑敏与其丈夫马万春在通州区宋庄镇辛店村有北房五间、西厢房三间。马万春于2000年去世。2002年，马海涛将北房五间、西厢房三间卖与李玉兰。因李玉兰不属于通州区宋庄镇辛店村农民，其无权使用辛店村宅基地，故起诉请求确认马海涛与李玉兰所签房屋买卖协议无效，李玉兰返还房屋，马海涛、吴淑敏同意按有关部门评估的房屋现值退还李玉兰购房价款。后吴淑敏撤回起诉。李玉兰辩称：双方签订的房屋买卖协议是合法有效的。马海涛亦为居民户口，其亦无权使用通州区宋庄镇辛店村的宅基地，无权要求退还房屋，且马海涛的起诉超过了诉讼时效。故不同意马海涛的诉讼请求。

原审法院经审理认为，违反法律、行政法规强制性规定的合同无效。李玉兰系居民，依法不得买卖农村集体经济组织成员的住房。马海涛要求认定买卖合同无效的诉讼请求，理由正当，证据充分，应予支持。合同无效后，因该合同取得的财产，应当予以返还。马海涛应依照房产的现值对李玉兰进行补偿，房产的现值应当以评估值为准。李玉兰应当把该房产返还给马海涛。对李玉兰关于马海涛起诉超过诉讼时效的答辩意见，因合同无效属于自始无效，故其抗辩意见不予采信。综上，原审法院于2007年7月判决：(1)李玉兰于本判决生效之日起90日内将位于北京市通州区辛店村的北房三间、西厢房六间及院落腾退给马海涛；(2)马海涛给付李玉兰补偿款93008元，于本判决生效之日起15日内执行清。判决后，李玉兰不服，向本院提出上诉，坚持认为其与马海涛所签房屋买卖合同有效，并据此请求撤销原判，驳回马海涛的诉讼请求。马海涛同意原审判决。

经审理查明，马海涛原系北京市通州区宋庄镇辛店村农民，于1998年转为居民，现户籍地为北京市通州区永顺镇乔庄西区14号楼142号。李玉兰系城市居民，户籍地为河北省邯郸市。双方诉争之房屋原系马海涛之父马万春继承之祖遗产，1993年北京市通县土地管理局向马万春核发诉争房屋所在院落之《集体土地建设用地使用证》，确认马万春为该宅院之土地使用权人。马万春与吴淑敏系夫妻，二人共生有一子四女，分别为马海涛、马海芹、马海兰、马海伶、马海明。马万春于2000年9月去世。2002年7月1日，马海涛与李玉兰签订《买卖房协议书》，将诉争房屋及院落以45000元的价格卖与李玉兰。《买卖房协议书》上书："宋庄镇辛店村马海涛与李玉兰商定将正房五间、厢房三间卖给李玉兰作价4.5万元整，房屋及院落以上级下发的土地使用权证为准，房款自签字后一次性交清，双方遵守协议。"落款处除有买卖双方签字，还有证人康文宏及代笔人郭化勤签字，并加盖北京市通州区宋庄镇辛店村民委员会印章。同日，北京市通州区宋庄镇辛店村民委员会在诉争房屋所在院落之《集体土地建设用地使用证》变更记事一栏中记载"马海涛于2002年7月1日将上房五间、厢房三间出售给李玉兰使用"。该契约签订后，李玉兰支付给马海涛房款45000元，马海涛将房屋及《集体土地建设用地使用证》交付李玉兰。李玉兰入住后对原有房屋进行装修，并于2003年10月经北京市通州区宋庄镇辛店村民委员会批准新建西厢房三间。

在原审法院审理期间，马海涛同意按照房屋及添附物的现值返还，并申请对诉争房屋及添附物的现值进行评估。原审法院依法委托北京东华天业房地产评估有限公司对诉争院落内房屋及其他地上物的现值进行评估，评估结论为房屋及其他地上物在2007年4月20日的价值为93808元。上述事实，有双方当事人陈述、户籍证明、集体土地建设用地使用证、买卖房协议书、评估报告等证据在案佐证。本院认为，宅基地使用权是农村集体经济组织成员享有的权利，与享有者特定的身份相联系，非本集体经济组织成员无权取得或变相取得。马海涛与李玉兰所签之《买卖房协议书》的买卖标的物不仅是房屋，还包含相应的宅基地使用权。李玉兰并非通州区宋庄镇辛店村村民，且诉争院落的《集体土地建设用地使用证》至今未由原土地登记机关依法变更登记至李玉兰名下。因此，原审法院根据我国现行土地管理法律、法规、政策之规定，对于合同效力的认定是正确的。上诉人李玉兰关于合同有效之上诉请求，本院不予支持。合同被确认无效后，因该合同取得的财产应当予以返还，不能返还或者没有必要返还的，应当折价补偿。基于上述合同无效之法律后果处理的一般原则，原审法院判决买受人李玉兰将其购买的房屋及院落返还出卖人马海涛，出卖人马海涛将价款返还买受人李玉兰并无不当。但买受人李玉兰在购买房屋后自行出资对房屋及院落进行了新建及装修，考虑到李玉兰对于房屋及院落的添附系附和于出卖人所有的原物上，无法识别与分离，即便能够分离，分离后添附部分的使用价值亦极大贬损。故原审法院判决买受人将原物及添附一并返还及给付出卖人,由出卖人将原房及添附部分的价值折价补偿买受人的处理结果亦无不当,本院亦予以维持。考虑到出卖人在出卖时即明知其所出卖的房屋及宅基地属禁止流转范围,出卖多年后又以违法出售房屋为由主张合同无效,故出卖人应对合同无效承担主要责任。对于买受人信赖利益损失的赔偿,应当全面考虑出卖人因土地升值或拆迁、补偿所获利益,以及买受人因房屋现值和原买卖价格的差异造成损失两方面因素予以确定。但鉴于李玉兰在原审法院审理期间未就其损失提出明确的反诉主张,在二审程序中,不宜就损失赔偿问题一并处理,李玉兰可就赔偿问题另行主张。

综上,依照《中华人民共和国民事诉讼法》第153条第1款第2项之规定,判决如下:(1)维持北京市通州区人民法院〔2007〕通民初字第1031号民事判决第1项、第2项;(2)马海涛与李玉兰于2002年7月1日所签之《买卖房协议书》无效。评估费600元,由马海涛负担300元(已交纳),由李玉兰负担300元(于本判决生效后7日内交纳)。一审案件受理费50元,由马海涛负担25元(已交纳),由李玉兰负担25元(于本判决生效后7日内交纳);二审案件受理费70元,由李玉兰负担(已交纳50元,剩余20元于判决生效后7日内交纳)。本判决为终审判决。

▶二、思维路径 > > >

本案中的房屋俗称"小产权房",泛指由乡镇政府、村委会、开发商或者农民等联合或单独在农村集体土地修建,对外出售,但不能取得合法产权的商品性住宅。这种房屋买卖纠纷在生活中很常见,在案件分析中需要考量两种看似冲突的法律规定,权衡各方利益得失后才能找到较合理的解决思路。

在这类案件中,首先需要正确理解现行合同法关于无效合同的规定,其次需要结合房地产管理法的相关规定分析问题;但前二者仅仅是法律原则的适用问题;还须结合案件发生的特殊情况,平衡各方利益得失后作出既符合法理,又考虑民意后的正确判决。

本案首先应从房屋买卖合同的效力认定着手分析:(1)该案中买卖合同的标的物是农村宅基地房屋,在法律中其流转受到严格限制;(2)该案中,房屋买卖合同的交易双方一方是城市居民,一方是享有宅基地使用权的农村居民;(3)我国的土地管理法以及合同法、物权法对此问题有着较系统的规定。其次,要考虑到该案件发生的特殊情况,该案件发生后房屋的价值发生了重大变动,在案件判决时应考虑平衡双方的利益得失。

▶三、法律依据 > > >

1.《中华人民共和国土地管理法》第 8 条:"城市市区的土地属于国家所有。

农村和城市郊区的土地,除由法律规定属于国家所有的以外,属于农民集体所有;宅基地和自留地、自留山,属于农民集体所有。"

《中华人民共和国土地管理法》第 63 条:"农民集体所有的土地的使用权不得出让、转让或者出租用于非农业建设;但是,符合土地利用总体规划并依法取得建设用地的企业,因破产、兼并等情形致使土地使用权依法发生转移的除外。"

2.《中华人民共和国合同法》第 52 条:"有下列情形之一的,合同无效:

(一)一方以欺诈、胁迫的手段订立合同,损害国家利益;

(二)恶意串通,损害国家、集体或者第三人利益;

(三)以合法形式掩盖非法目的;

(四)损害社会公共利益;

(五)违反法律、行政法规的强制性规定。"

《中华人民共和国合同法》第 58 条:"合同无效或者被撤销后,因该合同取得的财产,应当予以返还;不能返还或者没有必要返还的,应当折价补偿。有过错的一方应当赔偿对方因此所受到的损失,双方都有过错的,应当各自承担相应的责任。"

3.《中华人民共和国物权法》第 58 条:"集体所有的不动产和动产包括:

(一)法律规定属于集体所有的土地和森林、山岭、草原、荒地、滩涂;

(二)集体所有的建筑物、生产设施、农田水利设施;

(三)集体所有的教育、科学、文化、卫生、体育等设施;

(四)集体所有的其他不动产和动产。"

▶四、学理分析 > > >

这一案例作为北京画家村多起房产纠纷案的首例判决,具有典型意义。在该案中,李玉兰于 2002 年 7 月从通州宋庄镇辛店村农民马海涛处,花 45000 元购得房屋及院落。2006 年 2 月,马海涛起诉要求确认购买合同无效。通州法院一审以李玉兰是城镇居民,不得买卖农村集体经济组织成员的住房,判决李玉兰于判决生效之日起 90 日内将辛店村的北房三间、西厢房六间及院落腾退给马海涛，马海涛给付李玉兰补偿款 9.3 万元。李玉兰不服，上诉到北京市第二中级人民法院。北京市第二中级人民法院审理认为，宅基地使用权是农村集体经济组织成员享有的权利，马海涛与李玉兰所签之《买卖房协议书》的买卖标的物不仅是房屋，还包含相应的宅基地使用权。李玉兰并非辛店村村民，无权获得辛店村宅基地使用权，因此认定合同无效。

从案情来看，该案首先涉及的是对房屋买卖合同效力的认定问题。

按照我国合同法的规定，房屋买卖只有在不违反法律、行政法规强制性规定的情况下才是有效的。《中华人民共和国合同法》第 44 条规定："依法成立的合同，自成立时生效。法律、行政法规规定应当办理批准、登记等手续生效的，依照其规定。"第 52 条规定："有下列情形之一的，合同无效：……（三）以合法形式掩盖非法目的；（四）损害社会公共利益；（五）违反法律、行政法规的强制性规定。"根据上述法律规定，"小产权房"不但没有办理批准、登记手续，而且违反了法律、行政法规的强制性规定，不允许上市交易，双方签订的房屋买卖合同为无效合同。因此，在购买人"购买"的小产权房符合上市交易条件之前，购买人和房屋出卖人签订的房屋买卖合同一直处于无效状态。而且这种无效从合同法学理上看属于根本无效、绝对无效、当然无效，当事人的任何意思都无法影响合同的无效状态。

从具体的法律适用来看，该案中，马海涛与李玉兰所签的《买卖房协议书》的确违反了我国现行法律的强制性条款，具体来说，买卖双方关于房屋的买卖违反了我国土地管理法的相关规定。《中华人民共和国土地管理法》第 8 条规定："城市市区的土地属于国家所有。农村和城市郊区的土地，除由法律规定属于国家所有的以外，属于农民集体所有；宅基地和自留地、自留山，属于农民集体所有。"从立法精神上分析，第 8 条的规定明确了土地不同情况下的所有权归属；同时，《中华人民共和国土地管理法》第 63 条规定："农民集体所有的土地的使用权不得出让、转让或者出租用于非农业建设；但是，符合土地利用总体规划并依法取得建设用地的企业，因破产、兼并等情形致使土地使用权依法发生转移的除外。"

从物权法的相关精神看，我国关于土地与房屋的权属变动遵循的原则是"地随房走"。房屋是离不开土地的，房屋的转让必然包括房屋所在地的使用权的转让。农村宅基地虽然分配给村民使用，但并未改变其集体所有的性质，《中华人民共和国土地管理法》第 63 条规定农民集体所有的土地的使用权不得出让、转让或者出租用于非农业建设，所以，马海涛与李玉兰所签的《买卖房协议书》违反了《中华人民共和国土地管理法》第63条的禁止性规定,应当被认定为无效。

该案争议焦点除了房屋买卖的效力认定问题外,还涉及对于房屋买卖合同无效后,买卖双方的责任划分问题,即对于房屋买卖合同的无效,哪一方应当承担主要的过错责任。北京市第二中级法院在判决中指出,卖方明知其所出卖的房屋及宅基地属禁止流转范围,出卖多年后又以违法出售房屋为由主张合同无效,出卖人应对合同无效承担主要责任。对于买受人利益损失的赔偿,应当全面考虑出卖人因土地升值或拆迁、补偿所获利益,以及买受人因房屋现值和原买卖价格的差异造成损失两方面因素予以确定。

对于北京市第二中级法院以卖方明知其房产与宅基地不能出售,卖出多年后又反悔为由,认定出卖人对合同无效承担主要责任,笔者认为是正确的。从合同法基本原理来看,在买卖合同中,出卖人应承担瑕疵担保责任,既要求卖方承担买卖标的物的瑕疵担保责任,保证标的物正常的使用价值,又要求其承担权利瑕疵担保责任,保证出卖人对标的物的处分权。在小产权房交易中,出卖方明知我国现行法对小产权房交易不能办理过户登记的手续仍然出让,表明其在主观上有很大过错,因而应承担主要责任。对于认定合同无效后的处理,《中华人民共和国合同法》第58条有明确规定:合同无效或者被撤销后,因该合同取得的财产,应当予以返还;不能返还或者没有必要返还的,应当折价补偿。有过错的一方应当赔偿对方因此所受到的损失,双方都有过错的,应当各自承担相应的责任。

针对层出不穷的小产权房纠纷案例,2011年6月24日,最高人民法院副院长奚晓明在杭州召开的全国民事审判工作会议上指出:人民法院在审理农村小产权房纠纷案件中,要贯彻国家的公共政策和诚信交易秩序,对于无效的小产权房买卖合同,要通过运用缔约过失责任避免当事人利益失衡。从法理上讲,运用缔约过失责任平衡当事人利益主要解决认定小产权房无效后的利益归属。在司法实践中,关于小产权房买卖被认定为无效后的补偿和赔偿,应由有资质的房地产评估公司对争议房屋、宅基地进行价格鉴定,鉴定目的为确定房屋与土地现状的市场价格,可以把翻建与装修的价值一并考虑在内。应该注意的是争议土地属于农村宅基地,不能按国有土地估价。这样的估价结果包含了市场涨价、翻建装修、房屋折旧等因素,以这个估价结果减去原购房款数额和利息,就是卖方应给予买方的补偿数额。

因此,综合上述法律规定以及司法政策精神的解读,该案判决认定房屋买卖合同无效是正确的,在对卖方的补偿标准的适用上也是适当的。

五、相关案例 > > >

【案例 3-1】靳某诉代某小产权房买卖合同纠纷案①

2003 年 6 月,郑州市民代某花 10.5 万元在一个"城中村"买了一套房子。如果没有以后的事情发生,这套包括车库在内共 130 多平方米的房子绝对可以让其安居乐业。而代某按约定首付了 5 万元房款后,由于无法办理过户手续,也不能到银行办理按揭手续,剩余款项没有按时支付。2006 年,卖方靳某找到代某,要求解除合同,返还房屋,但遭到拒绝。代某认为,双方所签合同合法有效,应继续履行。协商不成,靳某将代某告上法庭。郑州市中原区人民法院一审判决,购房合同是双方真实意思表示,但"小产权房"系集体土地,违反相关政策及法律法规,无法办理产权过户手续,判决解除合同,代某返还房屋。代某不服,向郑州市中级人民法院提起上诉。

【案例 3-2】范某诉申某集体土地租赁合同纠纷案②

2009 年申某以村委会负责人的身份召集村民协商,将十几户村民临公路两侧承包的 9 亩土地以租赁的形式交付给范某等人进行房地产开发,房屋尚未完全建成,合伙人便因利益分配发生纠纷,范某一怒之下诉至法院,要求申某返还购地款。面对此案,承办人一脸的茫然,双方签订的土地租赁协议原本就是无效协议,而在村集体的土地上建房出售既违规又违法。双方均有过错,如果申某返还范某购地款,那么范某等人就要将建成的房屋扒掉,恢复原状,已经交付购房款的村民必将群而哄之引发一系列纠纷和矛盾。此案从一个侧面凸显小产权房面临的尴尬现状和法官在审理此类案件中同样面临司法困境。一判了之势必又会引起一系列的纠纷和诉讼,甚至引发涉诉信访等不安定事件。

【案例 3-3】密云非法占地案③

北京高杨伟业农业发展有限公司非法占用密云县穆家峪镇辛安庄村集体土地建设。资料显示,该公司是一家"集会员度假、农业观光为一体的综合服务

① 参见:《大量"小产权房"纠纷案件涌进法院》,搜狐(新闻),http://news.sohu.com/20081026/n260249379.shtml,2008-10-26。

② 参见陈金华:《对小产权房清理整治的法律分析》,中国法院网,http://www.chinacourt.org/article/detail/2012/04/id/478193.shtml,2012-04-12。

③ 参见孙雪梅:《昌平一栋天价小产权房被拆除》,载《京华时报》2012 年 12 月 4 日(第 7 版)。

体，主要从事会员度假、农业旅游观光、生态农业、果木种植、各种养殖等”。国家明文规定，城市居民不可买宅基地建房，也不可以买小产权房。目前国家要求各地对农村集体土地进行确权登记，但凡是小产权房不允许登记，不受法律保护。北京高杨伟业农业发展有限公司非法占用密云县穆家峪镇辛安庄村集体土地建设一案已停建、停售，属地镇政府已组织相关部门查封施工现场、拆除广告牌、断水断电。对非法占用耕地的管理用平房进行拆除，并恢复土地原貌。市国土局密云分局已送达《行政处罚决定书》，作出对符合土地利用总体规划的部分依法予以没收并处罚款，对不符合土地利用总体规划的部分依法拆除、责令退还土地的行政处罚。对需拆除的建筑物，北京市国土局密云分局已向密云县人民法院申请强制执行，密云县人民法院已经受理。

▶ 六、问题与思考 > > >

1. 小产权房出现的原因是什么？在对其买卖的效力认定上是否可以考虑不同情况具体分析？

2. 如何理解违反法律、行政法规的强制性规定的合同无效？

引例四　深圳泰宝投资发展有限公司郴州分公司诉中国农业银行股份有限公司郴州分行建设用地使用权抵押权纠纷案

▶ 一、案情简介[①] > > >

原告深圳泰宝投资发展有限公司郴州分公司（以下简称泰宝公司）与被告中国农业银行股份有限公司郴州分行（以下简称农行郴州分行）建设用地使用权抵押权纠纷案，原告泰宝公司诉称，原告因建设泰宝商都大楼工程，自1994年起在被告下属营业部处贷款，截至1999年4月止，共欠被告下属营业部贷款（本息合计）17670245.68元。被告下属营业部为了保障贷款的安全，要求原告以泰宝商都建设用地土地使用权和泰宝商都附楼房产提供抵押担保。原告同

① 案情来源：湖南省郴州市苏仙区人民法院民事判决书〔2011〕苏民初字第54号；郴州市中级人民法院民事判决书〔2011〕郴民一终字第556号。

意了被告下属营业部的要求，将泰宝商都建设用地，证号为郴市国用〔94〕字第089号土地使用权抵押给被告，并在郴州市国土资源局办理了抵押登记手续，被告下属营业部取得了"郴他项〔2000〕字第07号土地他项权利证明书"（下称"他项权证"）。他项权证载明：权利人：农行郴州市分行营业部，义务人：泰宝投资发展有限公司郴州分公司，他项权利国有土地抵押权，抵押面积：4266.69平方米，抵押期限：壹年（2000.6.5—2001.6.5），抵押贷款金额：7670245.68元（内容详见他项权证）。同时原告还应被告下属营业部的要求将在建工程泰宝商都附楼抵押给被告下属营业部，抵押价值为10000000元（该抵押另案处理）。原告在办理抵押之前，已将泰宝商都附楼一楼门面及二楼以上大部分房屋销售出去。办理抵押后，又因欠施工方郴建集团的工程款，将主楼一楼至五楼共计5619.93平方米的门面及房屋以抵工程款的形式卖给郴建集团。原告将泰宝商都的建设用地使用权抵押给被告下属营业部后，未按时还款，被告下属营业部也未按约定的期限解除抵押登记，致使该土地抵押至今10年之久，造成泰宝商都已销售的门面及房屋长期不能办理产权证及土地使用权证，引起购房户的极大不满。2005年年初，被告下属营业部以原告拖欠贷款16452300元为由向郴州市中级人民法院提起诉讼。郴州市中级人民法院经审理后作出〔2005〕郴民二初字第3号民事判决书，判决如下：(1)由被告深圳泰宝投资发展有限公司郴州分公司偿还原告中国农业银行郴州市分行营业部欠款本金16452300元，利息858043元，合计17310340元。(2)由被告以泰宝商都主楼7至15层9450平方米住房及主楼地下停车场共价值17340886元的房产抵偿判决第一项所列本金及利息。该判决书在2006年1月6日送达后，原告和被告下属营业部均未提起上诉。此后长达五年多的时间，被告下属营业部即不按判决接收抵债房产，也未向法院申请强制执行。原告认为：原告将泰宝商都的建设用地抵押给被告下属营业部的时间长达10年之久，早已超过了抵押登记设定的一年抵押期限。在被告下属营业部起诉、法院判决的17310340元贷款本息中，已包含原告以泰宝商都建设用地，即郴市国用〔94〕字第089号国有土地使用权抵押给被告下属营业部所形成的7670245.68元贷款。该判决书已发生法律效力达5年之久，被告下属营业部在法律规定的期限内即不接收判决抵债的房产，又不向法院申请执行，已丧失法律规定的申请执行的权利。依据我国物权法主债权消灭，担保物权亦随之消灭的规定，原告以泰宝商都建设用地抵押给被告下属营业部所形成的担保物权亦已消灭。为解决泰宝商都已售门面及房屋办理土地使用权、房屋所有权证的社会问题，防止激化社会矛盾，维护社会稳定，故诉至法院，请求(1)请依法解除原告和被告双方的土地使用权抵押合同，即解除郴市国用〔94〕字第089号国有土地使用权抵押；(2)请求判决被告承担本案的全部诉讼费用。

原告泰宝公司就其主张，向法庭举出证据如下：

1. 企业注册登记资料，拟证明原告的诉讼主体资格。

2. 土地他项权利证明书复印件(原件在被告处)。

3. 郴州市国土资源局出具的证明。

4. 农业银行抵押担保借款合同(农银抵借字99第01号)。

5. 郴州市房地产抵押鉴证书。

6. 授权委托书。

7. 郴州市中级人民法院宣判笔录。

8. 郴州市中级人民法院送达回证2份。

9. 原告与“泰宝商都”购房户签订的部分商品房买卖(销售)合同14份。

10. 被告下属营业部在〔2005〕郴民二初字第3号案向郴州市中级人民法院提交的证据6份。

11. 强烈要求解决办理房屋产权证书的报告。

12. 请求解决办理房屋产权证书的报告。

13. 关于限期办理房屋产权证、土地使用权证的函。

被告农行郴州分行辩称，原告诉请解除土地抵押权合同，但是，依照合同法、民事诉讼法相关规定，其请求与法相悖或于法无据，理由为：(1)原告请求解除抵押合同，就必须提出符合合同解除情形的理由，而原告所提理由完全不符合合同法第91条所规定的合同解除的情形；(2)原告的诉讼行为违背了“一事不再理”的原则，原告和被告下属营业部之间签订的抵押合同效力不仅已由郴州市中级人民法院〔2005〕郴民二初字第3号民事判决书所确认，且该判决明确由该抵押合同约定的抵押物抵偿债务。原告对生效判决确定其应履行的合同义务再次提起诉讼，违背了“一事不再理”的原则。原告为支持其请求，提出了三项理由：(1)原告将泰宝商都的建设用地抵押给被告下属营业部的时间长达10年之久，早已超过了抵押登记设定的一年抵押期限；(2)该判决书已发生法律效力达5年之久，被告下属营业部在法律规定的期限内既不接收判决抵债的房产，又不向法院申请执行，已丧失法律规定的申请执行的权利；(3)依据我国物权法主债权消灭，担保物权亦随之消灭的规定，原告以泰宝商都建设用地抵押给被告下属营业部所形成的担保物权亦已消灭。这三项理由均不成立,理由为:(1)担保法若干问题的解释(法释〔2000〕44 号)第 12 条第 1 款明确规定:"当事人约定的或者登记部门要求登记的担保期间,对担保物权的存续不具有法律约束力。"并且,本案所涉抵押权已经〔2005〕郴民二初字第 3 号民事判决书所确认,判决已生效,不再涉及担保物权存续争议的问题;(2)答辩人并未丧失法律规定的权利,不需对郴州市中级人民法院民事判决书〔2005〕郴民二初字第 3 号申请执行,该判决第二项已明确"由被告(即本案原告泰宝公司)以泰宝商都主楼 7 至 15 层 9450 平方米住宅以及主楼地下停车位共价值 17340886 元抵偿第一项判决所欠原告(即本案被告下属营业部)本金及利息",既为抵偿则不需再启动执行程序,而只需将判决所列资产交付、过户给答辩人;(3)答辩人未能接收该抵债资产是由于所建房屋尚未达到过户条件,由于原告的该开发项目至今尚未完全竣工并取得各主管部门的验收报告,致使答辩人不能将判决所列资产进行过户,即为原告未履行贷款清偿义务,该贷款债权即存在,担保物权亦同样存在。综上所述,请求人民法院依法驳回原告的诉请。

被告农行郴州分行就其主张,向法庭举出证据如下:

1. 泰宝商都附楼合格证。拟证明附楼验收合格。

2. 报告一份。拟证明泰宝商都申请办理附楼 4—5 层房产证报告,抵押资产没有办理过户是因为原告开发的项目没有完全竣工,并且没有通过相关管理部门的验收。

经庭审举证、质证,被告农行郴州分行对原告所举证据 1—14 的真实性无异议,认为该类证据与本案无关,原告必须提交解除抵押合同的证据。原告泰宝公司认为被告农行郴州分行所举出的证据已过举证期限,不予质证。根据双方举证、质证意见,一审法院对原告所举出的证据予以确认。

一审法院经审理查明,原告泰宝公司自 1994 年 4 月起至 1999 年 7 月 8 日止,向被告下属营业部借款 71 笔,累计借款金额 24640000 元,尚欠利息3760890 元。1999 年 9 月 17 日,被告下属营业部提起诉讼,经郴州市中级人民法院主持调解达成了〔1999〕郴经初字第 23 号民事调解书。该调解书发生效力后,被告下属营业部在法律规定的期限内,未申请执行。

2002 年 1 月 21 日,原告与被告下属营业部签订一份抵押借款合同,约定:由被告下属营业部贷款给原告作短期流动资金,用于原告所承建的泰宝商都附楼配套设施建设,原告承诺以其兴建的泰宝商都楼层及土地使用权证,小轿车

(湘L—61333)作抵押。2000年6月,原告将土地证号为郴市国用〔94〕字第089号位于郴州市飞虹路的一宗国有土地抵押给被告下属营业部,并在郴州市国土资源局办理了土地抵押登记手续,被告下属营业部取得了"郴他项〔2000〕字第07号土地他项权利证明"(下称"他项权证")。他项权证载明:权利人:农行郴州市分行营业部,义务人:泰宝投资发展有限公司郴州分公司,他项权利:国有土地抵押权,抵押面积:4266.69平方米,抵押期限:壹年(2000.6.5—2001.6.5),抵押贷款金额:7670245.68元(内容详见他项权证)。同时原告还应被告下属营业部的要求将在建工程泰宝商都附楼抵押给被告下属营业部,抵押价值为10000000元。合同签订后,被告下属营业部依合同约定共贷给原告600000元。该款逾期后,被告下属营业部派人催收无果,向本院提起诉讼。2001年6月18日,本院作出〔2001〕苏经初字第103号民事判决,并已发生法律效力。

原告在办理抵押之前,已将泰宝商都附楼一楼门面及二楼以上大部分房屋销售出去。办理抵押后,又因欠施工方郴建集团的工程款,将主楼一楼至五楼共计5619.93平方米的门面及房屋以抵工程款的形式卖给郴建集团。原告将泰宝商都的建设用地使用权抵押给被告下属营业部后,未按时还款,被告下属营业部也未按约定的期限解除抵押登记,致使该土地抵押至今10年之久。同时,原告也未积极办理好规划、质监等部门的验收手续,造成泰宝商都已销售的门面及房屋长期不能办理产权证及土地使用权证,引起购房户的极大不满。因在1998年10月23日,1999年4月1日,原告与被告下属营业部及郴州市玖合玖实业有限公司三方以转贷方式将原告新借1027万元贷款转由郴州市玖合玖实业有限公司承担,原告实欠被告下属营业部贷款本金1645.23万元。2005年年初,被告下属营业部再次以原告拖欠贷款1645.23万元为由向郴州市中级人民法院提起诉讼。郴州市中级人民法院经审理后作出〔2005〕郴民二初字第3号民事判决书,判决如下:(1)由被告深圳泰宝投资发展有限公司郴州分公司(即本案原告)偿还原告中国农业银行郴州市分行营业部(即本案被告下属营业部)欠款本金16452300元,利息858043.03元,合计17310343.03元。(2)由被告下属营业部以泰宝商都主楼7至15层9450平方米住房及主楼地下停车场共价值17340886元的房产抵偿判决第1项所列本金及利息。该判决书在2006年1月6日送达后,原告和被告下属营业部均未提起上诉。此后长达5年多的时间,因被告下属营业部认为,该判决生效后,其已取得了"泰宝商都主楼7至15层9450平方米住房及主楼地下停车位"的所有权,故不存在申请法院强制执行。而原告认为既然与被告下属营业部之间经法院判决的17310343.03万元贷款本息中,已包含原告以泰宝商都建设用地,即郴市国用〔94〕字第089号国有土地使用权抵押给被告下属营业部所涉及的7670245.68元贷款,则双方之间的主债权已经法院判决实现,按照物权法中主债权消灭,担保物权亦随之消灭的规定,原告以泰宝商都建设用地抵押给被告下属营业部所形成的担保物权亦已消灭为由,诉至本院,要求依法解除原告和被告下属营业部之间的土地使用权抵押合同,即解除郴市国用〔94〕字第089号国有土地使用权抵押。

另查明,原中国农业银行郴州市分行营业部已更名为中国农业银行股份有限公司郴州国庆路支行、现中国农业银行股份有限公司农行郴州分行营业部为原郴江支行。因中国农业银行股份有限公司郴州国庆路支行、中国农业银行股份有限公司农行郴州分行营业部均属于中国农业银行股份有限公司的网点,不具有承担民事责任的主体资格,其民事责任均由被告中国农业银行股份有限公司郴州分行承担。

一审法院根据《中华人民共和国物权法》《中华人民共和国合同法》作出如下判决:

1. 解除原告深圳泰宝投资发展有限公司郴州分公司与被告中国农业银行股份有限公司郴州分行之间的土地使用权抵押合同,即解除郴市国用〔94〕字第089号国有土地使用权抵押。

2. 本案受理费100元,由被告中国农业银行股份有限公司郴州分行承担。

被告人中国农业银行股份有限公司郴州分行不服一审判决,向郴州市中级人民法院提出上诉,二审法院经审理认为原审判决认定事实基本清楚,实体处理正确,故驳回上诉,维持原判。

二、思维路径 > > >

本案应首先分析原告深圳泰宝投资发展有限公司郴州分公司与被告中国农业银行股份有限公司郴州分行之间的主债权是否依然存在,在此基础上根据担保物权的从属性原理进一步判定二者之间的建设用地使用权抵押权是否有效。

三、法律依据 > > >

1.《中华人民共和国物权法》第28条:"因人民法院、仲裁委员会的法律文书或者人民政府的征收决定等,导致物权设立、变更、转让或者消灭的,自法律文书或者人民政府的征收决定等生效时发生效力。”

《中华人民共和国物权法》第177条：“有下列情形之一的，担保物权消灭：

（一）主债权消灭；

（二）担保物权实现；

（三）债权人放弃担保物权；

（四）法律规定担保物权消灭的其他情形。”

2.《中华人民共和国合同法》第94条：“有下列情形之一的，当事人可以解除合同：

（一）因不可抗力致使不能实现合同目的；

（二）在履行期限届满之前，当事人一方明确表示或者以自己的行为表明不履行主要债务；

（三）当事人一方迟延履行主要债务，经催告后在合理期限内仍未履行；

（四）当事人一方迟延履行债务或者有其他违约行为致使不能实现合同目的；

（五）法律规定的其他情形。”

▶四、学理分析 >>>

（一）担保物权的从属性

担保物权的从属性，是指担保物权的设立、移转及消灭，均应从属于债权。担保物权为确保债权实现而设定，在性质上是从属于主权利即债权的从权利。担保物权的从属性表现为设立上的从属性、移转上的从属性、消灭上的从属性。

（二）特殊原因导致物权设立、变更、转让或者消灭的规定

物权变动包括基于法律行为的变动和基于非法律行为的变动。物权法规定的有不动产物权变动的登记制度和动产交付制度以及特殊原因导致物权的变动，即因法律的规定、法院的判决、仲裁委员会的裁决、政府指令而发生的物权变动等。

（三）本案分析

上诉人提起上诉称：(1)一审判决认定事实错误，从而导致适用法律错误。①一审法院割裂事实全貌，形成了错误的事实认定。被上诉人泰宝公司累欠上诉人贷款本金实为26722300元，并非16452300元。之所以郴州市中级人民法院〔2005〕郴民二初字第3号判决书认定的贷款本金为16452300元，是由于

10270000元当时涉及另一个诉讼案件，且尚未结案，所以，当时上诉人起诉26722300元中的16452300元这部分贷款。实际情况是：1998年10月，玖合玖实业发展公司购买被上诉人"泰宝商都"副楼的房产没有付款，而是承接了被上诉人在上诉人处的10270000元的贷款债务。但后来泰宝公司与玖合玖公司解除了《购房销售合同》，房屋买卖行为没有实现。玖合玖公司因偿还了贷款利息而以不当得利起诉上诉人的下属机构国庆路支行，并将被上诉人列为第三人。2006年5月24日，经湖南省高级人民法院〔2006〕湘高法民二终字第8号终审判决，认为该10270000元贷款不应由玖合玖公司负责偿还，国庆路支行可在判决生效后另行向被上诉人主张权利。基于省高院的判决，该10270000元贷款仍需由被上诉人偿还。而至今被上诉人没有偿还，也没有以财产抵偿该10270000元贷款。所以，一审法院认定"主债权消灭"的事实是错误的。②一审法院没有认真查明事实，错误之处难以理喻。③一审法院基于错误地事实认定，从而导致错误地适用物权法第177条第1项之规定。郴州市中级人民法院〔2005〕郴民二初字第3号对被上诉人所欠上诉人的16452300元贷款合同纠纷案件进行了判决，并以被上诉人"泰宝商都"的部分房产抵偿该部分贷款，但是10270000元贷款虽以"泰宝商都"附楼作抵押，但其占用的土地仍然是被上诉人之前已抵押给上诉人的土地使用权。按照担保法第36条之规定，抵押物"泰宝商都"附楼的土地使用权同时抵押，上诉人对被上诉人发放的10270000元贷款享有"泰宝商都"附楼及其所占用土地使用权的担保物权。由于主债权并未消灭，所以，一审法院适用物权法第177条第1项"主债权消灭，担保物权消灭"之规定是错误的。(2)一审法院完全不考虑"泰宝商都"的现实状况，偏袒被上诉人，作出"解除抵押"这一不切实际的判决错误。(3)抵押涉及的该抵债资产和另外的10270000元贷款是中国农业银行股份有限公司剥离给国家财政部的不良资产，属于国有资产，应当受到法律的保护。故请求二审法院撤销一审判决，驳回泰宝公司的诉讼请求。

被上诉人泰宝公司答辩称：(1)被答辩人诉称10270000元贷款不在本案所涉建设用地抵押贷款范围内，因此与本案没有关联性。(2)答辩人认为，被答辩人故意混淆了两个不同案件的事实。本案答辩人诉请解除抵押的是2000年6月以泰宝商都建设用地抵押原发生的7670245.68元贷款抵押，而不是诉请解除以泰宝商都附楼抵押的10000000元贷款抵押。(3)被答辩人上诉称"上诉人在〔2005〕郴民二初字第3号后，曾多次要求被上诉人交付贷款抵债资产，但被上诉人置之不理”。该事实纯属虚构。(4)被答辩人上诉称“抵押涉及的该抵债资产和另外的10270000元贷款是中国农业银行股份有限公司剥离给国家财政部的不良资产,属于国有资产,应当受到法律的保护”没有法律依据。答辩人诉被答辩人建设用地抵押权纠纷一案是普通民事纠纷案件,适用我国法律的规定,即使如被答辩人所述该资产已作为不良资产剥离,根据最高院作出的有关司法解释也不可能超越于法律之上给予保护。故请二审法院维持原判。

二审诉讼中,上诉人农行郴州分行提供以下证据:(1)湖南省高级人民法院〔2006〕湘高法民二终字第8号。拟证明上诉人对泰宝公司发放的10270000元贷款,该10270000元不应由玖合玖公司负责偿还,国庆路支行可另行向泰宝公司主张权利。(2)农行郴州分行作出的〔2002〕42号文件,拟证明导致抵押不能解除的原因是由泰宝公司引起的。(3)《郴州日报》于2010年3月30日对泰宝商都的报道,拟证明泰宝商都未完工,停工多日。

被上诉人泰宝公司在二审庭审中提供一份双方当事人对借款本金的确认书。拟证明农行郴州分行对泰宝公司的借款本金予以了全面核对,贷款本金16452300元是正确的数字。

二审法院认证如下:上诉人农行郴州分行提供的证据(1)是人民法院已生效的判决,判决认定的事实与本案的事实有部分关联性,予以采信。对证据(2)未提供原件,且是上诉人自己作出的文件,不予采信。对证据(3)属报刊发表的文章,不能证明泰宝商都未完工,且与本案缺乏关联性,对该证据不予采信。对被上诉人泰宝公司提供的双方对借款本金确认书,该证据与本案有关联,予以采信。

二审审理查明:被上诉人泰宝公司自1994年4月起在上诉人农行郴州分行所属营业部及郴江支行处借款,到2001年6月25日止总共借款本金26722300元。

1998年10月20日,郴州市玖合玖公司的法定代表人罗丽娟向农行郴江支行出具《申请贷款的报告》,声称其准备一次性购买泰宝公司的“泰宝商都”裙楼一、二层,以建郴州市最大规模的购物城,申请贷款10000000元,所购房产作抵押。因泰宝公司欠农行郴州支行贷款未还,故农行郴江支行、泰宝公司以及郴州市玖合玖公司协商约定(未签订书面协议),由郴州市玖合玖公司购买泰宝公司的“泰宝商都”裙楼第一、二层,农行郴州分行贷款10000000元给郴州市玖合玖公司作为购房款,由农行郴州分行直接收取该10000000元购房款,冲减泰宝公司欠农行郴州分行10000000元贷款。为此,1998年10月21日,罗丽娟与泰宝公司订立了《购房销售合同》,约定泰宝公司将"泰宝商都"裙楼第一、二层卖给罗丽娟。1998年10月23日,农行郴州分行出具了《贷款凭证》,载明:借款人为罗丽娟,借款金额为10000000元,贷款用途为"购泰宝一、二层",到期时间为2003年10月23日,农行郴州分行和郴州玖合玖公司在该《贷款凭证》上加盖公章,同日,罗丽娟向农行郴州分行出具《贷款承诺书》。保证在1998年前办理好房产抵押手续。之后,泰宝公司将"泰宝商都"附楼一、二层交给郴州市玖合玖公司。1999年4月1日,郴州市玖合玖公司因购买"泰宝商都"附楼的另一处小房产,又从泰宝公司所欠农行郴州分行的贷款中"转贷"270000元,农行郴州分行为此又出具了《贷款凭证》,该借款到期时间为2000年4月1日。

1999年7月9日,泰宝公司向罗丽娟开具了金额分别为9934443元和171430元的房地产交易专用发票。但郴州玖合玖公司所购"泰宝商都"的房产,一直未办理产权过户手续,也未办理抵押登记手续。

1999年4月23日,农行郴州分行的下属郴江支行与泰宝公司签订《抵押担保借款合同》,约定以泰宝公司开发的"泰宝商都"附楼7457.84平方米房产(房屋所有权证"私字063号")抵押给农行郴江支行,抵押贷款金额为10000000元,抵押担保借款合同签订后,双方到郴州市房产局办理了抵押登记。抵押登记后,农行郴江支行并没有向泰宝公司发放约定的10000000元贷款,而是泰宝公司为原欠的10000000元借款提供抵押担保。2000年6月5日,农行郴州分行营业部又要求泰宝公司以"泰宝商都"建设用地(土地证号为:"郴市国用〔94〕字第089号")抵押担保原欠借款7670245.68元,双方到郴州市国土资源局办理了抵押登记手续。农行郴州分行营业部取得了"郴他项〔2000〕字第07号《土地他项权利证明书》。该证书载明:抵押面积4266.69平方米,抵押期限壹年(2000.6.5—2001.6.5),抵押贷款金额7670245.68元"。

2001年6月25日,农行郴州分行向泰宝公司发出《债务逾期催收通知书》,该通知书内容如下"到2001年6月25日止,您单位所欠我行债务本金贰仟陆佰柒拾贰万贰仟叁佰元整及利息暂未计付"。泰宝公司向农行郴州分行出具《还款方案》,该方案认为对《债务逾期催收通知书》的贷款,拟在遵照执行法院已生效的判决文书的基础上,积极地同银行协商,合法、妥善地一并解决。

2005年1月,农行郴州分行营业部向湖南省郴州市中级人民法院提起民事诉讼。请求判令泰宝公司偿还债务本金16452300元,利息10093994.23元。湖南省郴州市中级人民法院在审理该案件中，泰宝公司与农行郴州分行营业部对泰宝公司的借款本金进行了核对，双方确认泰宝公司欠农行郴州分行本金16452300元，利息85804.03元。

2005年11月8日，湖南省郴州市中级人民法院作出〔2005〕郴民二初字第3号，判决：(1)泰宝公司偿还农行郴州分行营业部欠款本金16452300元，利息858043.03元(利息计算至2005年6月20日止)，合计17310343.03元。(2)泰宝公司以郴州泰宝商都7至15层9450平方米住宅以及主楼地下停车场7个停车位抵偿判决第1项所欠本金及利息。该判决书生效后，农行郴州分行营业部没有接收抵债房产，也没有向法院申请强制执行。

另查明：湖南省高级人民法院于2006年8月24日作出的〔2006〕湘高法民二终字第8号认为："本案所涉及反诉部分的10270000元贷款本息问题，因本案中不应由玖合玖公司偿还该款项，而郴州市中级人民法院〔1999〕郴经初字第23号《民事调解书》的内容已被该院〔2005〕郴民二初字第3号民事判决所变更，对此，上诉人农行郴州国庆路支行作为原农行郴州市分行营业部更名后的同一主体，可在本判决生效后另行向泰宝郴州分公司主张该10270000元贷款本息的权利。"该判决书生效后，农行郴州分行营业部至今未向泰宝公司行使主张该10270000元贷款本息的权利。

本案双方争议的焦点为：(1)以本案所涉的郴市国用〔94〕字第089号国有土地使用权设定抵押所贷款项是多少；(2)本案的土地使用权抵押是否应该解除。

焦点一：以本案所涉的郴市国用〔94〕字第089号国有土地使用权设定抵押所贷款项是多少。上诉人农行郴州分行上诉称被上诉人泰宝公司另有向上诉人贷款10270000元是以"泰宝商都"附楼作抵押，其占用的土地仍然是被上诉人泰宝公司之前已抵押给上诉人的土地，上诉人农行郴州分行主张本案所涉的土地使用权抵押所贷款项应包含该10270000元。本院认为，在1998年10月23日、1999年4月1日，上诉人农行郴州分行下属营业部与被上诉人泰宝公司以及郴州市玖合玖实业有限公司三方以转贷方式将泰宝公司的10270000元贷款转由郴州市玖合玖实业有限公司承担后，被上诉人实欠上诉人下属营业部贷款本金16452300元。在转贷后，1999年4月28日，被上诉人泰宝公司将"泰宝商都"附楼抵押给农行郴江支行。2000年6月被上诉人泰宝公司将"泰宝商都"建设用地，证号为郴市国用〔94〕字第089号国有土地抵押给上诉人农行郴州分行下属营业部，并在郴州市国土资源局办理了抵押登记手续，上诉人农行郴州分行下属营业部取得郴他项〔2000〕字第07号土地他项权证书，抵押贷款金额为7670245.68元，此笔贷款被包含在被上诉人泰宝公司所欠16452300元贷款内。2006年5月24日经湖南省高级人民法院终审判决（〔2006〕湘高法民二终字第8号）判定曾转贷给郴州市玖合玖实业有限公司的10270000元贷款仍需由被上诉人泰宝公司偿还，但该10270000元贷款在被上诉人泰宝公司将本案所涉的土地抵押给上诉人农行郴州分行之前已经转贷出去，并且上诉人与被上诉人未就此10270000元贷款在“泰宝商都”附楼及所占用土地设定任何担保物权，也未在国土资源局进行任何抵押登记。上诉人农行郴州分行也未提供相关证据证明该10270000元是以“泰宝商都”附楼作抵押，对上诉人的上述主张，本院不予支持。故上诉人农行郴州分行对该10270000元贷款不享有本案所涉的郴市国用〔94〕字第089号国有土地使用权的抵押权。

焦点二：本案的土地使用权抵押是否应该解除。根据《中华人民共和国物权法》第28条之规定：“因人民法院、仲裁委员会的法律文书或者人民政府的征收决定等，导致物权设立、变更、转让或者消灭的，自法律文书或者人民政府的征收决定等生效时发生效力。”因〔2005〕郴民二初字第3号民事判决已将泰宝商都主楼7至15层9450平方米住房及主楼地下停车场共价值17340886元的房产判归上诉人农行郴州分行且发生效力，上诉人农行郴州分行与被上诉人泰宝公司之间的本金加利息共计17310345.03元债务已得到清偿。上诉人农行郴州分行称一直未接收该抵债资产，并诉称其未能接收该抵债资产的根本原因是“泰宝商都”建设项目没有全面竣工和通过规划等主管部门的验收，没有办理好开发项目房产总证。本院认为，“泰宝商都”建设项目是否通过主管部门验收，不影响〔2005〕郴民二初字第3号的效力，且上诉人农行郴州分行在一审答辩时也陈述，根据物权法第28条规定，〔2005〕郴民二初字第3号生效后，“泰宝商都”主楼7至15层9450平方米的住宅以及主楼地下停车位的所有权随之转移到了农行郴州市分行。故对上诉人农行郴州分行上诉理由，二审法院不予采信。被上诉人泰宝公司以本案所涉土地使用权设定抵押向上诉人农行郴州分行贷款7670245.68元，已包含在被上诉人所欠贷款本金16452300元内，因上诉人农行郴州分行的贷款已被〔2005〕郴民二初字第3号判决“泰宝商都”主楼7至15层9450平方米住房及主楼地下停车位抵偿所欠农行郴州分行的债务，故上诉人农行郴州分行对被上诉人泰宝公司享有的17310345.03元债权已消灭，根据《中华人民共和国物权法》第 177 条之规定："有下列情形之一的，担保物权消灭：(一)主债权消灭……。"故上诉人农行郴州分行享有的以郴市国用〔94〕字第 089 号国有土地使用权设定的抵押权消灭，上诉人农行郴州分行与被上诉人泰宝公司之间的土地使用权抵押合同应当解除。

▶五、相关案例 > > >

【案例】沭阳县中小企业信用担保有限责任公司与潘松浏、沭阳佳成精密机械有限公司、骆良月、沭阳县李恒镇人民政府抵押合同纠纷案[①]

原告沭阳县中小企业信用担保有限责任公司(以下简称中小企业担保公司)诉被告潘松浏、沭阳佳成精密机械有限公司(以下简称佳成公司)、骆良月、沭阳县李恒镇人民政府(以下简称李恒镇人民政府)抵押合同纠纷案：2012 年 9 月 19 日，被告潘松浏因经营需要为在江苏沭阳农村商业银行(以下简称农村商业银行)贷款，与原告签订最高额担保合同，约定由原告为其提供担保，双方对担保金额、违约责任等作出了约定。为此，被告佳成公司与原告签订最高额抵押反担保合同，以其所有的厂房向原告提供抵押反担保，并办理了抵押登记手续。双方还约定了抵押担保的范围。同日，原告与被告骆良月、佳成公司、李恒镇人民政府签订最高额反担保合同，约定该三被告向原告提供反担保，并约定了担保范围。据此，农村商业银行于 2012 年 9 月 29 日向被告潘松浏发放贷款 2000000 元。贷款到期后，被告潘松浏未能按照约定偿还贷款本息。2013 年 9 月 29 日，原告为其代偿银行贷款本息 2116725.03 元。因约定违约金计算标准过高，原告自愿将其调整为按照中国人民银行同期同类基准贷款利率四倍计算。后原告向被告追偿未果，特向法院起诉，要求判令：(1)被告潘松浏给付原告代偿款 2116725.03 元及违约金(以 2000000 元为基数从 2013 年 9 月 19 日起按中国人民银行同期同类贷款基准利率四倍计算至款付清之日止)、律师代理费 30367 元；(2)原告对被告佳成公司提供的抵押财产在上述债务范围内享有优先受偿权；(3)被告骆良月、佳成公司对上述债务承担连带责任；(4)被告李恒镇人民政府对被告潘松浏不能偿还债务部分的二分之一承担赔偿责任；(5)本案诉讼费用由四被告负担。

---

① 参见：江苏省沭阳县人民法院民事判决书〔2013〕沭商初字第 0749 号。

法院经审理判决如下：

1. 被告潘松浏于本判决生效之日起10日内给付原告沭阳县中小企业信用担保有限责任公司代偿款2116725.03元、违约金（自2013年9月19日起以2000000元为基数按中国人民银行同期同类基准贷款利率四倍计算至本判决确定给付之日止）及律师代理费30367元；

2. 原告沭阳县中小企业信用担保有限责任公司对沭阳县乡镇企业厂房抵押登记的财产折价所得的价款在2000000元范围内享有优先受偿权；

3. 被告沭阳佳成精密机械有限公司、骆良月对本判决第1项确定的债务承担连带责任；

4. 被告沭阳县李恒镇人民政府对本判决第1项确定的债务就被告沭阳县潘松浏不能清偿部分的二分之一承担赔偿责任。

六、问题与思考

1. 物权法中对于权利抵押的规定是否需要法律上的修改和完善？

2. 物权法对于担保物权的规定和担保法的相关规定如果发生冲突，在法律适用上应如何解决？

引例五　芮甲占有排除妨害纠纷案

一、案情简介[①]

上诉人（原审原告）芮甲，被上诉人（原审被告）芮乙，上诉人芮甲因占有排除妨害纠纷一案，不服上海市静安区人民法院〔2012〕静民一（民）初字第384号民事判决，向上海市第二中级人民法院提起上诉。

原审法院审理查明，双方当事人系祖孙关系。据《上海市租用居住公房凭证》所载，芮甲系位于上海市延安中路××××弄××号系争房屋的承租人，独用部位为二楼前间、二楼亭子间、底层后间、阁楼、阳台，公用部位为底层灶间、二层卫生间。因芮乙父母从新疆返沪，其不晚于1997年开始在该房屋中居住。

① 案情来源：上海市第二中级人民法院民事判决书〔2012〕沪二中民二（民）终字第897号。

1997 年 4 月 7 日，芮乙户籍自新疆维吾尔自治区玛纳斯县新湖总场医院迁至系争房屋所在地址。后双方当事人因该房屋的使用问题发生纠纷。

现芮甲涉讼，要求判令芮乙搬出系争房屋二楼。

原审法院认为，双方当事人为直系亲属，芮乙作为家庭成员长期在系争房屋二楼居住，户籍迁入亦十余载，其合法居住的权利应受法律保护。芮甲虽为该房屋承租人，但不能据此要求其他合法居住人员迁出系争房屋，故其诉讼请求，法院难以支持。

原审法院审理后，作出判决：对芮甲要求芮乙迁出上海市静安区延安中路××××弄××号二楼的诉讼请求不予支持。

原审法院判决后，芮甲不服，提起上诉称，其出于同情和照顾，在被上诉人芮乙父母返沪后，无处居住，遂将系争房屋二楼前间分隔一半供其暂时居住使用。嗣后，上诉人出国定居，被上诉人未经同意，私自将户籍迁入系争房屋内，并实际居住使用，侵犯了上诉人的承租权。原审判决认定其系合法居住人员，不符合事实。虽然被上诉人的户籍在系争房屋内，但是并不代表其享有居住权，而且还将部分房屋转租他人，对此事实原审判决并未认定，妨害了上诉人所享有的承租人的权利。本案应为占有排除妨害纠纷，上诉人作为合法承租人，对系争房屋享有占有权利，有权要求被上诉人搬出并归还本案讼争房屋。据此，上诉人认为原审判决认定事实不清、适用法律不当，请求本院依法撤销，并改判支持上诉人的原审诉请。

被上诉人芮乙辩称，上诉人早已定居国外，并取消了中华人民共和国国籍，依法不享有系争房屋的承租权，而且至今从未实际居住使用该房屋，其以承租人身份提起诉讼，无法律依据。被上诉人从未认可承租人为上诉人的《租用公房凭证》。被上诉人及其家人一直居住使用系争房屋，户籍也在该房屋内。而且，被上诉人有理由相信上诉人提起本次诉讼，并非其真实意思表示，是受到其他家庭成员的误导，被上诉人从未拒绝过上诉人居住使用系争房屋，双方应协商解决家庭内部纠纷。据此，被上诉人认为原审判决正确，请求本院依法予以维持。

二审法院经审理，驳回上诉，维持原判。

二、思维路径 > > >

占有是现代民法上的一项重要制度，占有制度的确立在于保护物的流转得以顺利进行，维护交易安全。我国物权法占有篇仅涉及占有的调整范围、无权占有下的损害赔偿责任、原物及孳息的返还以及占有的保护等问题，因此，目前涉及占有的相关案例较易解答：注意案情细节，抓住主要情节和中心问题。判断该案例属于占有哪部分的案例，纠纷是什么，当事人有哪些，相互之间存在什么法律关系；明确案情事实之间的关系和争议的焦点；确定适用的法律。

本案属于占有排除妨害纠纷案，实践中占有部分此类案例较多，需要界定清楚属于占有排除妨害请求还是属于原物返还请求。在该案中，需要考虑以下几个问题：(1)占有人的占有是否有权占有；(2)该案中是否存在占有排除妨碍的适用情形。

三、法律依据 > > >

《中华人民共和国物权法》第245条第1款："占有的不动产或者动产被侵占的，占有人有权请求返还原物；对妨害占有的行为，占有人有权请求排除妨害或者消除危险；因侵占或者妨害造成损害的，占有人有权请求损害赔偿。"

四、学理分析 > > >

(一)占有及其种类

占有是占有人对物的事实上的控制和支配。占有的性质是一种事实状态，而不是一种权利，它有三个特点：占有是一种法律保护的事实状态；占有的对象仅限于物；占有是对物具有的事实上的管领力。

占有在法律上具有三个功能：占有的保护功能，是指占有具有保护现实存在的状态不受第三人侵犯，从而维护法律秩序稳定的功能；占有的公示功能，是指占有具有的表彰本权的作用。占有人占有某物往往以一定的财产权利为基础，从另一个角度来说，占有是其背后权利的外在表现，占有的公示功能主要体现在三个方面：(1)权利移转效力。(2)权利推定效力。(3)善意取得效力。占有的持续功能，是指占有人对于占有物具有继续使用的权利。

占有分为以下类型：(1)有权占有和无权占有，无权占有又分为善意占有与恶意占有、暴力占有与和平占有、公然占有与隐秘占有；(2)继续占有与非继续占有；(3)直接占有与间接占有；(4)自主占有与他主占有；(5)自己占有与占有辅助。

(二)占有的取得、变更与消灭

占有人取得占有有两种方式，即原始取得和继受取得。占有的原始取得，是指不以他人的占有为根据而取得对物的占有，如遗失物的拾得、无主物的先占。占有的继受取得是指基于他人既存的占有而取得对物的占有，包括占有的创设取得和占有的移转取得。

占有的变更，是指占有从一种类型转向另一种类型，比较重要的占有变更主要有：

一是有权占有变为无权占有，当占有人丧失其本权后仍进行占有的，则其有权占有变为无权占有。

二是善意占有变为恶意占有，当无权占有人知道或者应当知道其占有没有合法根据之时，善意占有变为恶意占有。

三是他主占有变为自主占有，当他主占有人向使自己成为占有人的人表示了所有的意思时，他主占有变为自主占有。

占有的消灭指占有人丧失对物的事实上的控制和支配。直接占有因占有人取得对占有物事实上的控制和支配而发生，也因占有人丧失对占有物事实上的控制和支配而消灭。对于占有物控制和支配的丧失的认定尚须结合具体事实，依法律规定及一般社会观念予以确认。间接占有的消灭有如下原因：直接占有人丧失占有，直接占有人拒绝承认间接占有，返还请求权消灭。

（三）占有的效力

占有的权利推定效力是指基于占有之背后真实权利存在的盖然性，为保护占有人的权益，实现占有制度的立法宗旨，法律所作的占有人基于其占有而产生的各种权利外象具有真实的权利基础的推定。

占有的状态推定效力是指法律为了更好地保护占有人的利益，实现占有制度设立的宗旨，而作出的在无相反证明的情况下，推定占有人之占有为无瑕疵占有等规定。

（四）占有的保护

占有的保护，是指在他人以法律所禁止的私力侵害占有时，给占有人的法律救济。按照《中华人民共和国物权法》第245条的规定，占有的不动产或动产被侵占的，占有人有权请求返还原物；对妨害占有的行为，占有人有权请求排除妨害；因侵夺或者妨害造成损害的，占有人有权请求损害赔偿。

（五）对本案的分析

公民的合法的民事权利，受法律保护，任何组织和个人不得侵犯。虽然目前上诉人系系争房屋的承租人，其合法的民事权利应予保护，但是被上诉人的户籍在该房屋内，并实际居住使用至今，且无证据证明其另外享有公房的居住使用权利，故被上诉人符合居住使用公有房屋的相关规定，享有系争房屋的居住使用权利。上诉人认为被上诉人系私自居住使用系争房屋，并迁入户籍，因缺乏足够的证据证明，二审法院难以采信。其仅凭承租人的身份，要求被上诉人搬出系争房屋二楼，缺乏法律依据，二审法院难以支持。

综上，我们认为案件的判决是正当的，无论对于占有请求权的行使还是对案件事实的认定都有着充分的依据。

五、相关案例 > > >

【案例 5-1】陈考福诉何美香返还原物纠纷案[①]

原告陈考福的爷爷陈为鸿1949年前去台湾，生有一儿二女，儿子取名陈祥瑞，女儿陈长云、陈林珠；陈祥瑞也生有一子二女，儿子陈考福，女儿陈好珍、陈海珍。1988年6月3日陈祥瑞与被告在汝城县井坡乡人民政府登记结婚，两人系再婚，婚后未生育。陈为鸿于1999年从台湾回大陆与儿子陈祥瑞一起居住，为核实身份、领取退休金，陈为鸿亦基本上每年回台湾居住一段时间，期间陆续将其所积蓄的钱汇交给儿子陈祥瑞（其中，陈祥瑞于2006年1月12日结汇10000美元、2006年5月8日结汇70000美元、2008年6月10日收存49222.43美元、2008年3月26日从陈为鸿存折账户中转存人民币240000元、2009年7月20日收存5155.42美元、2010年1月19日收存6598.59美元，以上折合人民币749737.29元）。自陈为鸿回汝城居住后，陈祥瑞夫妇未再从事生产经营性活动。2010年12月26日陈祥瑞立下遗嘱，其遗嘱内容记载，有银行存款200000余元，另有400000余元系陈为鸿交由立遗嘱人陈祥瑞代管代存。2010年12月27日陈祥瑞去世，遗有银行存单4张，金额总计人民币460000元，储蓄保险单1张，保费金额为人民币180000元，4张存单及保险单现都在被告何美香处。2011年9月5日，陈为鸿因病逝世。陈为鸿的女儿陈长云、陈林珠向本院提交了关于变更诉讼主体的意向书，放弃对陈为鸿财产的继承权，由侄子陈考福作为原告参加本案诉讼，由陈考福享有陈为鸿在本案中的权利，另外，陈祥瑞的女儿陈海珍、陈好珍也向本院提交了关于变更诉讼主体的意向书，放弃对祖父陈为鸿财产的代位继承权，同意兄长陈考福作为原告参加本案诉讼，享有陈为鸿

---

① 参见：湖南省汝城县人民法院民事判决书〔2011〕汝民重字第5号。

在本案中的权利。

法院经审理认为：本案中，原告的爷爷陈为鸿自1999年回汝城居住10多年来，陆续将其在台湾的积蓄汇交给儿子陈祥瑞，具体数额虽无法统计，但根据已有的证据可以证实不会少于700000元，且被告对此金额无异议。2010年12月27日陈祥瑞逝世遗有银行存款460000元、保险款180000元，被告称640000元均为其与陈祥瑞的夫妻共同财产，本院不予认可，一方面，自1999年后，陈祥瑞夫妇就没有再从事生产经营性活动，父亲陈为鸿交给陈祥瑞的钱，成为了其夫妇主要的生活来源，故640000元是其夫妻共同积蓄，缺乏客观事实依据。另一方面，陈为鸿阐述其之所以汇钱给儿子陈祥瑞，是为了自己和儿孙今后的生活，并非全部赠与给陈祥瑞，也没有明确的赠与的意思表示。在本案第一次开庭审理时，被告对陈祥瑞口述遗嘱的真实性、合法性表示质疑，本院遂同意被告申请对遗嘱进行笔迹鉴定，现湖大司鉴中心〔2011〕文鉴字第192号鉴定结论与其他证人证言相吻合，故对陈祥瑞遗嘱的真实性，本院予以认定。这份遗嘱证实了在陈祥瑞的640000元存款中，有400000余元是其为陈为鸿代管代存的，实为陈为鸿个人财产，不是被告与陈祥瑞的夫妻共同财产，被告理应返还给陈为鸿的代位继承人陈考福，这与陈祥瑞在遗嘱中自认其只有银行存款200000余元的阐述相印证。被告何美香提出其作为丧偶儿媳对陈为鸿尽了主要赡养义务，与陈祥瑞死后，即发生本案纠纷的事实不符，故本院对被告的该辩解不予采信。关于本案的鉴定费用，被告未举证，应自行承担举证不能的责任，且鉴定结果未证明有添加、篡改事实，故鉴定费用应由申请人承担。作为家庭纠纷，矛盾的处理应融理于法以利家庭和睦。被告何美香自与陈祥瑞结婚后，与陈祥瑞及其家人共同生活20余年，被告与陈祥瑞家人虽无血缘关系，但双方共同生活中产生的亲情亦应相当浓厚，所以双方在处理家庭事务上应立足于亲情上理智对待。对巨额金钱的争执，处理得好将增加幸福，处理得不好将带来更多烦恼。双方应当拿出诚意，求同存异，互谅互让，以避免不必要的浪费和损失。但经本院调解，双方未能达成一致意见。现根据《中华人民共和国物权法》第34条、第243条，《中华人民共和国继承法》第11条、第25条第1款之规定，判决如下：

1. 限被告何美香在本判决生效后10日内将其占有的陈祥瑞名下的存款中的400000元及其利息返还给原告陈考福；

2. 驳回原告陈考福的其他诉讼请求。

如果未按本判决指定的期间履行给付金钱义务，应当按照《中华人民共和国民事诉讼法》第229条之规定,加倍支付迟延履行期间的债务利息。

本案案件受理费9800元,诉讼保全费3720元,合计13520元,由原告陈考福负担5070元,被告负担8450元。

本案在立案阶段定性为占有物返还纠纷,后定性为返还原物纠纷。原因在于:

1. 返还原物请求权的主体是原来的物的所有人,而占有物返还请求权主体是物的合法占有人,比如租赁权人。显然,本案中,何美香是该笔存款的合法占有人,而陈考福是以代位继承人的身份主张该笔存款的所有权。

2. 两者都是针对物的请求权,请求方式相同,但不同在于保护的权利主体不同。第一个是保护物的占有权,第二个是保护物的所有权。

综上,本案定性为返还原物纠纷更为准确。

【案例5-2】占有物返还纠纷上诉案①

上诉人(原审被告)甲。

被上诉人(原审原告)乙。

上诉人甲因占有物返还纠纷一案,不服北京市西城区人民法院〔2011〕西民初字第6697号民事判决,向本院提起上诉。本院依法组成合议庭审理了本案,现已审理终结。

乙在一审法院诉称:乙与于士文系兄弟,北京市西城区某小区9号院系乙父母的遗产。1987年6月27日北京市中级人民法院以〔1987〕中民字第761号民事调解书确认该院南房一间归于士文所有(暂由乙管理使用)。1997年10月21日乙将该房屋以2万元的价格出售给丙。2010年8月20日北京市西城区人民法院以〔2010〕西民初字第9415号民事判决书判决乙与丙签订的《房屋买卖合同》无效,乙返还丙购房款及经济损失共计4万元。2002年5月30日,谢某、张某委托商某全权代理西城区某小区9号北房一间、南房一间的买卖、过户等事宜。2002年8月21日商某以北京某房地产咨询有限责任公司(以下简称某公司)的名义,将西城区某小区9号院南房一间卖给甲。甲占有使用至今。现起诉要求甲立即将位于北京市西城区某小区9号院南房一间腾空交给乙;诉讼费由甲负担。

甲在一审法院辩称:"2002年6月我通过某公司到西城区某小区9号房屋

① 参见:北京市第一中级人民法院民事判决书〔2012〕一中民终字第1548号。

看房，后我与某公司的商某签订了协议，以6万元的价格购买了诉争房屋，我已经向其公司交纳了4万元购房款，并约定余款2万元于房屋过户后交纳。2002年9月我搬入诉争房屋内居住。某公司的张建军带我到厂桥派出所办理了户口。当时该中介公司的工作人员说诉争房屋的产权人已经死亡，无法办理产权过户手续。诉争房屋一直由我居住使用。我不认识乙，因为商某手里有谢某的委托书和公证书我才购买的诉争房屋。自2010年5月，经常有人到诉争房屋处捣乱，我不敢在诉争房屋内居住，现于通州区某村租房居住。不同意乙的诉讼请求。"

一审法院经审理查明：北京市中级人民法院〔1987〕中民字第761号民事调解书确认：北京市西城区某小区9号院北房三间归于秉真、于秉洁、乙共有；东房两间归于振亚所有；南房一间归于士文所有（暂由乙管理使用），该房屋即为本案诉争房屋。1997年10月21日，乙与丙签订诉争房屋的《房屋买卖合同》，乙将诉争房屋出卖给丙。2010年丙起诉至法院，要求乙返还购房款20000元并支付利息损失39000元，赔偿因无法在同一地段以同样价格购买房屋的差价损失200000元。法院审理后认为，乙无权处分该房屋，遂于2010年8月20日判决确定乙与丙签订的房屋买卖合同无效，乙返还丙购房款2万元并赔偿丙经济损失2万元。

庭审中，甲辩称，其于2002年自某公司购买了诉争房屋，并提供了其与某公司签订的《房屋买卖协议书》，以证明其购得诉争房屋。

另查，诉争房屋的产权仍登记在于士文名下。

上述事实，有〔2010〕西民初字第9415号民事判决书、〔1987〕中民字第761号民事调解书、房产所有证、房屋买卖协议及当事人陈述等材料在案佐证。

一审法院判决认定：

根据我国法律规定，不动产物权的设立、变更、转让和消灭，经依法登记，发生效力；未经登记，不发生效力。无权占有不动产或者动产的，权利人可以请求返还原物。庭审中，甲辩称，其通过某公司以6万元的价格购买了诉争房屋，并据此认为其享有该房屋。对此，法院认为，某公司并非诉争房屋的所有权人，无权处分该房屋，且甲并未办理上述房屋的产权过户手续，本案诉争房屋的产权人仍是于士文。甲的答辩意见缺乏事实和法律依据，法院对此不予采信。本案中，甲未经乙同意即住进诉争房屋，影响了乙对房屋的管理、使用，乙作为诉争房屋的管理使用人要求甲腾退房屋，理由正当，予以支持。依据《中华人民共和国民法通则》第134条第1款第4项、《中华人民共和国物权法》第9条第1款、第34条之规定,判决:本判决生效后10日内被告甲将北京市西城区某小区9号院于士文名下的南房一间腾空交给原告乙。

上诉人甲不服一审法院判决,向本院提起上诉。上诉请求:依法撤销原审法院判决并驳回被上诉人的原审诉讼请求。上诉理由:原审法院在审理本案过程中违反法定程序,遗漏了必须参加诉讼的当事人即某公司。被上诉人没有诉讼主体资格,不是适格的原告。上诉人于2002年8月21日与某公司签订的《房屋买卖协议》真实、合法、有效,应当得到法律的保护等。

被上诉人乙同意原判并答辩称:一审法院依据案件事实作出的判决认定事实清楚,适用法律正确。要求驳回上诉,维持原判。

本院经审理查明:本院查明的事实与一审法院判决认定的事实相同,本院予以确认。

本院认为:人民法院审理民事案件应当以事实为依据,以法律为准绳。不动产物权的设立、变更、转让和消灭,经依法登记,发生效力;未经登记,不发生效力。根据本案的事实情况,诉争房屋的产权人是于士文,在没有产权人授权或追认的情况下,其他任何人均无权处分该房屋。现甲居住、使用该诉争房屋缺乏法律依据,乙作为诉争房屋的管理使用人,有权要求甲将诉争房屋腾退。据此,一审法院判决正确,审判程序合法,本院应予维持。上诉人甲的上诉请求,缺乏事实及法律依据,本院不予支持。依照《中华人民共和国民事诉讼法》第153条第1款第1项之规定,判决如下:

驳回上诉,维持原判。

一审案件受理费70元,由甲负担(本判决生效后7日内交纳)。

二审案件受理费70元,由甲负担(已交纳)。

本判决为终审判决。

▶六、问题与思考 > > >

占有返还请求权与返还原物请求权的区别?

DISANBIAN

第三编

债与合同

引例一　合肥首例采用情势变更原则判决的非典合同案

▶一、案情简介[①] > > >

2002 年 8 月 1 日，原告合肥东方室内装饰集团家庭装饰工程部(以下简称工程部)与被告合肥市三河亚美大酒店经理吴邦珍签订了一份房屋租赁合同，双方约定：该工程部将其所有的房屋出租给吴某经营餐饮，租期 3 年，月租金 12000 元。每月 5 日前交清当月租金；承租方拖欠房租达 10 天，出租方有权解除合同，并要求赔偿 3 个月租金损失。之后，吴邦珍按约缴纳了截至 2003 年 4 月的全部租金。2003 年 5 月 8 日，吴邦珍要求工程部考虑非典疫情，减免 5 月份租金。双方协商未果，5 月 21 日，原告工程部将被告吴邦珍诉至法院，认为吴邦珍以非典转嫁商业风险、拒付房租是违反合同约定和法律规定的，要求被告解除合同按约付租金并作赔偿。法院判决减免吴邦珍 2003 年 5 月租金 4000 元，给付原告 2003 年 5 月租金 8000 元，驳回原告要求解除租房合同及赔偿损失的诉讼请求。

▶二、思维路径 > > >

上述案例中，原告工程部与被告吴邦珍签订了为期 3 年的房屋租赁合同，并约定了租金及缴纳方式。根据合同法相关理论，合同一经签订，如不违反法律、行政法规强制性规定，即成立并生效，当事人不得随意修改。如任何一方违反合同约定，就构成违约行为，违约方应承担违约责任。上述案例中，被告吴邦珍在非典发生后，没有按照合同约定如期交付租金，已经构成违约，一般情况下

---

① 案情来源：鲁敏、石莉：《合肥法院采用情势变更原则判决首例非典合同案》。http://ah.anhuinews.com/system/2003/06/29/000375807.shtml。访问时间：2013 年 10 月 1 日。

就应当对原告工程部承担违约责任。而在本案中,法院不但没有支持原告要求解除合同及被告赔偿的诉讼请求,反而判决减免吴邦珍2003年5月份的租金,该判决是否正确?应当依照合同法及其司法解释对情势变更原则的法律规定进行认定。

三、法律依据 > > >

1.《最高人民法院关于适用〈中华人民共和国合同法〉若干问题的解释(二)》(以下简称《合同法解释(二)》)第26条:"合同成立以后客观情况发生了当事人在订立合同时无法预见的、非不可抗力造成的不属于商业风险的重大变化,继续履行合同对于一方当事人明显不公平或者不能实现合同目的,当事人请求人民法院变更或者解除合同的,人民法院应当根据公平原则,并结合案件的实际情况确定是否变更或者解除。"

四、学理分析 > > >

通说认为,情势变更原则源于12世纪、13世纪的注释法学著作《优帝法学阶梯注释》中的情势不变条款。该条款理论认为,所有的契约都包含一个条款,即,只要作为该契约基础的事情不发生变化,该契约就保持其效力。因此,如果订立契约时的事情于缔约后发生变更,契约的拘束力也随即丧失。到了17世纪自然法时期,格老秀斯和普芬道夫等法学家对情势不变条款纷纷作了详细的阐述。随后,晚期的自然法学者科塞济对该理论加以扩展,将之适用于所有的法律范围。到了18世纪后期,由于情势不变条款适用过度广泛,而且具有不确定性,遭到前所未有的严厉批评和摒弃。而后,以边沁等为代表的分析法学派提出实证法,强调形式正义,对契约严守更是达到了前所未有的重视程度,使得情势不变理论在法学界销声匿迹。19世纪下半叶,随着列强国家殖民政策的不断扩张和海外贸易的迅猛发展,因意外事件造成契约无法履行的情况频繁发生,特别是在海运契约中,海啸、触礁等意外事件频发使得许多契约无法按照原来约定履行,从而引起争议。恰恰又在这类契约争议中,由于过于恪守契约严守原则,当事人往往很难得到公平的判决结果。这也促使法学理论界和实务界开始质疑绝对严守契约的必要性。这种事态的发展,尤其是两次世界大战及随之而来的恶性通货膨胀所带来的影响,使得无论是大陆法系或是英美法系国家都不得不逐渐放宽对契约神圣不可侵犯及当事人意思自治这两条原则的把握,情势变更原则又重新受到法学理论界和实务界的重视。学者们提出了关于情势变更的学说，后经各国法院判例的采用而使情势变更原则具有了法律约束力。《国际商事合同通则》《联合国国际货物销售合同公约》都对这一原则作了具体规定。

我国在1981年全国人大审议通过的经济合同法中就有相关规定。该法第27条第1款第4项规定，"由于不可抗力或者由于一方当事人虽无过失但无法防止的外因，致使经济合同无法履行"，允许变更或者解除经济合同。多数学者认为该条款就是对情势变更原则的规定。1995年，情势变更原则被写到了劳动法律关系之中，劳动法第26条第3项规定，劳动合同订立时所依据的客观情况发生重大变化，致使原劳动合同无法履行，经当事人协商不能就变更劳动合同达成协议的，用人单位可以解除劳动合同，但是应当提前30日以书面形式通知劳动者本人。可以说，这是情势变更原则在劳动法领域的体现，其不仅运用了交易基础理论，同时也对制度的如何适用作了明确规定，即劳动关系双方当事人协商不成可解除合同。我国合同法草案的几次审议稿中都规定了情势变更，但因为从理论认识到具体操作始终存在不同意见，最终未被立法机关采纳，成为我国合同法中的一大遗憾。然而随着社会环境的不断变化，特别是在经历了2003年的SARS病毒及2008年的金融危机之后，由合同履行困难引起的纠纷类型日趋多样化、复杂化，给司法审判工作带来了巨大挑战。在2009年，最高人民法院于出台的《合同法解释（二）》写入了情势变更原则，该解释第26条规定："合同成立以后客观情况发生了当事人在订立合同时无法预见的、非不可抗力造成的不属于商业风险的重大变化，继续履行合同对于一方当事人明显不公平或者不能实现合同目的，当事人请求人民法院变更或者解除合同的，人民法院应当根据公平原则，并结合案件的实际情况确定是否变更或者解除。"可以说这条规定的出现不仅顺应经济发展形势，克服了司法审判难以解决的新问题、难问题，更为情势变更理论中国化迈出了实质性的一步。

（一）情势变更原则的概念及构成要件

在现代民法理论上，情势是指合同有效成立后出现的不可预见的情况，即影响及于社会全体或局部之情事。变更是指合同赖以成立的环境或基础发生异常变动。按照通说观点，情势变更原则是指合同有效成立以后，因当事人不可预见的事情的发生（或不可归责于双方当事人的原因发生情势变更），导致合同的基础动摇或者丧失，若继续维持合同原有效力有悖于公平原则时，则应允许变更合同的内容或解除合同的制度。该制度主要适用于出现异常事件导致合同的履行出现障碍的情形。适用情势变更原则,应符合以下要件。

1. 须有情势变更的事实

情势变更的事实是情势变更原则适用的首要要件。它是指合同成立所需要的各种客观环境基础发生异常变化。这种异常变化须为当事人无法预见的客观事实,不能包括当事人的主观认识。对于情势变更的事实类型,可以分为导致等价关系破坏的事实和导致合同目的落空的事实这两类。导致等价关系破坏的事实,是指由于情势变更致使合同给付与对待给付出现不平等的事实,是适用情势变更原则的主要情形。通常这些情形包括:法令、政策更改,通货膨胀或物价暴跌暴涨,经济形势、经济政策的巨大变化等,自然灾害如洪水、旱灾、台风、地震等,以及社会异常事件,包括战争或者武装冲突,罢工以及骚乱等。导致合同目的落空的事实,主要是针对情势变更致使合同目的不能实现的事实,一般指特定物非当事人原因灭失、特定人失去履行能力等情况。根据我国海商法的规定,政府或者主管部门的行为、检疫限制或者司法扣押属于不可抗力的情形。其实这些事件同样都可能导致合同履行艰难而引起情势变更规定的适用。根据我国相关的司法实例,在我国适用情势变更原则进行裁判,侧重于社会异常事件导致情势变更的情形,但同时也存在自然灾害导致的客观情况发生重大变化而适用情势变更的情况。

2. 情势变更发生的时间

情势变更应发生在合同成立之后履行完毕之前。一般认为,若情势变更在合同成立之前发生,双方在合同所需的客观基础事实发生变化的情形下签订,则就没有必要适用情势变更原则。若情势变更在合同履行完毕后发生,双方因合同履行致使了合同关系消灭,也就是失去了适用情势变更原则的基础。若情势变更发生合同订立时,双方仍以变化前的基础事实来订立合同,则也不应受情势变更原则的调整。对于实践性合同、附条件、期限的合同,这些合同从成立到生效往往有一个时间段。通常在这段时间里,如果合同订立时的客观基础事实发生变化致使合同不能生效,合同法只规定了缔约过失责任,而缔约过失责任往往是一方当事人因违背其依据诚实信用原则所应负有的义务,使得另一方当事人信赖的利益遭受损失才承担的民事责任。对于不可归责于双方当事人而发生的情势变更事实来说,运用缔约过失责任加以处理较为不妥。可以在这个时间段里引入情势变更原则,因为合同成立意味着双方意思表示完成,且是在双方表意人明知的合同环境下发生的。而合同生效的内容也是与双方当事人合同成立时的意思内容是一致的,如不适用就会割裂与该合同生效所需合同环境之间的联系,从而出现合同成立与生效两个意思内容,有违意思内容真实性与一致性。

3. 情势变更的发生须不可归责于当事人

情势变更不可归责于双方当事人,主要是指当事人对情势变更的发生没有过错,并对其失去控制。这里的控制包括了不因当事人的干扰抑或是主动创造条件致使发生情势变更。只要当事人一方对情势变更的发生负有过错,就不能适用情势变更原则,转而承担违约责任或者自负风险加以处理。如果迟延履行或者迟延受领期间发生情势变更,可以参考不可抗力对迟延履行的规定。合同法第 117 条第 1 款规定:"……当事人迟延履行后发生不可抗力的,不能免除责任。"即对履行迟延的当事人限制适用情势变更原则。当事人应当承担迟延履行所带来的风险,该风险包括了情势变更,故不适用情势变更原则来处理。

如果情势变更的发生可归责于第三方,如法令更改、政策变更、普调价格等,这些行为往往具有国家性、普适性,法律也将这些情形认定为情势变更,而行使上述行为的主体往往是代表国家的权力机关。所以,当国家权力机关作出调整社会关系的行为时,可适用情势变更原则。

4. 不可预见性

情势变更的发生是双方当事人在合同成立时不可预见到的。如果当事人已经预见到情势变更的可能,在未对此情况作出约定的情况下仍订立合同,则表明当事人自愿担负合同基础发生变化带来不公平对待的风险,应排除适用情势变更原则。如果只有一方当事人预料到有情势变更可能的情况下仍与未预料的对方订立合同,如果情势正如预料的那样发生变更,已预料的那方在履行合同时无论是否出现显失公平,都应认定其行为是对情势变更风险的承担,排除适用情势变更原则。而对于未预见的一方,如其在继续履行合同时出现显失公平,可以欺诈、乘人之危,使其在对方违背自己意愿的情况下订立合同为由,要求司法机关变更或者撤销合同。因此对于情势变更的不可预见性是指合同双方当事人共同的不可预见。在相关案例 1-1"'情势变更'难解租约 十年租期'套牢'房东案"中,金老太所得的腰椎、双膝关节退行性病变等并非突发性疾病,而是一种老年人常见的、逐渐加重的病症,这在双方订立合同之时是可以预见的。因此,该案不具备适用"情势变更"原则解除合同的要件。

对于不可预见的认定，应以普通人具有的常识和经验所能够预见或估计到的来认定。但对于证券、期货交易合同来说，其本身具有高风险性，这些风险也是合同当事人能预见到的，故不能适用情势变更原则；又如保险合同等这类射幸合同，由于其自身的特殊性，一般也不能适用。另外，这里所说的不可预见并不是说双方当事人对情势的变更完全不能预见，而是说这种情势的变更在当事人眼里其发生的可能性微乎其微，没必要对其作出明确细致约定，而将其排除在当事人正常的考虑范围内。

5. 履行原合同显失公平或者不能实现合同目的

情势变更原则涉及合同的公平正义，是诚实信用原则与公平原则的延伸。当合同基础环境发生异变后，合同双方之间的对待给付发生变化，利益出现失衡，如继续履行原合同，势必会对当事人产生不公平对待，违背了公平正义精神，故情势变更致使合同履行显失公平是该制度适用的核心要件。如在相关案例1-2“三套房买卖纠纷　房产新政致使‘遭’退房卖家败诉案”中，张先生家庭住房已达两套，所诉争房屋的买卖，为个人第三套房屋之买卖，属于《北京市关于遏制房价过快上涨通知》中暂停发放贷款之情形，这种情况是张先生和宋女士双方在订立存量房屋买卖合同时都无法预见的重大变化，因新房贷政策出台，他无法向银行取得贷款，若其要求继续履行合同对其明显不公平。因此，可以适用情势变更原则，解除合同。

《合同法解释(二)》第26条中涉及明显不公平和不能实现合同目的两类不同的案件类型。其中“明显不公平”与《国际商事合同通则》中关于“艰难情形”的规定比较类似，“艰难情形”主要是指因一方当事人履约成本增加，或者因一方当事人所获履约价值减少，根本改变了合同双方利益均衡的情形。同时，二者又有着一定的区别，从文字上来讲，“明显不公平”并不一定意味着一方当事人履行艰难，而主要是原合同的等价关系遭到严重破坏。而履行艰难强调的是当事人的履行能力不足，而明显不公平则强调等价关系之间的失衡。在实践中，存在的问题主要是如何判断等价关系的严重失衡，即到底双方的对价不均衡到何种程度可以认为显失公平。对于“显失”的程度把握，司法机关应当在实践中根据具体案情，结合情势所变更的影响加以综合判断。必须是特别显著的不公平才能纳入到情势变更原则的规制中，如果程度较轻，影响双方利益影响不大，系属一般的商业风险，则排除适用。而对于判断“显失公平”的时机，应当严格控制在情势发生变更后，当事人继续履行合同之时。之所以作此强调，是因为情势变更无法预见和干预,在合同履行之前完全有恢复的可能,如一旦出现情势变更就以当时出现的不公平状态来变更或解除待履行的合同,势必会造成经济活动不安全。另一种情况,如果不能实现合同目的,履行已经失去意义,应当适用情势变更,解除合同。

(二)情势变更原则与相关制度的区别

厘清该制度与合同法其他相关制度的边界,是在司法实践中正确适用该制度不可回避的问题。

1. 情势变更与不可抗力

不可抗力是指不能预见、不能避免并不能克服的客观情况。包括自然灾害如地震、台风、洪水、海啸等;政府行为、社会异常现象如罢工。其主要特点在于:第一,不能预见性。在判断是否可以预见时,必须以一般人的预见能力及现有的科学技术水平作为能否预见的判断标准。第二,不能避免并不能克服性。这就表明,对不可抗力,即使当事人尽到最大努力仍不能避免其发生,或者不可抗力发生以后,即使当事人已经尽到最大努力也不能克服它所造成的损害后果。与情势变更的主要区别在于以下几点。

第一,要件不同。不可抗力的要件是"不能预见、不能避免并不能克服",也就是强调某种法律事实发生的客观性或不可归责性。不可抗力是事实上完全不能抗拒之情形,当事人在客观上不可能履行某种义务,即使主观上想为一定行为,客观上却不可能为一定行为。比如发生地震,当事人无能为力,即使卖方想履行送货义务,但客观上交通中断,无力为之。而情势变更的要件是"不能预见、不能避免",但"能够克服"。虽然也强调法律事实发生的客观性或不可归责性,但重点在于强调法律后果的不公平性。也就是说,当事人在客观上能够履行义务,但履行义务的后果对其显失公平。只要当事人主观上想履行义务,客观上是能够做到的。比如对于超越商业风险的物价上涨而言,虽然物价不正常上涨,但当事人仍然可以履行义务,只是如此履行对当事人一方显失公平,如诚信履约,就要倾家荡产。因此,受此不利影响的一方当事人不愿继续履行合同。

第二,法律性质不同。不可抗力为法定免责事由,其效力当然发生。一经发生效力,自然免去双方当事人合同履行责任,并对由不可抗力造成的其他相关损失也一律免责,法庭或仲裁庭对是否免责无裁量余地,学说上也因此将不可抗力引起的权利定性为形成权。情势变更不是法定免责事由,其本质是使当事人享有请求变更或解除合同的请求权,故其性质为请求权。情势变更并不当然发生效力，是否构成情势变更、是否变更或解除合同以及是否免责，需要裁判机构在个案中具体考量，并严格把握。

第三，产生的原因不同。不可抗力一般由重大自然灾害引起，表现为地震、台风、海啸、水灾等天灾。而情势变更则是由包括意外事件、物价飞涨、货币严重贬值、金融危机等导致的社会经济形势的变化和国家政策的转变等造成的。也就是说，不可抗力指的是一些非经济因素，如自然灾害、军事行动等，情势变更中的情势一般指经济情势的变化。

第四，导致的后果不同。两者虽均构成债的履行障碍，但程度和效力均有不同。不可抗力已构成履行不能，而情势变更未必达到履行不能的程度，其只是履行艰难并导致结果显失公平。不可抗力导致合同履行不能，而非经济上的履行不能。情势变更导致经济上的履行不能，属于交易基础丧失。另外，情势变更是调整合同关系的弹性司法手段，法官将结合案件情况调整各方权利义务。而在不可抗力，通常仅为解除合同和免责，法官无权调整交易各方的权利义务关系。

第五，适用的责任性质不同。不可抗力适用于侵权责任和违约责任中，情势变更仅适用于违约责任中。

2. 情势变更与商业风险

商业风险是指在商业活动过程中，交易双方应当承担的由于市场变化所带来的合理的、正常的可能损失。其通常表现为价格涨跌、汇率涨跌、市场供给变化等。而这些商业风险往往与情势变更相重合，较难区分，故对两者的界定也显得尤为必要。商业风险与情势变更的区别可以从以下方面进行区分：

从产生原因来看，情势变更除了表现于价格的非正常涨落、市场的异常变化等经济情势外，还包含了政策变化、战争、自然灾害等社会或自然情势；商业风险仅仅是从事经济活动所固有的风险。所以情势变更所涵盖的范围广于商业风险，两者是类属关系。也有学者认为导致情势变更的原因只能是客观的，而商业风险产生的原因既可以是客观的也可以是主观的。如商业风险包括了对对方当事人的信任风险，如对方当事人主观上存在过错作出失信行为，则承担违约责任。

从损失结果来看，这两者的区别在于是否对合同履行的基础环境发生根本性变化。但在经济活动中，有些经济合同即使出现了这种根本性变化，也并不都能认定为情势变更。如股票买卖、期货投资行为，价格的异常变动就是其获取利益的方式,无论发生何种情况,只能以商业风险来认定;有如办理海洋运输业务,对于这种高风险经济活动,按照惯例需要投险,若托运人没有办理相应保险就应自负损失。

从双方能否预见来看,对于情势变更来说,其发生是双方当事人无法预见的;而商业风险是双方当事人在从事经济活动中所能预见的。如股票买卖、期货投资活动,其本身就存在着较大的投资风险,当事人不仅能够预见到这种风险,更重要的是其利用这种风险来进行经济活动。当然在认定当事人是否预见时还应根据具体的情况作具体分析。因为有些情势变更的出现,当事人在订立合同时也是可以有一定预见的,如买卖合同中对标的物价格走势的预判,只是这种价格走势预判与实际发生的情势变更存在较大差距。

因此,情势变更与商业风险中的预见是质与量的区别,凡预见的内容于量的范围,则应认定为商业风险,反之则以情势变更原则来处理。当然,对于这种质与量的把握还是需要根据案情的实际情况、对合同履行造成的影响作具体分析。同时,在实务中也会出现那些应当预见而没有预见的商业风险,对于这种情况的处理应把重点放在对当时预见能力的认定,如属于应当预见的内容,则以商业风险处理。

(三)适用情势变更原则的效力

适用情势变更原则对于当事人来讲主要有以下两个效力:一是变更合同。变更合同可以使双方当事人的权利义务重新达到平衡,使合同的履行变得公正合理。变更合同包括对合同的主要条款进行变更,如合同标的数额的增减、价款的增减、履行期限的变更等。二是解除合同。当出现情势变更情形时,如果变更合同仍然不能消除显失公平的结果,可以解除合同,使合同效力归于消灭,以实现合同法所追求的公平和正义的价值目标。上述两个效力的层次是不同的,也就是说变更或解除合同一般应遵循一定的顺序。按照合同严守的原则,法律优先考虑最大限度地维持原有的合同关系,不轻易消灭一个有效的合同,以实现鼓励交易的目标。因此,如果合同有变更的可能,应该首先考虑变更合同,当变更合同不能消除显失公平的后果时,则应考虑解除合同。如果当事人坚持解除合同,也应充分尊重当事人的意志,可以直接解除合同。

1. 变更内容后继续履行

情势发生的变更,易导致继续履行合同对一方当事人显失公平,此时,变更合同并使新的合同内容在双方能够接受的情况下继续履行,应当是在合同目的并未完全落空的情形下最为妥善的解决途径。具体而言,对种类物之债的关系中,若因情势变更导致标的物丧失,可以允许给付一方以同一种类物替代而使合同得以继续履行;而对于特定物之债,则可允许当事人变更给付内容。同时,对完全履行给付责任有困难的合同,也可以通过增减标的物的数量使双方当事人的预期合同利益达到平衡。如果情势变更非持久的、不可逆转的,同时,当事人还期望继续履行合同的情况下,合同因情势变更而不能按约定期限履行时,可以通过变更履行期限,以分期或者延期履行的形式使合同效力可以继续。在双务合同中,如因情势变更,导致一方财产于订约后显著减少,为维护双方合同利益平衡,可以在他方未为对待给付或者提供担保前,拒绝先行给付义务。

2. 解除合同关系或终止履行

实践中,如果通过变更合同内容仍不足以消除显失公平,或者继续履行合同已彻底丧失意义,则可考虑解除合同或者终止合同的履行。解除合同关系的合同自始无效。对于合同解除前已履行的部分,仍然应当认定有效。在终止合同履行的情形下,则应免除合同未履行部分的义务,并且对于此项免除不应追究任何一方的违约责任。因合同解除或者中止履行给一方当事人造成的损失,受不利益一方能否请求损害赔偿?从设立情势变更原则的目的看,就是为了消除显失公平的结果,均衡合同双方的利益。所以如果一方当事人解除合同的同时造成了另一方当事人的损失,因此而使其承受的不公平后果,则有违设立原则的目的。所以应当对因解除合同而造成的损失进行适当补偿。

上述案例中,非典在2003年年初突然来袭,是原告、被告订立合同时均无法预见的,不属于通常意义上的商业风险,因为商业风险客观上是可以预见的。原被告双方对因非典所产生的损失均不具有过错。此案中如果按约履行合同,就是把非典产生的损失由被告吴邦珍一方承担,显然有悖于民法中的公平、诚信原则,所以判决适用"情势变更"原则,重新公平合理分配双方应获得的利益和风险,是符合合同法及司法解释规定的。

▶ 五、相关案例 > > >

【案例1-1】"情势变更"难解租约　十年租期"套牢"房东案[①]

早年动迁时,金老太和女儿分得同一个小区内的3楼、6楼两套房屋。2006

① 参见章伟聪、陈文:《"情势变更"难解租约 十年租期"套牢"房东》,http://news.163.com/10/0407/07/63LAO1VL000146BB.html,访问时间:2013年10月3日。

年3月，金老太将3楼的房屋出租给陆先生，双方签订了为期10年的租赁协议，月租金为1500元，每3个月结算一次。由于是毛坯房，签约后，陆先生对房屋进行了装修。2006年10月，金老太感到腰腿不适。经查为腰椎、双膝关节退行性病变。为了减轻爬楼梯的不便，金老太请女儿与陆先生协商，希望提前解除租约，搬回自己3楼的屋子居住，但陆先生没有同意。2010年1月，金老太向法院提起诉讼，认为房屋出租之后，自己身体情况发生了无法预见、无法抗拒的变化，应当适用情势变更原则，解除双方签订的租赁合同。法院认为，这起案件尚不具备适用"情势变更"原则解除合同的要件，因此，驳回了金老太关于解除合同的诉讼请求。

【案例1-2】三套房买卖纠纷　房产新政致使"遭"退房卖家败诉案①

2010年4月12日，张先生与房主宋女士签下合同，购买位于海淀区蓝靛厂翠叠园的一套房屋，房屋成交总价为555万元，张先生计划贷款200万元购买。第二天，他向宋女士支付了15万元定金。但就在张先生办理贷款过程中，2010年4月17日《国务院关于坚决遏制部分城市房价过快上涨的通知》("新国十条")发布，而于2010年4月30日出台的《北京市人民政府贯彻落实国务院关于坚决遏制部分城市房价过快上涨文件的通知》更为严厉，提高了第二套住房贷款首付款比例，并暂停发放第三套住房贷款。买房人张先生本已拥有两套住房，因新房贷政策出台，他无法向银行取得贷款，于是向法院起诉解除和卖房人宋女士之间的房屋买卖合同，并要求宋女士返还其交付的定金15万元。法院支持了张先生的诉讼请求。

六、问题与思考 > > >

1. 导致情势变更的基础事实包括法令、政策更改，通货膨胀或物价暴跌暴涨，经济形势、经济政策的巨大变化等，自然灾害如洪水、旱灾、台风、地震等，以及社会异常事件，包括战争或者武装冲突，罢工以及骚乱等，而不可抗力也包括自然灾害、政府行为、社会异常现象。同时根据合同法第94条第1项规定，因不可抗力致使不能实现合同目的，当事人可以解除合同。情势变更的法律后果也可以解除合同。那么在不可抗力与情势变更的关系上有没有重叠交叉之处？

2. 消费者在购买在建楼房时，如果在建房施工过程中，由于建材价格大幅

① 王秋实：《三套房买卖纠纷　房产新政致使"遭"退房卖家败诉》。http://esf.soufun.com/newsecond/news/3611016.htm。访问时间：2013年10月3日。

上涨,房地产公司要求购房者结清房款时,同时要求另行支付额外调价款。房地产公司不按合同约定,单方提高价款系违约行为,应承担违约责任,还是应该适用情势变更原则变更合同并免除其责任?

引例二　重庆市首例代位权纠纷案

一、案情简介[①] > > >

2003 年 6 月,黄某的朋友欧某欲做副食品生意,到典当行贷款 2.3 万元,黄某为欧某提供担保。欧某则将李某欠其 2.24 万元的借条交给黄某作反担保。后欧某生意出现亏损,无力偿还借款。2004 年 5 月,黄某将一幅古画作价 2.3 万元,替朋友清偿了债务。黄某履行担保责任后,多次向欧某追偿未果,遂找到李某要求清偿。李某对欧某交给黄某的欠条也提出异议,认为自己已偿还 2500 元,且与欧某有账目未算清,要求清算完账目后再还款。同时,由于欧某经济困难,无力通过诉讼方式追讨债务。6 月,黄某行使代位权,将李某诉至法院,要求清偿债务。法院判决:李某立即将欠欧某的债务 1.99 万元向黄某清偿。

二、思维路径 > > >

上述案例中,黄某作为保证人在欧某不能履行到期债务时,承担了保证责任,就取得了对债务人欧某的追偿权。在欧某不能清偿黄某到期债务时,黄某能否直接向欧某的债务人李某主张权利?可以主张多大的范围?如果向李某追索成功,追回的财产能否直接归属黄某?上述案例中法院判决是否正确等问题,应当依照我国合同法中有关代位权制度的规定来认定。

三、法律依据 > > >

1.《中华人民共和国合同法》第 73 条第 1 款:“因债务人怠于行使其到期债权,对债权人造成损害的,债权人可以向人民法院请求以自己的名义代位行使债务人的债权,但该债权专属于债务人自身的除外。”

---

① 案情来源:北大法意案例库. http://www.lawyee.net/Case/Case_Hot_Display.asp? RID = 178790 &KeyWord = . 访问时间:2013 年 10 月 1 日。

2.《最高人民法院关于适用〈中华人民共和国合同法〉若干问题的解释（一）》（以下简称《合同法解释（一）》）第11条："债权人依照合同法第七十三条的规定提起代位权诉讼，应当符合下列条件：

（一）债权人对债务人的债权合法；

（二）债务人怠于行使其到期债权，对债权人造成损害；

（三）债务人的债权已到期；

（四）债务人的债权不是专属于债务人自身的债权。"

《合同法解释（一）》第12条："合同法第七十三条第一款规定的专属于债务人自身的债权，是指基于扶养关系、抚养关系、赡养关系、继承关系产生的给付请求权和劳动报酬、退休金、养老金、抚恤金、安置费、人寿保险、人身伤害赔偿请求权等权利。"

《合同法解释（一）》第13条第1款："合同法第七十三条规定的'债务人怠于行使其到期债权，对债权人造成损害的'，是指债务人不履行其对债权人的到期债务，又不以诉讼方式或者仲裁方式向其债务人主张其享有的具有金钱给付内容的到期债权，致使债权人的到期债权未能实现。"

《合同法解释（一）》第14条："债权人依照合同法第七十三条的规定提起代位权诉讼的，由被告住所地人民法院管辖。"

《合同法解释（一）》第16条第1款："债权人以次债务人为被告向人民法院提起代位权诉讼，未将债务人列为第三人的，人民法院可以追加债务人为第三人。"

《合同法解释（一）》第18条："在代位权诉讼中，次债务人对债务人的抗辩，可以向债权人主张。

债务人在代位权诉讼中对债权人的债权提出异议，经审查异议成立的，人民法院应当裁定驳回债权人的起诉。"

《合同法解释（一）》第19条："在代位权诉讼中，债权人胜诉的，诉讼费由次债务人负担，从实现的债权中优先支付。"

《合同法解释（一）》第20条："债权人向次债务人提起的代位权诉讼经人民法院审理后认定代位权成立的，由次债务人向债权人履行清偿义务，债权人与债务人、债务人与次债务人之间相应的债权债务关系即予消灭。"

《合同法解释（一）》第21条："在代位权诉讼中，债权人行使代位权的请求数额超过债务人所负债务额或者超过次债务人对债务人所负债务额的，对超出部分人民法院不予支持。”

▶四、学理分析 > > >

代位权制度起源于罗马法中的代位请求权制度，债权人对于债务人不行使自己的权利而将影响债权人权利实现时，债权人得以自己的名义代替债务人行使权利。设立这一制度的目的，是通过有条件的舍弃保护债务人对债权的自由处分权，对债务人消极不主张的自由进行有条件的干预，保护债权人利益，从而稳定整个社会的商品流通秩序与交易安全。受此影响，随后的大陆法系各国在制定民法的时候均相继规定了这一制度，代位权正是法律为平衡债权人与债务人的利益、债务人的意思自治与交易安全而设立的制度。因此债权人代位权制度的建立，具有十分积极的意义。

首先，债权人代位权制度的建立，有利于债权立法的完善。为了保证债权的实现，可以采取保证、抵押、留置、定金等几种担保形式，民法理论上称之为债的特殊担保，但是，并非所有的债权债务关系都能得到特殊担保的保障，每种特殊担保形式的成立都有其自身的障碍，如保证的设定要取决于保证人的意思；留置则只能限于法律明文规定的特定的债务，其适用范围极为狭小。正因为如此，很多时候，债权人只能由法院强制执行来保障债权实现。但强制执行程序也只能以债务人不履行后的现有财产为对象，对因债务人的原因造成其财产应增加而未增加或不应减少而不当减少，危及债权人债权的情形，强制执行程序却无能为力。而债权人代位权制度的建立，恰恰可以弥补上述两种保障方式的不足，对债权不能获得清偿可起到预防和补救作用，有利于建立系统的债的保障制度。

其次，债权人代位权制度的建立，有利于保全债务人的财产。现代社会经济生活越来越复杂，在交易过程中，交易者在交易关系成立时拥有或将来能够拥有与交易规模相当的财产，对债权人债权的实现意义极大。债务人是以其全部财产作为履行债务的担保的，债务人财产的增减直接影响债权人债权的实现。如果债的关系成立后，债务人有权利可行使而不行使，致其财产应增加而不能增加，就可能使债权人的债权难以得到清偿。赋予债权人代位权，在债务人不行使本应行使的权利而给债权人利益带来不利影响时，债权人代替债务人行使权利，既未对债务人有何影响，也未给第三人增加任何负担，却能对债权的实现起到很好的保障作用。

最后,债权人代位权制度的建立,有利于及时解决债务纠纷,保障社会经济秩序的正常运转。实践中,不少债务人在负债后,不是努力准备清偿债务,而是为了逃避债务而隐匿财产,或者故意不主张自己的债权,甚至放弃自己的债权。债权人代位权制度的建立,使债权人可根据具体情况,选择更有利于其债权实现的方法,填补了我国在债权人代位权制度上的空白。

(一)代位权的概念和特征

我国合同法第 73 条第 1 款规定:"因债务人怠于行使其到期债权,对债权人造成损害的,债权人可以向人民法院请求以自己的名义代位行使债务人的债权,但该债权专属于债务人自身的除外。"所谓债权人的代位权是指债务人对第三人享有到期债权而消极地不行使,对债权人的到期债权不能清偿,对债权人造成损害的,债权人以自己的名义向第三人代位行使债务人的到期债权的权利。

债权人代位权是债的担保体系的重要组成部分,是债的保全措施之一,根据合同法第 73 条的规定,可以看出,代位权具有如下特征:

第一,代位权针对的是债务人的怠于行使其债权的消极行为。代位权的行使目的是为了保持债务人的财产,即旨在对责任财产采取法律措施予以保持。它是债权人代替债务人向第三人(次债务人)行使的权利,体现了债权的对外效力,是合同的相对性的例外。按照合同相对性,在债权人和债务人之间存在合同关系,债务人和第三人之间存在合同关系,债权人和第三人之间没有合同关系,债权人不能向第三人主张合同上的权利。但是为了解决现实生活中三角债问题,保护债权人的债权,当债务人的消极行为损害了债权人债权的实现时,债权人根据法律的规定可以向没有合同关系的第三人主张权利,第三人不能根据合同的相对性提出抗辩。

第二,它是法定的权利,而不是义务。债权人和债务人即使在合同中没有约定代位权,债权人基于合同法的规定也可以直接行使,无须双方特别约定或征得债务人的同意。同时,代位权是一种权利而不是义务。债权人可以行使代位权,也可以不行使代位权。债权人和债务人如特别约定债权人不得行使代位权,如果该约定没有违反法律、行政法规的强制性规定,没有违反社会公共利益,这个约定是有效的。因为代位权是债权人享有的一项权利,权利是行为人为了实现自己的某种利益可以作出某种行为或不作出某种行为的可能性,权利是可以放弃的。合同法第 73 条的规定是任意性规范,合同当事人的约定优先于任意性规范,并可以排除任意性的规定。如果债权人不行使代位权,他仍然可以向债务人提出请求,而不能认为债权人没有行使代位权就具有过错。

第三,代位权是债权人向人民法院以自己的名义代位行使债务人的权利。代位权是债权人享有的一项权利,当债务人的消极行为侵害了债权人的债权,法律为了保护债权人的债权能得以实现而赋予债权人的一项法定权利,是由债权人向次债务人而不是债务人提出请求,它不同于债权人向债务人以及债务人向次债务人提出的请求。在代位权的诉讼中,债权人不是债务人的代理人,其行使代位权是以自己的名义向第三人主张权利,而不是以债务人的名义行使。代位权是债权人请求第三人向债务人履行债务,而不是请求第三人向自己履行债务。因为毕竟债权人和次债务人之间不存在合同关系,次债务人也没有义务向债权人履行债务。当然,债权人行使代位权后,由于次债务人向债务人作出履行,债权人的债权最终能得以实现。

第四,代位权的行使是债权人向人民法院提出请求。代位权的行使必须在法院提起诉讼,请求法院允许债权人行使代位权。我国合同法第 73 条严格要求债权人行使代位权必须在法院提起诉讼,而不能通过诉讼外的请求方式行使。这一规定,有利于防止当事人以保全债权之名,采用不正当的手段抢夺债务人的财产,影响社会生活的安定。同时,虽然代位权必须通过向法院请求、以诉讼方式行使,但也应当看到,代位权实际上并不是一种诉权,也不是程序上的权利。因为一方面,代位权是由实体法规定的由债权人享有的一种债权的权能,它依附于债权人的债权,并与债权不可分割,债权人通过行使代位权可以有效消除因债务人怠于行使其债权而给债权人造成的损害。另一方面,由于代位权是为了保全债权而代替债务人行使权利,并不是扣押债务人的财产或就收取的债务人的财产而优先受偿,因而它不是诉讼上的权利,而是一种实体权利。

（二）代位权行使的构成要件

债务人不积极主张属于自己的权利,固然对债权人不利,然而,债权人滥用代位权也会损害债务人和第三人的利益。根据合同法第 73 条和《合同法解释（一）》第 11 条的规定,代位权的行使应当符合以下条件。

第一,债权人与债务人之间存在合法债权。这是行使代位权的前提条件。代位权是从属于债权而存在的,债权的产生是否合法,决定了债权人的债权能否得到法律的保护。非法之债,如赌博之债,表面上也是以债的形式存在的,但当这些债的关系中的债务人出现怠于行使自己到期合法债权，非法之债的债权人当然不得向法院请求行使代位权。即使提出请求，法院也会依法驳回，因为非法之债的债权人与债务人之间的债权债务关系不受法律保护，代位权即无代行的基础，代位权即不存在。如在相关案例2-1“债权债务不明确　代位诉讼难获支持案”中，由于债权人天佑公司不能举证其对长铁公司、长铁公司对承铁公司享有合法有效到期债权，因此，法院最终没有认定天佑公司具备法定的行使债权人代位权的条件，驳回了天佑公司的诉讼请求。

第二，债务人对次债务人享有非专属于债务人自身的到期债权。债权人代位行使的必须是非专属于债务人自身的合法的到期债权，如果债务人对第三人享有的债权是基于与债务人人身密不可分的专有权利，不可转让的权利，债权人不得行使。根据《合同法司法解释（一）》第12条规定，专属于债务人自身的债权的范围，基于扶养关系、抚养关系、赡养关系、继承关系产生的给付请求权和劳动报酬、退休金、养老金、抚恤金、安置费、人寿保险、人身伤害赔偿请求权等权利。对于此类专属于债务人自身的债权，法律作如此规定的目的是保障债务人的自主选择权，即是否行使以及如何行使该请求权由债务人自己决定。但在特殊情况下应当允许债权人就债务人的该种债权向次债务人主张。比如，在相关案例2-2“杭州市萧山区第二人民医院诉天安保险股份有限公司绍兴县支公司、徐利光代位权案”中，受害人无名氏已经死亡，客观上无法向被告徐利光主张赔偿损害请求权，医院又无法查明无名氏真实身份，也不能查实其相关人员，如若受困于法律救济途径的缺乏，医院不能直接向交通事故肇事责任方行使追偿权，形成的必然结果是医院垫付的医疗费用不能追回，而肇事的责任方及其投保的保险公司却不用承担赔偿责任，这种结果显然不符合公平原则，不利于救死扶伤人道主义精神的弘扬。在保护债务人意思自治与保护社会公平交易秩序存在价值冲突时，在法律价值的取舍上，应以后者为重。因此，债务人权利的性质不应影响对社会公平价值追求的保护，医院应当有权依代位权起诉被告徐利光。

第三，债务人的债权必须已到履行期。债权人代位行使的债务人之债权，除应为合法债权外，还必须是债务人的已到期的债权。债务人的债权未到期，则次债务人尚无履行债务的义务，债权人如以保全债权为由，预先行使代位权，必遭次债务人以未到履行期为由进行抗辩，法院也不会支持债权人的代位请求，这会给债权人和债务人带来不必要的经济损失，也不利于市场经济秩序的稳定,也是商业活动规则所不许的。如果债务人在其债权到期前,以明示的方式放弃即将到期的债权,那么债权人也不得预先行使代位权,而应当由债权人行使撤销权。

第四,债务人怠于行使其到期债权,对债权人造成损害。债务人消极不行使到期债权,又无力清偿债权人的到期债权,这是债权人行使代位权的实质要件。根据《合同法司法解释(一)》第13条规定,债务人怠于行使其到期债权,对债权人造成损害的是指债务人不履行其对债权人的到期债务,又不以诉讼方式或者仲裁方式向其债务人主张其享有的具有金钱给付内容的到期债权,致使债权人的到期债权未能实现。根据该条规定,应该明确:首先债务人只有以诉讼或仲裁的方式向次债务人主张权利,才不构成怠于行使。否则,即使债务人向次债务人多次索要,要求有关组织进行调解,向有关部门进行投诉,没有用仲裁或诉讼的方式主张到期债权,均视为怠于行使。其目的就是为了防止债务人和第三人恶意串通,损害债权人的债权。债务人的债权履行期届满,是指债务人和第三人有明确约定的,在约定期限到来即为履行期届满;如债务人和第三人对履行期未约定或约定不明,可以根据合同法第62条第4项的规定,以债权人第一次向债务人提出履行请求中所确定的履行期限为届满的期限,自此时开始视为债务人的债权已到期,债权人可以行使代位权。

"对债权人造成了损害",是指在债务人怠于行使对次债务人的到期债权,使债务人的履行债务能力降低,责任财产减少,造成自己无力清偿对债权人的债务,债权人的权利已受严重的、现实的损害。也就是说,债务人在怠于行使自己的债权与不能清偿自己的债务之间具有一定的因果关系。因为一方面,债务人怠于行使其权利使其不能及时清偿债务,或者在履行迟延的情况下,不具有足够的资产清偿债务,已经在客观上给债权人造成了损害。另一方面,债务人怠于行使对次债务人的权利,造成自己无力清偿对债权人的债务,本身表明债务人是具有过错的,或者主观上不愿意清偿对债权人的债务,或者具有损害债权人的债权的故意或过失。如果债务人虽怠于行使到期债权,使其财产减少,履行债务能力相对减低,但尚有足够的财产来清偿债务,债权人的债权事实上未受到损害时,债权人应不得行使代位权。但在这种情况下,债务人必须立即清偿到期债务,或向债权人提供足额的财产担保,否则可视为怠于行使其到期债权的行为已害及债权人的债权,债权人可行使代位权。

第五,债务人必须是履行债务迟延。债务未届履行期,债务人履行清偿义务尚未发生。债务人在清偿债务期间届满前，是否会迟延履行义务，尚不明确，债权人如此时行使代位权，实属违约。只在债权已届清偿期而债务人仍未履行清偿义务，即债务人履行债务迟延的情况下，债权人方能行使代位权。但对虽未届清偿期的债权，债权人有足够的证据证明债务人怠于行使其到期债权的行为，已使债务人财产减少至不足以履行未到期的债务，且债务人在履行期届至及以后期间不可能有足够财产来源用来清偿债务，如债务人财产状况严重恶化、债务人已停产或歇业、即将申请破产等，必将迟延履行债务时，债权人为保全债权，在履行期未届至前，应可行使代位权。比如，债务人的债权即将因时效届满而使债务人难以主张权利，在此情况下，债权人为了中断诉讼时效，不需要等到债务人履行迟延就可以行使代位权。

（三）代位权的行使

1. 代位权行使的主体

代位权作为债权的一项从权利，其行使的主体应当为债权人，但并非全体债权人。可以行使代位权的债权人应当是无财产担保或无足额财产担保的且清偿期已届满的债权人。无财产担保的债权人的债权，在清偿期已届满后，当债务人怠于行使自己到期的债权时，其债权的实现受到了现实的危险，债权人可以行使代位权。清偿期未届满的无财产担保的债权人，尚不知债务人能否按期履行义务，故此类债权人行使代位权的条件尚未具备，一般不得行使代位权，但债权人有确切证据证明债务人财产状况恶化，怠于行使自己的债权必然使其难以履行到期债务的情形除外。有足额财产担保的债权人，即使债务人怠于行使自己到期债权，也无能否顺利实现债权之忧，故无须行使代位权。对于无足额财产担保的债权人，虽部分债权有履行的保障，但尚有部分债权的实现处于无财产担保的状况中，故此类债权人在将债务人用以担保的财产通过变卖或拍卖，取得相应价款清偿债务后，担保财产不够清偿部分的债权，作为到期未清偿的处于受损害中的债权，债权人可以行使代位权。

由于债权人提起代位权诉讼，是债权人以自己的名义向次债务人行使权利，而不是直接向债务人行使权利，因此，不应将债务人和次债务人作为共同被告。所以根据《合同法解释（一）》第16条，债权人应以次债务人为被告向法院提起代位权诉讼，如果未将债务人列为第三人的，人民法院可以追加债务人为第三人，这样更有利于法院查明事实，明辨是非，作出正确裁判，也有利于保护债务人合法权益。在两个或两个以上债权人以同一次债务人为被告提起代位权诉讼的,法院可以合并审理。

2. 代位权的客体

代位权的客体,指的是代位权指向的对象,它应是债务人的到期的债权。债务人到期的债权应是债务人已到期的财产权利,而不包括未到期的债权和专属于债务人自身行使的,与债务人人身关系有关的继承权、赡养权等权利。债权人代位行使债务人的到期财产权利有基于财产而产生的财产请求权,包括债权请求权和物上请求权;以财产利益为目的的债务人形成权,包括抵消权、解除权、撤销权、买回权以及清偿受领权等。债务人未到期的债权,由于债务人对此财产权益尚未到受领清偿期,债务人尚不具备"怠于行使债权"的代位行使的构成要件,债权人当然不能对此提前行使代位权,故不能作为代位权的客体。

至于专属于债务人自身行使的债权,一般都是与债务人的人身关系紧密相连的具有一定经济内容的权利,除债务人以外,债务人的债务人不能对其他人履行义务,当债务人怠于行使这些权利时,债权人无法对债务人的这些权利行使代位权,故也不能作为代位权的客体。

3. 代位权的行使途径

关于债权人行使代位权的途径,合同法第 73 条对债权人向次债务人行使代位权的规定是:"因债务人怠于行使其到期债权,对债权人造成损害的,债权人可以向人民法院请求以自己的名义代位行使债务人的债权,但该债权专属于债务人自身的除外。"这意味着,如果债务人对次债务人怠于行使其到期债权,对债权人造成损害,法律保护债权人为保全自己的债权而以自己的名义代位行使债务人的债权。如果债权人对次债务人行使代位权,应通过法院诉讼以维权。因为,只有通过诉讼途径,才能依法确认债权人是否具备代位权行使条件,从而裁决债权人能否对次债务人行使代位权,才能确保次债务人对债权人行使抗辩权,才能防止债权人滥用代位权,损害债务人的权益。

4. 代位权的行使范围及费用负担

根据《合同法》第 73 条规定,代位权的行使范围以债权人的债权为限。可以从以下两方面理解该条规定:第一,某一债权人行使代位权,只能以自身债权为限,而不能以未行使代位权的全体债权人的债权为保全的范围。也就是说,债权人代位的范围只能及于行使代位权的债权人的债权范围。即使该债权人知道债务人的其他债权人,甚至知道债权的内容和数额。但由于债权人是以自己的名义和为了自身利益提起诉讼，所以他只能以自己的债权额为限起诉。更何况行使代位权的债权人并没有获得其他债权人的授权，其以其他债权人的债权为基础行使代位权是毫无法律依据的。另外，该债权人可能不知道债务人的其他债权人，更不可能知道债权数额，在此情况下，该债权人不可能为其他债权人的利益提起代位权诉讼。因此允许债权人代位权的范围扩大到全体债权人的债权，事实上是做不到的，同时也会导致债权人不当干涉债务人的行为。第二，债权人行使代位权的债权数额应与其债权数额大致相等。因为实践上，即使两个债权是确定的，但是债权人代位行使债务人的债权也不一定恰好符合其债权数额。原则上，债权人行使代位权不应当超出其对债务人享有的债权数额。如果其代位请求的数额高于其对债务人的数额，在合理范围内应当允许。因为在债权人提起代位权诉讼之后，法院首先审查代位权条件是否具备。一旦符合代位权条件，即使债权人代位请求的数额高于其对债权人享有的债权数额，法官也可以只要求次债务人向债权人作出部分清偿，另一部分可直接向债务人清偿。如果债务人享有多项债权，债务人代位行使其中一项便可以使其债权得到清偿，债权人就只能针对一项债权行使代位权。

关于债权人行使代位权的必要费用承担问题，如诉讼费、保全费等，按照通常的理解，诉讼费用由有过错的一方负担，但是在代位权诉讼中，次债务人往往认为，有过错的不仅仅是自己，债务人也有过错，而且他是主债务人，而自己只是次债务人，凭什么只让次债务人一方承担诉讼费用呢？根据代位权诉讼的这个特点，《合同法解释（一）》第 19 条明确规定：在代位权诉讼中，债权人胜诉的，诉讼费由次债务人承担，从实现的债权中优先支付。需注意的问题是，合同法第 73 条规定：债权人行使代位权的必要费用，由债务人负担。而司法解释中却明确规定应该由次债务人负担，似乎有矛盾之处。其实不然。在代位权诉讼当中，债权人胜诉了，败诉的一方肯定是次债务人。将诉讼费等必要费用从实现的债权中优先支付是必要的，但最终是由债务人承担的。因为代位权行使的原因是债务人怠于行使其到期债权，次债务人不能向债务人及时清偿以及债务人不及时清偿对债权人的债务，主要过错在于债务人而不是次债务人。因此最终将诉讼费确定是由债务人承担的。

5. 代位权行使的效力

债权人通过诉讼途径行使代位权，其效力及于债权人、债务人和次债务人。

首先，对债权人的效力。代位权行使主体是债权人，只要符合行使代位权的条件，债务人的各债权人均可行使代位权。如果一个债权人就某项债权行使代位权，其他债权人也就该项债权行使代位权，法院应当将多个代位诉讼合并审理。在债权人行使代位权时，法院需要确定是否已有人对债务人提起诉讼并胜诉。如果有已经获得胜诉而未获清偿的债权人，法院应当将代位诉讼中获得的财产在胜诉的债权人与代位权人之间平均分配。如果此时不存在胜诉而未获清偿的债权人，则行使代位权的债权人可以获得通过代位权取得的财产。超过债权人的数额部分，应当交给债务人，作为债务人的一般责任财产。

对于债权人行使代位权后，因行使代位权取得的财产应当如何分配，理论上存在三种观点。一是"入库原则说"。该说认为因代位权行使而取得的财产应归于债务人，应先加入到债务人的责任财产，然后再依清偿规则清偿债权人。二是"债权人平均分配说"。该说认为因代位权行使而获得的财产应当在债务人的债权人之间平均分配。次债务人清偿的财产应当先由法院保管。法院通知债务人的债权人申报债权，在确定所有的债权人之后，按债权比例分配。三是"代位权人优先受偿说"。认为如果因代位权行使而获得的财产在债务人的债权人之间平均分配，允许全体债权人免费搭车，对代位权人不公平。也将代位权制度对债权人的激励因素丧失殆尽。因此我国《合同法解释（一）》采纳了"代位权人优先受偿说"。《合同法解释（一）》第20条规定，债权人向次债务人提起的代位权诉讼经人民法院审理后认定代位权成立的，由次债务人向债权人履行清偿义务，债权人与债务人、债务人与次债务人之间相应的债权债务关系即予消灭。当然，如果有已经获得胜诉而未获清偿的债权人，法院应当考虑将代位诉讼中获得的财产在胜诉的债权人与代位权人之间平均分配，这样才更体现公平。

代位权对债务人的效力。债权人通过诉讼途径代债务人对次债务人行使权利，不论债务人有否参加诉讼，其效力都及于债务人。一旦法院裁判允许债权人行使代位权，则债务人不能就其被代位行使的权利进行处分，也不得妨碍债权人行使代位权。

代位权对次债务人的效力。债权人一旦行使代位权，就将发生债权人和次债务人之间的代位诉讼关系。次债务人作为被告参与诉讼，不得以其与债权人之间无合同关系为由，拒绝参加诉讼。次债务人享有对债务人行使抗辩的一切抗辩权，如违约赔偿抗辩权，同时履行抗辩权等，但次债务人不得以与行使代位权的债权人无合同关系或无债权债务关系为由进行抗辩，拒不履行义务。

上述案例中，黄某作为保证人在欧某不能履行到期债务时，承担了保证责任2.3万元后，就取得了对债务人欧某的追偿权，即黄某成为欧某的债权人，债权额为2.3万元，而且该债权已经到期。同时，李某尚欠欧某债务未还。但欧某由于经济困难，不能清偿该笔债务，也无力通过诉讼方式追讨债务人李某尚欠自己的到期债务。这样，在黄某、欧某、李某之间实际形成了三角债问题。因为黄某对欧某的债权、欧某对李某的债权均已届清偿期，而且均为合法债权，欧某的债权也并非专属于其本身的债权。债务人欧某怠于行使自己对次债务人李某的债权，客观上已经给黄某债权实现造成了损害，所以符合代位权行使的构成要件。虽然在黄某找到李某要求清偿时，李某认为自己已偿还2500元，且与欧某有账目未算清，但由于李某并未举证证明自己已经完全清偿欧某的债权，所以黄某仍然可以行使代位权。同时，在黄某作为原告直接起诉次债务人李某时，法院可以追加欧某为第三人参加诉讼。本案中，虽然黄某手中持有的李某欠条数额为2.24万元，但由于次债务人李某能够证明已偿还欧某2500元，黄某只能就李某尚欠欧某的1.99万元受偿。其余债务只能要求欧某偿还。

五、相关案例 > > >

【案例2-1】债权债务不明确　代位诉讼难获支持案[1]

2007年8月，天佑公司从山西大同购买煤炭3000余吨运至承德。同月，天佑公司与长铁公司就该煤炭达成口头买卖协议，交付了货物，并向长铁公司开具了增值税发票，但是长铁公司未支付货款。后长铁公司又将煤炭通过口头协议的方式卖给承铁公司，并向承铁公司开具了增值税发票，承铁公司也未向长铁公司支付货款。天佑公司认为，在其与长铁公司达成口头买卖合同后，已依约履行了交付货物和开具增值税发票的义务，而长铁公司未支付货款，已构成违约。而且长铁公司在将煤炭卖给承铁公司后，怠于行使其对承铁公司的到期债权，对天佑公司造成了损害。天佑公司在多次索要货款无果的情况下，将次债务人承铁公司诉至法院。由于天佑公司提交的证据不足以证明已经履行了交付标的物的义务，同时也无法证明天佑公司对长铁公司、长铁公司对承铁公司享有合法有效到期债权，因此，天佑公司不具备法定的行使债权人代位权的条件，法院据此判决驳回了天佑公司的诉讼请求。

① 参见刘林林：《债权债务因不明确　代位诉讼难获支持》，中国法院网，http://www.chinacourt.org/article/detail/2013/04/id/949274.shtml，2013-04-19。

【案例2-2】杭州市萧山区第二人民医院诉天安保险股份有限公司绍兴县支公司、徐利光代位权案①

2006年1月17日，被告徐利光驾驶浙D14525小型拖拉机与一中青年无名氏男子驾驶浙D01841二轮摩托车在杭州市萧山区某村发生交通事故。经杭州市公安局某交警大队事故认定，徐利光与无名氏负事故同等责任。无名氏伤后，即被送至原告杭州市萧山区第二人民医院处，因抢救无效，无名氏于2006年4月22日死亡。无名氏在医院共花去医疗费78677.48元。无名氏住院期间，被告徐利光预缴医疗费20000元。因无名氏真实身份及浙D01841二轮摩托车登记车主周祥球无法查明，故医院起诉徐利光及其投保50000元第三者综合责任险的天安保险绍兴县支公司。法院判决天安保险绍兴县支公司支付医院医疗费50000元；被告徐利光支付剩余款项。

▶六、问题与思考 > > >

1. 债权人代位权行使的要件之一，是债务人必须怠于履行债务给债权人造成了损害。那么债权人行使代位权，其主张的范围除了合同中的到期债权，是否还应包括合同违约之后产生的违约责任呢？

2. 债权人行使代位权，一般要求两个债权均已到期，即债权人所享有的债权和债务人所享有的债权均已到期，缺一不可。债权人在一般情况下是不能提前主张债权的，否则可能损害债务人的期限利益。但《合同法解释(一)》第11条没有把债权人的债权必须到期作为提起代位权诉讼的必要条件。这样规定是否合理呢？

引例三　金跃利诉洛阳市宁国求实耐磨有限公司买卖合同纠纷案

▶一、案情简介② > > >

2009年3月12日、3月24日、3月27日，原告金跃利分三次向被告洛阳市

① 参见国家法官学院、中国人民大学法学院编：《中国审判案例要览·2010年民事审判案例卷》，中国人民大学出版社、人民法院出版社2011年12月第1版，第172—178页。

② 中外民商裁判网，http://www.zwmscp.com/a/gedipanli/gedipanli/2013/0711/12962.html。

宁国求实耐磨有限公司(简称宁国公司)送售废铁6.05吨、41.56吨、39.9吨,按照双方约定价格为每吨2650元。双方约定2009年3月24日的货款,一个月内支付;3月27日的货款当月付清,逾期均按月息2分计息;3月12日的货款未约定付款期限及利息,以上货款总计231901.5元。被告宁国公司于2009年4月2日付给原告金跃利5万元货款,对于剩余货款,因原告金跃利没有向被告宁国公司提供货物销售发票,被告宁国公司拒绝支付货款,双方遂引起诉争。

河南省嵩县人民法院经审理认为,原告金跃利向被告宁国公司送废铁,被告公司工作人员给原告出具加盖被告财务专用章的收条,双方形成事实上的货物买卖合同关系。作为买受人,被告宁国公司有义务在规定期限内支付货款,故原告要求被告清偿货款的诉讼请求,应予支持,对被告已付货款应从总货款中扣除,按照应付货款的时间顺序,先扣除2009年3月12日货款16032.5元,剩余33967.5元应从2009年3月24日货款110134元中扣除。原告要求计算利息,双方约定2009年3月24日、2009年3月27日货款利息为月息2分,虽然高于同期银行贷款利率,但并不违反不超过同期银行贷款利率4倍的规定,应予支持;对于2009年3月12日的货款利息,因双方并未约定,则不予支持。

对被告辩称原告没有履行出具发票义务,主张行使先履行抗辩权而拒绝支付剩余货款之抗辩。本院认为,先履行抗辩权中当事人的互负债务,要求双方债务具有对价关系。买卖合同中形成对价关系的债务是出卖人的货物供给义务和买受人的支付货款义务,出卖人向买受人开具销售发票是附随义务。在出卖人已经履行了向买受人提供货物的主要义务以后,买受人不能以出卖人单纯违反出具发票这一附随义务为由主张行使先履行抗辩权而拒绝支付货款。在一般交易习惯中,销售发票是买受方付款后由出卖方根据所付款项的具体数额予以开具,本案被告作为买受方要求行使先履行抗辩权违背一般交易习惯和诚实信用原则,故被告的辩称意见不予采纳。据此判决:(1)被告宁国公司除已付原告金跃利货款5万元外,于判决书生效后10日内给付所欠原告金跃利货款181901.5元。(2)被告宁国公司于判决书生效后10日内给付原告金跃利货款76166.5元的利息(自2009年4月25日至判决限令履行期限届满之日,按月息2分计算);给付原告金跃利货款105735元的利息(自2009年4月1日至判决限令履行期限届满之日,按月息2分计算)。(3)驳回原告其他诉讼请求。

宣判后,被告宁国公司不服一审判决,提起上诉。

河南省洛阳市中级人民法院经审理,判决:驳回上诉,维持原判。

▶二、思维路径 > > >

上述案例中，宁国公司拒绝支付剩余货款，其理由是金跃利虽然支付货物，但没有向宁国公司提供货物销售发票，宁国公司认为其享有拒绝付款的先履行抗辩权。合同抗辩权的享有和行使需要符合法律规定。金跃利要求宁国公司支付货款，法院是否支持其请求，关键是看提供发票是否构成行使先履行抗辩权的先决条件。

▶三、法律依据 > > >

1.《中华人民共和国合同法》第 67 条："当事人互负债务，有先后履行顺序，先履行一方未履行的，后履行一方有权拒绝其履行要求。先履行一方履行债务不符合约定的，后履行一方有权拒绝其相应的履行要求。"

《中华人民共和国合同法》第 68 条："应当先履行债务的当事人，有确切证据证明对方有下列情形之一的，可以中止履行：

（一）经营状况严重恶化；

（二）转移财产、抽逃资金，以逃避债务；

（三）丧失商业信誉；

（四）有丧失或者可能丧失履行债务能力的其他情形。

当事人没有确切证据中止履行的，应当承担违约责任。"

《中华人民共和国合同法》第 69 条："当事人依照本法第六十八条的规定中止履行的，应当及时通知对方。对方提供适当担保时，应当恢复履行。中止履行后，对方在合理期限内未恢复履行能力并且未提供适当担保的，中止履行的一方可以解除合同。"

《中华人民共和国合同法》第 130 条："买卖合同是出卖人转移标的物的所有权于买受人，买受人支付价款的合同。"

《中华人民共和国合同法》第 135 条："出卖人应当履行向买受人交付标的物或者交付提取标的物的单证，并转移标的物所有权的义务。"

《中华人民共和国合同法》第 136 条："出卖人应当按照约定或者交易习惯向买受人交付提取标的物单证以外的有关单证和资料。"

2.《中华人民共和国发票管理办法》第 20 条："所有单位和从事生产、经营活动的个人在购买商品、接受服务以及从事其他经营活动支付款项，应当向收款方取得发票。取得发票时，不得要求变更品名和金额。”

▶四、学理分析 > > >

双务合同履行的抗辩权是指，在符合一定的法定条件下，一方当事人对抗另一方当事人的履行请求权，暂时拒绝履行其债务的权利。其行使是在一定期限内抗辩权人中止履行债务，但并不消灭债的履行。当产生抗辩权的理由消失后，债务人仍然应当履行债务。因此，双务合同履行中的抗辩权属于一时抗辩权或延缓抗辩权。其目的是为了保护抗辩权人的利益，为其提供一种可以提前预防损害发生的手段。首先，与违约责任相比较，抗辩权具有及时性和防患于未然的优势，避免自己先有损失再去寻求救济的被动。其次，抗辩权人是暂时停止履行义务，当产生抗辩权的原因消失后，对方继续履行，因此免去因自己履行后得不到对方履行的风险。最后，督促对方及时履行或提供担保，尽可能实现合同的目的。在合同履行中，根据不同的情形，当事人享有相应的抗辩权对抗对方的主张。双务合同分为双方当事人有先后履行顺序和无先后履行顺序两种情况。如果有先后履行顺序，先履行的一方享有不安抗辩权，后履行的一方享有先履行抗辩权。如果无先后履行顺序，双方当事人都享有同时履行抗辩权。因此，双务合同履行的抗辩权包括同时履行抗辩权、先履行抗辩权和不安抗辩权。

（一）先履行抗辩权构成要件

先履行抗辩权是指依照合同约定或法律规定，负有先履行义务的一方当事人，未履行义务或履行义务不符合约定条件时，另一方当事人中止履行合同的权利。其构成要件包括以下几点。

1. 同一双务合同互负债务。首先，双方当事人的债务由同一个合同而产生，也就是说，双方当事人根据同一合同互负债务。否则，即使在事实上双方当事人关系再密切，也不可能主张先履行抗辩权。其次，双方存在对待给付，也就是说，一方履行与他方对待履行互为条件。这就要求双方债务具有对价关系。这种合同对价关系，是指合同双方当事人的互负对待给付义务之间具有功能上的牵连关系，即双务合同的当事人一方不履行义务，对方原则上也不履行，换句话说，一方所负给付与对方当事人所负对待给付为前提，只有这样，双方当事人才能维持利益的平衡。典型的双务合同如买卖合同中，这种对价关系表现在，买方承担支付价款的义务，而卖方承担交付货物并转移货物所有权的义务，双方的债务具有对价的关系，且在功能上具有牵连关系，既符合“你与则我与，你不与则我亦不与”。

本案中，金跃利支付销售发票与宁国公司支付货款不具有对价性。主要有以下两个原因：

第一，从合同本身看，提供支票与支付货款不具有对价性。本案是一个典型的买卖合同，金跃利有获得价款的权利，而宁国公司有支付价款的义务；反之，宁国公司有取得货物的权利，而金跃利有交付货物并转移货物所有权的义务。与宁国公司支付货款具有对价性的应当是金跃利交付货物，而不是提供货物销售发票。所谓发票是指在购销商品、提供或者接受服务以及从事其他经营活动中，开具、收取的收付款凭证。因此，提供支票与支付货款不具有对价性。

第二，从义务性质看，附随义务与主给付义务不具有对价性。合同义务包括给付义务和附随义务。其中，给付义务分为主给付义务和从给付义务。所谓主给付义务是指在合同法律关系中，固有的、必备的，能够决定合同类型的基本义务。根据合同法第130条的规定，买卖合同是出卖人转移标的物的所有权于买受人，买受人支付价款的合同。本案中宁国公司支付货款义务和金跃利交付货物的义务就属于主给付义务。所谓从给付义务是指，具有补助主给付义务功能的义务。其目的不在于决定合同的类型，而是为了使债权人的利益获得最大限度地满足。如承揽合同中未经定做人许可不得留存复印件或技术资料的义务，汽车出卖人交付必要文件等义务都属于从给付义务。附随义务是指，以诚实信用为依据，随着合同关系的发展逐渐产生的相关义务。如在买卖合同中，货物交付前的妥善保管义务；技术开发合同中，技术人员对技术的保密义务，等等。对于提供发票义务的性质，目前主要存在两种观点，一种观点认为它是从给付义务，一种观点认为是附随义务。本案法院认为，提供发票的义务属于附随义务，是基于一般交易习惯和诚实信用原则产生的。一般来说，只有合同双方当事人的主给付义务间存在对价关系，一方的主给付义务与另一方的附随义务或从给付义务之间不具有对价关系。当然，如果合同双方当事人在合同中约定，提供发票作为一项具体的义务，如果当事人没有履行，可以请求对方履行。但不应认定为与对方支付货款具有对价性的义务。除非合同明确约定提供发票是主给付义务。

2. 两个债务须有先后履行顺序。其顺序的确定，既可以依法律规定，也可以由当事人约定。假如既没有法律规定，也没有合同约定的，双务合同的履行顺序依交易习惯确定。本案所涉及的合同属于有先后履行顺序的买卖合同。因为2009年3月12日、3月24日、3月27日,原告金跃利分三次向被告宁国公司送售废铁6.05吨、41.56吨、39.9吨,双方约定2009年3月24日的货款,一个月内支付;3月27日的货款当月付清;3月12日的货款未约定付款期限及利息。可见,金跃利依约应当先交付货物,宁国公司再支付货款,存在先后履行顺序。其中,先履行抗辩权的行使主体,是负有后履行义务的当事人一方,负有先履行义务的一方不享有。

但是,先履行一方却享有不安抗辩权,即当事人互负债务,有先后履行顺序的,先履行的一方有确切证据表明另一方丧失履行债务能力时,在对方没有恢复履行能力或者没有提供担保之前,先履行一方当事人有权中止合同履行的权利。一般包括以下几个要件:第一,同一双务合同互负债务。相关案例1中,原被告双方签订的买卖煤炭的合同中,被告负有分期给付原告煤炭的义务,原告负有支付货款的义务,具有对价性。因此符合同一双务合同互负债务的要件。第二,存在先后履行顺序。如果说先履行抗辩权是在保护后履行人的权利,那么不安抗辩权是在保护先履行人的权利。在相关案例3-1中,合同约定由原告在被告提供煤炭到验收合格后30天内付款,显然,被告是先履行一方,原告是后履行一方。第三,先履行一方有确切证据证明后履行一方有丧失或可能丧失履行债务的能力。我国合同法的不安抗辩权采取了英美法系预期违约制度权利发生的多原因主义,因此,合同法第68条规定,应当先履行债务的当事人,有确切证据证明对方有下列情形之一的,可以中止履行:(1)经营状况严重恶化;(2)转移财产、抽逃资金,以逃避债务;(3)丧失商业信誉;(4)有丧失或者可能丧失履行债务能力的其他情形。在这个要件中,有两个问题需要把握。首先,后履行一方应当在何时发现不安抗辩事由。目前存在两种立法例,其一是要求不安抗辩事由发生在合同订立后,原德国民法和我国台湾地区民法采用此说。其二是要求不安抗辩事由发生在合同缔约后,奥地利民法、德国现行民法采用此说。我国多数学者认为,后者较为合理,其理由主要在于,如果不安抗辩权事由发生在合同订立时,先履行人明知此情况仍订立合同,应属自愿冒险行为,甚至别有用心。因此,不应当通过立法特别保护。相关案例3-1中,被告在签订合同后发现并且有证据证明原告的不安抗辩事由,应符合此学说。其次,不安抗辩事由的标准。即不安抗辩的事由达到何种标准,先履行人才能主张不安抗辩权。比如,《德国民法典》规定"相对人因财产状况的恶化而使先有为给付义务的人的请求权濒临危险”。《瑞士债务法》规定契约当事人之一方支付不能，尤其破产或扣押无效果，因此使财产恶化使对方的请求权陷入危险时，方可行使不安抗辩权。对此，我国法律没有规定。我国多数学者赞同上述国家的做法，将危及对方债权实现，作为达到不安抗辩权事由的程度。对其标准的明确，有利于避免行使不安抗辩权的扩大化。相关案例3-1中，原告被法院执行案件5件，标的5377万余元，其全部发电机组及电费结算账户已被法院查封和冻结，主厂房已抵偿，已达到了不安抗辩权事由的程度，属于经营状况严重恶化并危及对方债权实现的情况。

假如双方当事人没有先后履行顺序，一方当事人若要对抗对方当事人的请求，则应适用同时履行抗辩权。所谓同时履行抗辩权是指，双务合同中没有约定先后履行顺序，当事人一方在对方未履行或履行不适当的情况下，有权拒绝履行。相关案例3-2中，合同双方是多年合作的伙伴，在服装厂效益不好拖欠货款的情况下，毛纺厂拒绝发货，毛纺厂正是在行使同时履行抗辩权。所谓双方没有约定先后履行顺序主要包括两种情况：一是双方当事人约定同时履行，即人们通常所说的“一手交钱，一手交货”；二是推定双方当事人同时履行，即双方在合同中没有明确约定履行顺序，或是依照交易习惯和惯例推定。尤其是在现实生活中，因为合同的履行往往存在时间和空间的差异，在认定同时履行的时候，通常在交易习惯或惯例中推定。就相关案例3-2而言，服装厂与毛纺厂合作多年，按照合同约定，毛纺厂按期供应货物，服装厂按期结付货款，已经形成交易惯例。首先，二者并未明确规定履行的先后顺序。其次，在交易过程中，服装厂陷入困境，半年没有和棉纺厂结账，毛纺厂在对方给付迟延的情况下，仍没有追究服装厂的违约责任，而与其交易近半年，这说明赊欠货款在二者的合同关系中并不当然导致违约，可能更多地体现的是资金的滞留。因此，尽管毛纺厂负有供货的义务，但是服装厂迟延交付货款，毛纺厂就享有了对抗服装厂的同时履行抗辩权。在服装厂履行其付款义务前，暂停供应原料。

3. 先履行的一方没有履行或没有适当履行。先履行一方没有履行，是指先履行一方在履行期限届满尚未进入履行状态。先履行一方没有适当履行，是指先履行一方虽然履行了债务，但是并不符合约定或法定的要求，比如迟延履行、不完全履行、部分履行和不能履行等。本案中，原本金跃利认为自己履行了义务并且是适当履行的，而被告宁国公司则认为，金跃利虽然履行了交付货物的义务，但是没有完全履行，理由就是没有提供货物销售发票。

因此，有必要讨论提供发票是否应当作为适当履行的必要组成部分。本文认为，开具发票不是一项民事义务，而是一项行政法义务，因此不构成合同适当履行的组成部分。国家税务总局根据税收征收管理法制定了《中华人民共和国发票管理办法》（简称《发票管理办法》）和《中华人民共和国发票管理办法实施细则》。其中，《发票管理办法》第20条规定："所有单位和从事生产、经营活动的个人在购买商品、接受服务以及从事其他经营活动支付款项，应当向收款方取得发票。取得发票时，不得要求变更品名和金额。"按照第35条的规定，未按照规定开具发票的，属于本法违反本办法的规定情形之一的，由税务机关责令改正，可以处1万元以下的罚款；有违法所得的予以没收。因此，开具发票是一项行政法义务。如果以一方没有履行行政法义务来抗辩对方不履行民事义务，有违公平正义原则。当然，如果合同双方当事人在合同中约定，提供发票作为一项具体的义务，即可将其作为一项民事义务。如果当事人没有履行，可以作为对方没有适当履行的理由来抗辩。

（二）先履行抗辩权的效力

双务合同履行抗辩权在性质上属于一时性抗辩权。因此，抗辩权人拒绝履行并不是对方请求权的消灭，而是在一定时间内不能实现，也不是自己的履行义务消灭，而是暂时停止履行。当产生抗辩权的理由消失后，抗辩权人仍然应当履行债务。

行使先履行抗辩权，抗辩权人可以中止履行自己的债务，所谓中止履行是指暂停履行或延期履行，但其履行义务并不消失。以此对抗先履行一方的履行请求。当先履行一方采取了补救措施，先履行抗辩权即消灭，抗辩权人应履行其债务。本案中，假设先履行抗辩权成立，则被告宁国公司有权中止履行，待金跃利履行其义务，宁国公司即应履行其付款义务。

同时履行抗辩权与此类似，相关案例3-2，服装厂没有向毛纺厂支付货款，毛纺厂即有理由对其供货请求行使同时履行抗辩权，以此来催促服装厂尽快付款。因此，服装厂无权要求毛纺厂承担未按约定履行合同义务的责任。

不安抗辩权稍微复杂，根据合同法第68条的规定，首先，先给付义务人可以先中止履行。如果后给付义务人提供适当担保，先给付义务人应当恢复履行。对于适当担保的理解，一般以能够保障先给付义务人的债权实现为标准。其次，如果后给付义务人在合理期限内没有提供适当担保的，中止履行的一方可以解除合同。因此，在相关案例3-1中，被告不安抗辩权的理由成立，其有权中止合同,假如原告在合理期限内没有恢复履行能力且并未提供适当担保的,被告可以解除合同。

综上所述,本案虽然是一个有先后履行顺序的双务买卖合同,但是,由于原告金跃利不提供销售发票的义务与被告宁国公司不支付货款的义务,在内容上,不具有对价性,在性质上,附随义务与主给付义务也不具有对价性,且不能以一方没有履行行政法义务来抗辩对方不履行民事义务。因此,被告宁国公司无权以此为由行使先履行抗辩权。宁国公司应给付货款及利息。

▶五、相关案例 > > >

【案例 3-1】杭州华能亭趾热电厂诉天津泰友煤业有限公司煤炭购销合同纠纷案①

原告杭州华能亭趾热电厂与被告天津泰友煤业有限公司因煤炭购销合同纠纷而诉至法院。2000 年 3 月 29 日原被告双方签订煤炭购销合同,约定:由被告于 4 月、5 月、6 月每月分两次向原告供给大同优混煤共 35000 吨,靠港价 237 元/吨,原告于货到验收合格后 30 天内采用现汇结算方式或部分承兑汇票方式付款。4 月 10 日被告发煤 17268 吨运抵镇海锚地,原告派员办理接港手续时被告知被告已更改收货人。4 月 11 日被告书面函告原告,怀疑原告购煤不完全自用,可能将此船煤炭在镇海港零售,加大回款风险,要求原告即时结清全部货款,或提供相应的抵押担保,否则无法继续履行合同。原告遂向法院提出诉前保全申请,并于 4 月 25 日提起诉讼,称:被告滥用不安抗辩权,要求判令被告履行已诉前保全的 8200 吨煤炭供货义务。被告辩称,双方签订合同后,其发现原告资产情况严重恶化,涉及多起诉讼且均败诉,又拒不履行生效判决,已毫无履约能力(经查,原告被法院执行案件 5 件,标的 5377 万余元,其全部发电机组及电费结算账户已被法院查封和冻结,主厂房已抵偿给亭趾信用社)。同时,原告无经销煤炭资格,其购量远远超过 2000 年正常用煤量 5800 吨。因此,原告隐瞒真相欺骗被告签订合同,被告依不安抗辩权停止供货是合法的自救行为,请求确认合同无效,驳回原告的诉讼请求。

法院经审理认为,被告在合同履行过程中,因发现原告隐瞒其负债经营的

---

① 参见国家法官学院、中国人民大学法学院编:《中国审判案例要览(2002 年民事审判案例卷)》,中国人民大学出版社 2003 年版,第 76 页。

实际情况，如继续履行合同将造成不能对待给付的危险，即中止履行合同，并函告原告要求准备好全部货款，或者提供相应担保才能继续履行合同后，在原告至庭审日未能恢复履行能力且未提供适当担保的情况下，中止履行交货义务，且确有证据证明原告经营状况严重恶化，尚有500余万元债务在法院强制执行程序中，完全有丧失或可能丧失履行合同能力的情形。故被告不安抗辩的理由成立，原告要求被告继续履行合同的诉请，依法不予支持。原告虽无煤炭经营资格，但尚欠确凿证据证明原告有合同欺诈行为和向被告所购煤炭进行违法销售行为，故被告要求确认双方所签煤炭买卖合同无效，于法无据。依照合同法第68条第1款第1项、第4项的规定，判决驳回原告的诉讼请求。

【案例3-2】某服装厂诉某毛纺厂买卖合同纠纷案①

某服装厂生产一种防辐射类服装，销量很好。某毛纺厂是该服装厂的多年合作伙伴，负责为其提供服装原料。双方合作3年，关系稳定。双方在合同中约定，由毛纺厂为其提供防辐射服装面料，每月供应150匹，当月结清账款。2003年，服装厂生意一度陷入困境，生产的防辐射类服装销路不畅，造成积压。因此，服装厂已经半年没有和毛纺厂结账。2003年年底，服装厂接到一笔大订单，于是开始大量生产，所存原材料很快用光。于是服装厂紧急致电毛纺厂，希望他们能够迅速提供原材料。而毛纺厂却表示，服装厂拖欠自己货款已有半年了，如果其能够马上还清欠款，那么自己将照常供货，否则就拒绝供货。服装厂则认为，双方是合作多年的伙伴，谁都有经济效益不好的时候，希望毛纺厂能够暂时帮忙照常供货，货款等生意做完一并偿还。对此，毛纺厂坚决反对，未予供货。服装厂因欠缺原料未及时完成订单而造成经济损失，于是要求毛纺厂承担未按约定履行合同义务的责任。

▶六、问题与思考 > > >

1. 我国合同法第67条规定："当事人互负债务，有先后履行顺序，先履行一方未履行的，后履行一方有权拒绝其履行要求。先履行一方履行债务不符合约定的，后履行一方有权拒绝其相应的履行要求。"其中，"先履行一方履行债务不符合约定的"之情形，后履行一方有权拒绝其"相应的履行要求"中，"相应"的标准如何把握？

① 参见刘伟总主编：《最新合同纠纷疑难案例解析》，南海出版公司2006年版，第38页。

2. 在大陆法系传统民法上,有同时履行抗辩权和不安抗辩权制度,却没有先履行抗辩权。我国的合同法第66条、67条、68条、69条分别规定了同时履行抗辩权、先履行抗辩权和不安抗辩权,由此打破了大陆法系传统的抗辩权二元结构体系。有人认为,先履行抗辩权是同时履行抗辩权的一种特殊情形,也有人认为其是在同时履行抗辩权和不安抗辩权之外的新的抗辩。那么,我国所规定的先履行抗辩权究竟是对同时履行抗辩权的机械分解,还是于传统之外的创新?

引例四　杜剑波、吴秀娥诉杜青华等无因管理案

►一、案情简介[①] > > >

2004年6月26日13时许,原告杜剑波、吴秀娥之子杜晓卿与被告杜青华、杜广武等同学一起到马甲村溪东组马甲宫边的小溪游泳。杜青华不会游泳,杜广武背杜青华游,游了一小段杜广武顶不住,杜青华滑下沉入水中。杜晓卿奋力营救杜青华,经同学帮助把杜青华救上岸,杜晓卿却沉入水中溺水,经抢救无效于2004年6月29日死亡。经查,2004年6月15日,被告马甲中学向学生家长发出告家长书,告诫家长教育学生注意安全事项。2004年6月24日,马甲中学初中部期末考试结束即放假。原告请求法院判令杜青华及其监护人杜长春、林英仔补偿医疗费、丧葬费、精神抚慰金和死亡赔偿金。法院判决被告应当支付原告诉请的医疗费、丧葬费及死亡赔偿金,驳回了原告关于精神抚慰金的诉讼请求。

►二、思维路径 > > >

上述案例中,限制民事行为能力人杜晓卿、杜青华等同学一起去游泳,杜晓卿救助杜青华的行为,是否成立无因管理,还是作为游泳同伴的法定义务?如果成立无因管理,权利人可以请求受益人支付精神抚慰金等其他报酬,法院判决是否正确?这些问题应当依照民法关于无因管理的规定来思考。

---

① 案情来源:国家法官学院、中国人民大学法学院编:《中国审判案例要览(2006年民事审判案例卷)》,人民法院出版社、中国人民大学出版社2007年版,第573—578页。

三、法律依据 > > >

1.《中华人民共和国民法通则》第 4 条:“民事活动应当遵循自愿、公平、等价有偿、诚实信用的原则。”

《中华人民共和国民法通则》第 93 条:“没有法定的或者约定的义务,为避免他人利益受损失进行管理或者服务的,有权要求受益人偿付由此而支付的必要费用。”

2.《最高人民法院关于贯彻执行〈中华人民共和国民法通则〉若干问题的意见(试行)》第 132 条:“民法通则第九十三条规定的管理人或者服务人可以要求受益人偿付的必要费用,包括在管理或者服务活动中直接支出的费用,以及在该活动中受到的实际损失。”

四、学理分析 > > >

无因管理是指无法定或约定的义务,为他人利益而管理或服务的行为。管理他人事务的人,为管理人;事务被管理的人,为本人,本人一般从管理中受益,又称受益人。无因管理属于合法的事实行为,对于当事人没有行为能力的要求。发生无因管理后,虽然在管理人和本人之间,事先并无约定或管理人并无从事管理事务的法定义务,但管理人在从事管理事务后,基于法律的直接规定,依然在管理人和本人之间形成特定的权利义务关系,即无因管理之债,这就是无因管理制度。

从无因管理制度的分析可以看出,无因管理的主要特征是,管理人无法律上的义务,而以为他人管理的意思来管理他人事务。无法律上的义务,是指既无法定义务,也无约定义务。所谓法定义务,既包括私法规定的义务(如子女对父母的赡养义务),又包括公法规定的义务(如警察的救助行为);约定义务,是指根据当事人之间的合同约定,管理人对本人负有的义务。一般而言,个人事务应该由其自己自主地作出决定,他人没有权利也没有义务进行干预,除非个人与他人之间存在法定或约定的权利或义务。否则,干涉他人事务,往往可能构成侵权行为。但是,考虑到在一些情况下,管理人为保护他人利益不受损失而管理他人事务,是一种善行,为道德所鼓励,符合社会共同利益的要求,应具有阻却违法性,管理人和他人之间因管理而产生的法律关系也应由相关制度进行规制,无因管理由此产生。

无因管理制度最早起源于罗马法,但当时并未形成一种独立的法律制度,而是以准契约的形式体现于罗马法中。罗马人认为,契约应以当事人的合意为要件,如果一方的行为并未得到他方同意,当然不构成契约,但若其事不违法,不属"私犯"的范畴,当事人虽未缔结契约,但基于公平原则和公共政策、公序良俗等,该行为所发生的法律效果应与缔结契约相同,适用契约的有关规定。在无因管理中,虽然管理人与本人之间并不存在契约关系,但因无因管理是合法行为,且本人的意思在无因管理中发挥重要的作用,故可适用契约的相关规定,发生类似当事人合意的结果,故称其为准契约。至《德国民法典》《瑞士债务法》和《日本民法典》,摒弃了准契约说,无因管理发展成为独立的法律制度,并为我国台湾地区民法所继受。在编排体例上,德国民法典和瑞士民法典将无因管理放在委任契约之后,称为无委任之事务管理。日本民法典则将无因管理与契约、不当得利、侵权行为并列为债的发生原因。可以看出,无因管理制度经历了一个从非独立制度到独立制度的演变过程。同时,各国均设立专门章节对无因管理制度予以规定,明确了管理人与本人之间的权利义务关系,使得无因管理制度在立法上渐趋完善。我国民法关于无因管理的规定,体现在民法通则第93条,可见我国民法的规定非常简单,其中只涉及了管理人的费用偿还请求权。

(一)无因管理的构成要件

无因管理的构成要件,是指管理人的管理行为成立无因管理必须具备的条件。包括三个方面:无法律上的义务和管理他人事务,主观要件为管理人须具有管理意思,以客观上利于本人的方式管理事务。

第一,管理人管理他人事务必须没有法律上的义务。

成立无因管理,首先要具备无因性,即无法律上的义务而进行管理,包括无法定义务和约定义务而管理。只有当管理人与本人之间不存在法定或约定的义务,管理人以管理意思管理他人事务时,其管理行为才构成无因管理。衡量管理人是否有法定或约定义务,应依客观标准确定。如果实际上负有义务而管理人误认为没有义务,其管理事务不构成无因管理;如果本无义务而管理人误认为有义务,其管理事务可构成无因管理。另外,管理人是否负有法律上的义务并不是一成不变的,应根据其变动情况来判断。如果最初有义务不构成无因管理,但该义务中途消灭的,自此时起构成无因管理;相反,如果最初无义务开始管理构成无因管理,但其后产生义务的,自此时起管理事务即不再属于无因管理。

第二，必须是管理他人事务。

所谓管理他人事务，是指实现他人事务的内容的行为，不仅包括保存、利用、改良行为及处分行为，而且包括为本人新取得权利或负担义务的行为。这里所说的事务范围相当大，包括所有可以满足人们生活需要并可以作为债的客体的事项，但不包括不适宜作为债的客体的事项，如违反宗教、道德或习俗的事项、违法行为、须经本人授权方可实施的行为（如公司股东投票）、违背公序良俗的行为。无因管理中，管理人所管理的事务必须为他人事务，而非管理人的事务。对于性质上属于自己的事务，而管理人误认为他人事务进行管理，因不存在管理他人事务的客观构成要件，不成立无因管理。

第三，管理人须为避免他人利益受损失而管理。

这是无因管理成立的主观要件，也是无因管理制度的目的所在。管理人管理他人事务是为避免他人利益受到损失，这就要求管理人的管理是为他人谋利益而不是为自己谋利益。管理人的管理是否是为他人谋利益，应当从动机和效果两个方面看。从动机上说，管理人管理事务的动机是为了避免他人的利益受损失。从效果上说，因管理所取得的利益最终应归于本人，而不能由管理人自己取得。但是，管理人是否将管理所得的利益归于本人，属于无因管理之债的效力，而不是无因管理的构成要件。无因管理的成立只以管理人主观上有为本人谋利益的目的为前提，至于管理的最终结果是否利于被管理人，是否使被管理人利益免受了损失，则应属于无因管理的效力问题，不应影响无因管理的成立。如在相关案例4-1“尉国祥诉罗爱娟、封水夫无因管理纠纷案”中，罗爱娟打开罐装煤气阀意欲自杀，原告尉国祥冲进屋内进行救助，因煤气爆燃进入两步即退出，虽未实际救出被告罗爱娟，反而致尉国祥自己也被烧伤，但其行为完全是为了避免被告罗爱娟的人身利益受到损害而为之，符合无因管理成立的主观要件，当属无因管理。

此外，虽然无因管理的成立以管理人有为避免他人利益受损的目的为要件，但这也并不要求管理人必须有为他人利益的明确表示，也不要求管理人有专为他人谋利益的目的，管理人虽未明确表示其是为了他人利益而管理，但从管理行为看，客观上是为了避免他人利益受损失的，这就可以成立无因管理。但是，若管理人误将他人的事务当作自己的事务而进行管理，尽管从客观效果上讲也使他人受益，却不应成立无因管理。因为误将他人的事务作为自己的事务管理，说明管理人在主观上并没有为他人谋利益的意思。

(二)无因管理的法律效力

无因管理一旦成立,首先排除了无因管理人对他人事务干预的违法性,使得无因管理与侵权行为严格区分开来;其次在管理人与本人之间确立了特定的权利义务关系,即债的关系。在无因管理之债中,管理人与本人均负有一定义务和享有一定权利,而且一方的义务也就是另一方的权利。无因管理的法律效力分析如下。

1. 阻却违法

无因管理中,管理人实施了干预他人事务的行为,对他人财产权利或人身权利造成一定的侵害,本应构成侵权行为,但因管理人没有法定的或约定的义务为他人管理事务,其管理本身利于本人,并不违反本人意思,或虽违反本人意思,但符合社会公序良俗,有利于社会,故法律使无因管理的行为成为合法行为,具有阻却违法性,管理人的管理行为成为合法行为。

2. 管理人承担的义务

第一,管理人的适当管理义务。

适当管理义务是管理人的主要义务,是指管理人应依本人明示或可推知的意思,以有利于本人的方法进行管理。本人明示的意思,是指本人对事务如何处理曾有过明确的意思表示,而并非其对管理人曾有过相应的意思表示。如果对管理人明示管理的意思表示,则不是无因管理,而是委托合同。管理人应按本人可推知的意思进行管理本人事务,是指按照一般人的经验和知识客观地判断本人的意思。一般来说,管理人依照此种方法可以推断出本人的意思,并且据此采取的日常处理办法往往不违反本人的意思。因为,无因管理源于管理人的单方行为,管理人自行决定何时开始管理以及怎样管理,本人大多不能对管理人的管理进行选择并采取拒绝等对抗措施,本人的意思自治受到较大的限制,因此,应对管理人的管理行为进行相应的限制,应使其达到善良管理人应达到的管理标准。

无因管理要求管理人按照本人明示或可推知的意思进行管理,一则可以有效地平衡管理人和本人之间的权利义务,同等地保护双方的利益,二则对于管理人来说也是可行的,管理人在进行管理时,首先判断本人是否曾有过明确的意思,如果没有明示过,则站在一般人的立场推断本人的意思。其次,管理人应以有利于本人的方法进行管理,是指实施事务管理时所采取的措施及方法对本人实质有利、客观有益,而不是仅指管理的结果有利于本人。

通说认为,管理人在管理本人事务过程中应尽善良管理人的注意义务。所谓善良管理人的注意义务,源自罗马法上的善良家父之注意,即以一个抽象的、精明勤谨的人的行为作为判断标准。也就是说,善良管理人应为善意,且按照社会一般观念认为管理人具有相当的知识经验,他应当按照社会一般的标准进行管理,并为自己达不到客观应做到的标准负过失责任。但由于无因管理对于管理人的行为能力没有限制,管理人的知识和经验水平可能与社会客观标准相差很大,让其承担善良管理人的注意义务,未免强人所难,且无因管理是为了他人利益而进行管理,管理人并不能从管理行为中获得利益,因此,管理人只需承担与管理自己事务为同一的注意义务即可。

第二,通知义务。

管理人应将管理事务的情况及时通知给本人,这是管理人的从属义务。管理人开始管理事务时,在可能的情况下,应当尽快地将管理事务的事实及时通知本人;通知本人后,除有紧迫情况不得不采取应急措施外,应当听候本人的指示,并按其指示进行管理。管理人不履行通知义务并且有过失时,应当承担相应民事责任,如赔偿不当管理给本人造成的损失等。如果管理人因无法知道本人是谁,或者不知道本人的住址,或者不知道本人下落等而无法通知本人时,免除其通知义务。

第三,报告和计算义务。

管理人应将管理事务的进展情况及时报告本人,在管理终止时,应向本人详细报告管理始末。在管理中涉及费用的,应进行计算,以明确费用的数额和具体承担者。管理人因管理事务所取得的钱款、物品及利息,应及时移交给本人。管理人为了自己的利益,使用了本人的或者应移交给本人的钱款的,应自使用之日起计算利息,并偿付给本人。

计算义务是管理人的核心义务。对于本人来说,管理人实施无因管理行为最重要的是将管理所得利益交还给本人,只有管理人完全履行了计算义务,才能达到法律设置无因管理的最终目的。

3. 管理人享有的权利

管理人对本人享有的权利即债权请求权,包括以下三项。

第一,必要或有益费用偿还请求权。

必要或有益费用偿还请求权,是指管理人有权请求本人偿还其在管理过程中为本人支出的必要或有益费用,以及该费用自支出时起的利息。“必要”是指费用的支出对于事务的适当管理是必须的;"有益"是指费用的支出对于本人的利益维护具有积极有利的作用。超过必要或有益的限度,应由管理人自己承担。判断管理人支出的费用必要或有益,应依照支出时的客观情况来决定。关于必要费用的范围,根据《最高人民法院关于贯彻执行〈中华人民共和国民法通则〉若干问题的意见(试行)》第132条,包括管理人为管理他人事务而直接支出的费用,以及管理活动中受到的实际损失。因此在案例"杜剑波、吴秀娥诉杜青华等无因管理案"中,权利人主张的精神抚慰金不是为管理他人事务而直接支出的费用,也不是管理活动中受到的实际损失,权利人无权请求,因此受益人可不予支付。

第二,必要或有益债务偿还请求权。

必要或有益债务偿还请求权,是指管理人有权请求本人清偿其因管理事务而对第三人所负担的必要或有益的债务。管理人在管理过程中对外成立债权债务关系时,可以管理人自己的名义也可以本人的名义进行。不论何种情况,管理人均有权要求本人承担该债务。如在案例4-2中"韩德波诉王涛、平顶山市汽车运输公司第十车队无因管理纠纷"一案中,作为承运人的被告王涛是本次事故的直接责任人,理应对自己的过错行为承担赔偿责任,却不对受害人陈凯静给予赔偿。原告韩德波在事故发生后作为托运人对受害人陈凯静本没有赔偿的义务,但其却在事故发生后为了受害人陈凯静的利益,代替被告王涛履行了赔偿义务。韩德波没有法定的或者约定的义务,为避免他人利益受到损失进行管理或者服务的,已经构成无因管理。因此,原告韩德波作为无因管理人有权要求受益人王涛支付因无因管理行为而产生的费用。但无因管理人应当负有适当管理的义务,不能因其管理行为而使受益人受到不当损失。因此法院并没有支持韩德波主张其支出超过陈凯静因受伤的实际损失的过高部分数额。

第三,损害赔偿请求权。

管理人在为本人管理事务时受到的人身损害和财产损害,可以向本人请求赔偿。该项请求权的成立应当符合以下条件:管理人遭受了损害,该损害实际存在;损害的发生与管理人的管理行为之间具有相当的因果关系;原则上,管理人对于损害的产生须不存在故意或重大过失,如管理人具有过错,应适当减轻或免除本人的赔偿责任。如在灭火过程中导致管理人的西服烧毁,本人应当赔偿。

关于损害赔偿的范围,应以积极损害为限,对于因管理事务使可得利益丧失的消极损害,是管理人自始愿意牺牲的,则不得请求赔偿,否则管理人可借此图得报酬，并且管理人一般不得请求本人支付报酬。但在特殊情况下应允许例外，如管理人为救助落水的他人而致本人健康受损不能上班，应允许管理人主张因健康受损而不能上班所减少的收入。在无因管理中，只要管理人因管理行为受到了损害，就有权要求本人进行赔偿，不论本人对于该损害的发生是否存在过错。如某甲跳河自杀，某乙为救助某甲，导致自己患病支出一定的医药费。本案中，尽管某甲对于某乙所遭受的医药费损失并不存在过错，但因某乙所受损失与其管理行为具有相当的因果关系，某甲应赔偿某乙的该项损失。

4. 管理人承担的责任

管理人一经开始管理，就应尽善良管理人的注意义务，适当地进行管理，否则须承担因债务不履行对本人产生的损害赔偿责任。

对于不当无因管理应向本人承担的责任的范围，应作具体分析。首先，从客观上看，管理人的行为给本人带来的受益（包括避免的损失）超过管理人过失造成的损失，那么管理行为应视作本人得到利益的行为，不应再追究管理人的责任。相反，如果管理人的行为使本人受益较小，以至于不足抵消由此所受到的损失，则应由管理人承担一定的责任。其次，从主观上讲，只有管理人对于违反本人意思而为管理事务时具有故意或重大过失，才对因其管理行为所产生的危险性负责，承担无过失责任。例如管理人故意违背本人的意思，擅自将本人的名贵花瓶拿往市场上拍卖而在路上被他人毁坏时，即使管理人对于损害的发生没有过失，仍应负损害赔偿责任。当然，在管理人为免除本人的生命、身体或财产上的急迫危险而为事务之管理时，对于因其管理行为所产生的损害，除有恶意或重大过失外，不负赔偿责任。

管理人在管理事务中，因故意或重大过失侵害本人的财产权利或人身权利等合法权益时，构成侵权行为，应承担侵权损害赔偿责任。因为无因管理的阻却违法性是指行为在成立无因管理时是合法的，而在成立无因管理后的管理过程中，如果管理人侵害了本人的财产权或人身权等权利，且符合侵权行为构成要件的，应当构成侵权行为。此时，管理人和本人之间的法律关系应为先成立无因管理，后又成立侵权，两种法律关系先后存在，在成立无因管理时，管理人有权要求本人支付无因管理中的必要费用，在成立侵权之后，管理人又应对造成本人损害的行为承担侵权损害赔偿责任。

上述案例中，杜晓卿和杜青华等同学相约去游泳，当杜青华沉下水时，杜晓卿没有公法上规定的救助义务，也没有私法上规定的法定义务和约定义务，其救助杜青华的行为，是完全为避免杜青华溺水，双方之间没有法定或者约定的义务，故符合无因管理的法律要件。无因管理成立，在当事人之间产生权利义务关系，也就构成债权债务关系。无因管理权利人有权请求受益人支付进行无因管理的必要费用，包括直接支出的费用和受到的实际损失，而不应向受益人索取精神抚慰金等其他报酬，精神抚慰金不适用于无因管理赔偿范围。无因管理活动是一种道德行为。同时因在学校放假期间，在学校管理职责范围外发生，受益人与管理人所在学校不承担民事责任。杜青华作为无因管理的受益人，但其系未成年人，依法应由其监护人杜长春、林英仔履行偿付义务。

▶五、相关案例 > > >

【案例 4-1】尉国祥诉罗爱娟、封水夫无因管理纠纷案[①]

罗爱娟与封水夫系夫妻关系。2001 年 9 月 23 日下午，二人因家庭生活琐事争执后，罗爱娟在所住房屋客厅打开罐装煤气阀意欲自杀，门外的封水夫发觉后即破窗施救；后仅一墙之隔的原告尉国祥闻讯即出门帮助救护，与被告封水夫一起踢被告家门，试图破门救出被告罗爱娟。当门被踢开后，尉国祥先冲进屋内，刚进入两步因煤气爆燃即退出，此时尉国祥的衣裤被烧，全身大面积严重烧伤；在原告身后的被告封水夫也被烧伤。嗣后，罗爱娟自行从屋内逃出时也被烧伤。原告尉国祥住院治疗 51 天。因协商未果，尉国祥依法起诉。法院认为原告尉国祥在无法定义务或约定义务的情形下，当得知被告罗爱娟在自家客厅打开罐装煤气阀意欲自杀后，出门帮助救护，其行为完全是为了避免被告的人身利益受到损害而为之，致原告自己也受到损害，当属无因管理。为保护公民的合法民事权益，弘扬社会正气，法院依法予以判决，原告由此直接支出的医疗费用和鉴定费及受到的误工等实际损失由被告偿付。

【案例 4-2】韩德波诉王涛、平顶山市汽车运输公司第十车队无因管理纠纷一案[②]

2009 年 7 月 9 日，被告王涛与被告平顶山市汽车运输公司第十车队（以下简称汽运公司十车队）签订汽车挂靠经营协议，双方约定挂靠经营协议期限自

---

① 参见国家法官学院、中国人民大学法学院编：《中国审判案例要览（2003 年民事审判案例卷）》，人民法院出版社、中国人民大学出版社 2004 年版。

② 参见：110 网，http://www.110.com/panli/panli_21127156.html。访问日期：2013 年 10 月 3 日。

2009 年 7 月 9 日至 2011 年 7 月 9 日，期间一切运输经营纠纷（如交通事故赔偿等）由王涛负责，汽运公司十车队不承担任何法律责任。2010 年 3 月 29 日，原告韩德波与被告王涛口头约定，由王涛为韩德波运送三棵绿化树至新城区工地，运费 300 元。当王涛驾驶豫 D16125 号货车行至本市湛河区马庄办事处西铁炉村外环路段时，由于其疏忽大意，将路旁的低压线路挂断，被挂断的电线又将路边骑车路过的陈凯静致伤。陈凯静被送至医院救治。被告王涛拒不赔偿。因原告韩德波事发后在现场处理该纠纷，陈凯静家人误认为其就是事故责任人。后陈凯静家人多次到韩德波单位要求解决该纠纷，韩德波担心给其工作和生活造成影响，无奈与陈凯静家人达成协议。陈凯静收到韩德波赔偿款 28000 元。原告多次找被告王涛协商未果，诉至法院。法院认为，原告韩德波行为已构成无因管理，但在本案中陈凯静受伤的实际损失共计 16344.69 元，而原告韩德波赔偿陈凯静 28000 元，其没有尽到适当管理的义务。故对其主张过高部分本院不予支持。

▶ 六、问题与思考 > > >

1. 如果管理人明知是他人的事务，但并非单纯为了他人的利益，而是出于避免共同损失的动机时，是否构成无因管理？

2. 无权代理中的行为人是在欠缺法律权限的情况下，以本人名义与第三人进行法律行为，而在无因管理中，管理人也没有法律上的义务或权利，当为管理本人事务而对第三人负担债务时，二者均涉及与第三人的关系，有一定的相似之处，如何区分是无权代理还是无因管理呢？

引例五　刘成诉某煤矿有限公司不当得利纠纷案

▶ 一、案情简介[①] > > >

2009 年 10 月 13 日，刘成通过其在农业银行的个人账户向某煤矿有限公司汇款人民币 250000 元，因该煤矿有限公司认为其与刘成没有煤炭买卖合同关系，刘成要求某煤矿有限公司供给煤炭而发生纠纷，刘成向镇雄县人民法院起

① 案情来源：《未确立买卖合约即汇款　法院认定为不当得利》，光明网（人民法院频道），http://court.gmw.cn/html/article/201309/23/137802.shtml，2013-09-23。

诉,镇雄县人民法院一审认为,某煤矿有限公司否认其与刘成间有煤炭买卖合同关系,刘成提交的证据也不能证明双方就煤炭买卖经过要约、承诺达成协议,刘成主张的双方存在买卖合同关系的事实不能认定,刘成通过银行汇款250000元到某煤矿有限公司账户,刘成的财产相应减少,某煤矿有限公司取得此款及此款在其账户内产生的利息没有合法根据,属不当得利,依法应返还刘成。判决由某煤矿有限公司返还刘成人民币250000元及自2009年10月13日起按此日执行的中国人民银行发布的一年期整存整取利率标准计算至给付之日止的利息。

某煤矿有限公司不服一审判决上诉,二审诉讼中,上诉人某煤矿有限公司除认为一审判决认定刘成转入公司账户的250000元人民币为公司不当得利,并判由公司向刘成返还人民币250000元及支付利息错误外,对一审判决认定的其余事实未提出异议;被上诉人刘成对一审判决认定的事实未提出异议。云南省昭通市中级人民法院二审认为,在一审诉讼中被上诉人刘成提交的银行进账单(回执)及一审法院依职权向银行调取的银行进账单、银行卡取款凭条能相互印证,证明2009年10月13日,被上诉人刘成通过其在农业银行的个人账户转账人民币250000元至某煤矿有限公司账户内的事实。在一审诉讼中,被上诉人刘成主张该250000元人民币系其向上诉人某煤矿有限公司购煤的购煤款,要求上诉人某煤矿有限公司向其供煤,但上诉人某煤矿有限公司认为其与被上诉人刘成无买卖合同关系,刘成要求供煤没有依据。虽在一审诉讼中被上诉人刘成申请两个证人出庭作证,欲证明其与上诉人间订立了煤炭买卖合同,但经质证上诉人对该二证人的证言不予认可,且无其他证据予以佐证,不能证明上诉人与被上诉人间存在煤炭买卖合同关系。二审诉讼中,上诉人某煤矿有限公司主张该250000元人民币系被上诉人刘成代他人支付的购煤款,其已向实际购煤人供应了煤炭,但上诉人对其主张未能提供相应证据予以证实,根据《中华人民共和国民事诉讼法》第64条第1款、《最高人民法院关于民事诉讼证据的若干规定》第2条的规定,上诉人对该主张应承担举证不能的法律后果。本案中,被上诉人刘成确实通过其账户向上诉人某煤矿有限公司账户转款人民币250000元,但该款项的用途双方均未提交证据予以证明。一审判决认定上诉人某煤矿有限公司获得该款项属不当得利,并由上诉人某煤矿有限公司向被上诉人刘成返还该款项及支付相应利息正确。原判认定事实清楚,适用法律正确,处理恰当,上诉人某煤矿有限公司的上诉理由不能成立,不予支持。遂作出终审判决,驳回上诉,维持原判。

▶二、思维路径 > > >

上述案例中,刘成将 250000 元通过银行汇款给某煤矿有限公司,要求某煤矿有限公司供给煤炭,但是某煤矿有限公司认为其与刘成没有煤炭买卖合同关系。任何合同债权债务的履行需要有效合同存在的前提与条件。现刘成要求某煤矿有限公司供给煤炭,法院应否支持其请求,要看合同是否成立并生效。如果合同不成立,某煤矿有限公司收到的 250000 元应以不当得利为由返还给刘成。

▶三、法律依据 > > >

1.《中华人民共和国民法通则》第 92 条:"没有合法根据,取得不当利益,造成他人损失的,应当将取得的不当利益返还受损失的人。"

2.《最高人民法院关于贯彻执行〈中华人民共和国民法通则〉若干问题的意见(试行)》第 131 条:"返还的不当利益,应当包括原物和原物所生的孳息。利用不当得利所取得的其他利益,扣除劳务管理费用后,应当予以收缴。"

3.《中华人民共和国合同法》第 13 条:"当事人订立合同,采取要约、承诺方式。"

《中华人民共和国合同法》第 25 条:"承诺生效时合同成立。"

《中华人民共和国合同法》第 44 条第 1 款:"依法成立的合同,自成立时生效。"

▶四、学理分析 > > >

不当得利是指没有合法根据,使得他人受到损失而自己获得了利益。不当得利人应当将利益返还利益受损方。因此,这一法律关系又称为不当得利之债。其中,取得不当利益的人叫作受益方,是不当得利之债的债务人,利益受损失的人叫做受害方,是不当得利之债的债权人。该制度基于衡平观念,目的在于恢复当事人之间在某些特定情形下所发生的非正常的利益变动。

不当得利起源于罗马法。在当时,不当得利请求权是以请求给付特定标的物为内容的诉讼,受害人只有在不能依所有权请求返还时才能主张不当得利请求权。但是,罗马法并没有近代不当得利的一般规定,而只是对实践中的个别案例规定了具体的诉权。德国最早提出了不当得利的完整概念并在大陆法系得到普遍接受。后来经过各个国家和地区的法律继受和发展,已经作为债的发生原因之一,成为各国民法的基本制度。

(一)不当得利的构成要件

根据民法通则第92条的规定,不当得利应具备以下构成要件:

1. 受益方获得利益。即一方当事人因为一定的事实使得财产总额增加。在方式上,包括财产的积极增加和消极增加。积极增加即财产范围扩大,既包括所有权、他物权、知识产权或债权等的取得,也包括财产权利的增强以及权利限制的消除等。本案中,刘成将250000元通过银行汇给某煤矿有限公司,对于受益方某煤矿有限公司而言,这笔钱就属于通过积极增加的方式获得利益。相关案例5-2中,许霆在自动柜员机上取得1000元,但其银行卡存款账户里却只被扣除1元,也属于财产的积极增加。财产消极增加即本应减少而没有减少,既包括应当承担的债务没有承担,也包括应当支出的费用没有支出。相关案例5-1中,岳磊在办理汇款业务时,本应该交给银行15000元用于汇款。但是,因银行工作人员的疏忽,办成了汇款业务,但忘记收款,导致岳磊应给付而没有给付,属于财产的消极增加。在行为的主体上,既可以是受益方的行为,也可以是受害方的行为,甚至可以是第三人的行为或自然事实。本案250000元的利益是受害方刘成汇入某煤矿公司账户,属于受害方的行为。相关案例5-1中,受益人岳磊的15000元是由受害人的疏忽所造成,也属于受害人的行为。相关案例5-2的1000元是由于自动柜员机系统升级后出现异常,应当属于自然事实。

2. 受害方受到损失。即一方当事人因为一定的事实使得财产总额减少。包括财产的积极损失和消极损失。积极损失主要指现有财产的减少,也叫作直接损失。消极损失主要指财产应增加而没有增加,也叫作间接损失。在认定上,这里的应增加是指通常情况下可以得到的利益,而不是必须得到的利益。本案受害方刘成的损失、相关案例5-1银行和相关案例5-2银行的损失应属于积极损失。

3. 获得的利益和受到的损失之间具有因果关系。即受益方获得利益与受害方受到损失之间具有因果关系。前者是后者的原因,后者是前者的结果。就因果关系的认识,学界存在直接因果关系说和非直接因果关系说。直接因果关系说为德国传统民法理论,认为受益方获得利益与受害方受到损失必须基于同一原因事实,否则就不具有因果关系,不构成不当得利。比如,甲向乙借钱,用于借给丙修理汽车,如果甲无力偿还,乙就不能向丙请求返还不当得利。因为乙受到的损失基于甲乙之间的借款合同,丙取得的利益是基于乙丙的借款合同,乙的损失和丙的利益的原因不是同一事实。本案刘成认为其与某煤矿有限公司存在买卖合同关系,使其受到损失,也因为这个原因煤矿公司获得了利益,符合直接因果关系说。间接因果关系说认为,受益方获得利益与受害方受到损失不必基于同一原因事实,只要符合一般社会观念所认可的牵连关系即可。在我国,多数学者赞同间接因果关系说。首先,根据学理角度,不当得利的立法目的在于用衡平的观念,使受害方在某些特定情形下恢复利益的非正常变动。因此,只需符合一般的社会关联观念即可。其次,根据立法角度,民法通则第92条规定,没有合法根据取得不当利益而造成他人损失的,应当将取得的不当利益返还受损失的人。只要受害方的损失是受益方取得不当利益造成的,就应当认定为利益与损失之间存在因果关系,至于是否基于同一原因事实,在此不问。其实在立法上采取了非直接因果关系说。就该要件,假如本案某煤矿有限公司有证据证明该250000元人民币系刘成代他人支付的购煤款,且其已向实际购煤人供应了煤炭,即刘成的损失与某煤矿有限公司的利益产生的原因不是由于同一事实,属于间接因果关系说。按照学理的通说及立法的初衷,也符合因果关系构成要件。

4. 没有合法的根据。这个构成要件在罗马法上叫"无原因",在德国民法叫"无法律原因",即受益方取得利益并没有合法的根据。合法的根据既包括法定的根据,不仅包括民法、商法等私法,同时也包括刑法、行政法等公法,还包括约定的根据。在时间上,既包括自始无根据,也包括取得利益的时候有根据,但后来根据消灭。对于无合法的根据,在学术界存在两种观点,即统一说和非统一说。统一说认为,一切不当得利的基础都应当有统一的概念,即对任何情况下的不当得利做统一的解释。但是,其统一的解释并未达成共识,有人主张称为"公平",有人主张称为"权利",还有人主张称为"债权",等等,这些被认为是无法律上的原因。非统一说认为,各种不当得利的基础,无须统一解释或命名,而是分别判断。后者为多数学者赞同。在本案,假如刘成与某煤矿有限公司之间存在买卖合同关系,刘成的债权请求权就存在合法根据,即合同约定的权利不构成不当得利,而应起诉违约。根据合同法第13条规定,当事人订立合同,采取要约、承诺方式。合同法第25条规定,承诺生效时合同成立。合同法第44条规定,依法成立的合同,自成立时生效。因此,刘成与某煤矿有限公司并不存在买卖合同关系，由此丧失了约定依据。本案不存在法定依据的可能。因此，本案并不存在合法的根据，符合不当得利的构成要件，原告和被告之间存在不当得利之债关系。应当按照民法通则第92条的规定，某煤矿有限公司应当返还购煤款。

(二)不当得利的基本类型

依据受益方取得利益是否基于给付行为，分为给付不当得利和非给付不当得利。

1. 给付不当得利

给付是指一方当事人将其财产利益转移给对方当事人。通常情况下，给付须有一定的法律目的而增加他人财产，比如给付价款，目的在于实现买卖合同。但是，如果一方当事人在履行给付义务的时候欠缺法律目的，则受益方因该给付所得到的利益就无合法的根据，属于给付不当得利。一般包括以下情形。

(1)自始欠缺给付目的。当事人一方向受益方给付，但目的从始至终不存在。本案刘成以为买卖合同成立，给付某煤矿有限公司250000元，但事实上，证据证明其买卖合同并未成立，这就属于典型的非债清偿。

但是，以下几种情形，虽然自始欠缺给付目的，但不属于不当得利。第一，为履行道德义务而为的给付。比如在收养关系上，养子女依法因收养而解除了与亲生父母间的权利义务关系，但是如果养子女仍然对其亲生父母尽其赡养义务，则属于道德义务的履行。该子女不得以不当得利为由，请求返还为赡养其亲生父母所支出的费用。第二，为履行未到期的债务而支付的财产。假如债务未到期，债务人本来没有清偿债务的义务，但是如果债务人主动提前清偿，而债权人又受领了，债权人此时受到的利益也不属于不当得利。第三，明知无给付义务而交付财产。当一个人明知无给付义务而交付财产时，一般认为其意思表示应是赠与。第四，因不法原因而支付的财产。此财产不得作为不当得利要求受益方返还。比如，对官员的贿赂如果达不到目的，假如赋予行贿人对财物的返还请求权，则是对行贿行为的法律保护。因此，对于类似财产应当予以收缴。其目的在于避免“不法”行为的合法化。

(2)嗣后欠缺给付目的。当事人一方向受益方给付，原来是有法律目的的，但是给付后该法律目的消灭，从而使得该财产成为无法律原因的受益。比如，一方当事人向对方交付定金，但后来合同被认定无效，即属于此种情形。

(3)未能达到给付目的。当事人一方向受益方给付，但是其目的因为某种原因尚未达到，该利益就成为无合法根据的不当得利。

2. 非给付不当得利

不当得利的产生不是由于给付，而是其他原因，一般包括以下情形。

(1)基于受益方行为。此不当得利是由受益方自己的行为造成的。比如，甲擅自转让乙的财产，使自己受益，他人受损。

(2)基于受损方行为。此不当得利是由受损方自己的行为造成的。比如，甲误将乙的事物当成自己的管理。相关案例 5-1 中，正是因为银行工作人员看岳磊的身份证及收手续费而把收款的事情忘记了，使得岳磊获得 15000 元不当得利。此不当得利产生的原因就是受损方的不作为行为。

(3)基于第三方行为。此不当得利是由第三方自己的行为造成的。比如，甲以乙的饲料喂养丙的牛。乙的损失和丙的受益，是因为甲的行为造成的。

(4)基于事件。此不当得利的产生并非因为行为，而是事件。比如，甲的牛自己跑到乙的牧场，牛的所有权人可以基于不当得利请求对方返还该牛。相关案例 5-2 中，许霆取得的不当得利就是基于自动柜员机出现异常这一事件。

(三)不当得利的效力

不当得利是因为没有合法根据，使得受害方受到损失而受益方获得利益。因此，不当得利人的受害方有权请求受益方返还不当得利。但是，对于此返还不当得利请求权的范围，依受益方的主观情况的不同而有所差别。

1. 受益方为善意，返还现存利益。受益方在取得利益时并不知道自己所得利益没有合法的依据，即属于此种情形。受益方只需返还现存利益，即受益方受到返还请求权时的利益，并不是原物的固有价值。若利益已经不存在了，受益人则不负返还义务。

2. 受益方为恶意，返还全部利益。受益方在取得利益时知道自己所得利益没有合法的依据，即属于此种情形。即使利益已经不存在了，受益方仍应返还全部利益。本案二审中，上诉人某煤矿有限公司主张该 250000 元人民币系被上诉人刘成代他人支付的购煤款，且其已供应，但上诉人对其主张未能提供相应证据予以证实，不能证明其当时并不知情，因此，判决某煤矿有限公司返还刘成人民币 250000 元及自 2009 年 10 月 13 日起按此日执行的中国人民银行发布的一年期整存整取利率标准计算至给付之日止的利息。

3. 受益方受益时为善意，嗣后恶意，返还恶意开始时及以后的利益。受益方在取得利益时不知道自己所得利益并没有合法的依据，但是，后来知道了。

其返还范围以恶意开始时及以后的利益为限，在此之前则适用善意的相关规定。

综上所述，刘成向某煤矿有限公司汇款人民币 250000 元，要求某煤矿有限公司供给煤炭，但某煤矿有限公司否认其与刘成存在煤炭买卖合同关系，刘成提交的证据也不能证明双方就煤炭买卖经过要约、承诺达成协议，因此法院认定刘成与某煤矿有限公司之间不存在合同关系。刘成主张某煤矿有限公司供给煤炭于法无据。而刘成因为汇出 250000 元，造成其财产减少，而某煤矿有限公司获得利益，二者存在因果关系，且无约定和法定的根据。因此，符合不当得利的构成要件。根据民法通则第 92 条，某煤矿有限公司应返还不当得利。某煤矿有限公司对其主张的刘成代他人支付购煤款，且已供应的事实，未能提供相应证据予以证实，可以认定某煤矿有限公司是知情的。根据民通意见第 131 条的规定，法院判决由某煤矿有限公司返还刘成人民币 250000 元及自 2009年 10 月 13 日起按此日执行的中国人民银行发布的一年期整存整取利率标准计算至给付之日止的利息，是正确的。

▶五、相关案例 > > >

【案例 5-1】中国农业银行股份有限公司郑州东风路支行诉岳磊不当得利纠纷案①

2012 年 8 月 15 日，被告岳磊到原告农行东风路支行营业大厅柜台处办理无卡汇款业务，汇款 15000 元给吴塞成。汇款完毕后，岳磊并未将应汇钱款 15000 元交付给原告，原告下班核对账目时方知此情况，原告遂为被告垫付了该 15000 元的汇款。事后，经原告多次向被告催要，但被告至今未向原告支付该垫付款。为此，原告请求：(1)被告返还原告不当得利 15000 元，并自 2012 年 8 月 15 日起按银行同期贷款利率向原告支付利息至清偿完毕之日起。(2)本案全部诉讼费用由被告承担。被告辩称，被告岳磊系受诈骗才在原告农行东风路支行填写了汇款凭证，被告并不欠原告款。

经审理查明，被告岳磊收到银行发放贷款的短信，被告经电话核实，于 2012 年 8 月 15 日到原告农行东风路支行办理相关手续，并按照电话中的约定给吴

① 参见：河南省新郑市人民法院民事判决书〔2013〕新民初字第 504 号。河南法院裁判文书网，http://ws.hncourt.org/paperview.php? id = 994598，2013-07-19。

塞成汇款15000元,填完银行存款凭条后,被告并没有把款项支付给原告,原告的工作人员因为看被告的身份证及收手续费而把收款的事情忘记了。被告离开后原告发现该情况,遵守银行的规定,垫付了15000元把款汇给了吴塞成。后被告接到原告工作人员的电话索要15000元时,被告感觉上当了,就向公安机关以诈骗报了案。原告为索要该15000元双方也进行了协商,但最终没有协商成功。为此原告诉至本院,请求处理。以上事实由原告提交的借记卡账户明细查询、银行卡存款凭条、录像资料等证据予以证实。

法院认为,被告岳磊给吴塞成汇款属实,被告亦认可其并没有把汇给吴塞成的15000元交付原告农行东风路支行,后原告垫付了15000元汇给吴塞成。《中华人民共和国民法通则》第92条规定:没有合法根据,取得不当利益,造成他人损失的,应当将取得的不当得利返还受损失的人。原被告双方无明确债权债务关系,被告无法律根据和合同的约定取得该15000元得以汇给吴塞成,因此被告构成不当得利,对于原告请求返还不当得利款15000元及其利息的诉讼请求,本院予以支持。被告未有证据证明其受到了欺诈,亦未有在本院限定的时间内提交公安机关立案的相关证据,故被告辩称本院不予支持。依据《中华人民共和国民法通则》第92条的规定,判决如下:被告岳磊应于本判决生效后10日内返还原告中国农业银行股份有限公司郑州东风路支行15000元及利息(利率按中国人民银行同期同类贷款利率自2012年8月15日计至清偿完毕之日止)。案件受理费175元,由被告承担。

【案例5-2】许霆案①

2006年4月21日晚10时,许霆持本人自己不具备透支功能、余额为176.97元的银行卡到广州市天河区黄埔大道西平云路163号的广州市商业银行自动柜员机(ATM)准备取款100元,许霆在自动柜员机上无意中输入取款1000元的指令,柜员机随即出钞1000元。许霆经查询,银行卡存款账户里却只被扣除1元。于是在当日21时57分至22时19分、23时13分至19分、次日零时26分至1时6分三个时间段内,在该自动柜员机持上述银行卡指令取款170次,共计取款174000元。许霆还将柜员机出现异常的情况告知同事郭安山,郭安山亦采取同样的手段共计取款18000元。同月24日下午,许霆携款逃匿。

经查明,许霆取款的柜员机于2006年4月21日17时许由运营商广州某公

① 参见:广东省广州市中级人民法院刑事判决书,〔2007〕穗中法刑二初字第196号;广东省高级人民法院刑事裁定书,〔2008〕粤高法刑一终字第5号。

司进行系统升级后出现异常，该自动柜员机对于1000元以下（不含1000元）的取款交易正常；1000元以上的取款交易，每取1000元按1元形成交易报文向银行主机报送，即持卡人输入取款1000元的指令，自动柜员机出钞1000元，但持卡人账户实际扣款1元。

同年11月7日，郭安山向公安机关投案自首，并全额退还赃款1.8万元。经天河区法院审理后，法院认定其构成盗窃罪，但考虑到其自首并主动退赃，故对其判处有期徒刑一年，并处罚金1000元。

对于许霆，广州市商业银行发现被告人许霆账户交易异常后，经多方联系许霆及其亲属，要求退还款项未果，于2006年4月30日向公安机关报案。公安机关立案后，将许霆列为犯罪嫌疑人上网追逃。2007年5月22日，许霆在陕西省宝鸡市被抓获归案。案发后，许霆及其亲属曾多次与银行及公安机关联系，表示愿意退赔银行损失，但同时要求不追究许霆的刑事责任。许霆未退还赃款。

广州市人民检察院于2007年10月15日以穗检公二诉〔2007〕176号起诉书指控被告人许霆以非法占有为目的，盗窃金融机构，数额特别巨大，其行为已构成盗窃罪，向广州市中级人民法院提起公诉。一审法院认为，被告人许霆以非法占有为目的，伙同同案人采用秘密手段，盗窃金融机构，数额特别巨大，其行为已构成盗窃罪。公诉机关指控被告人的犯罪事实清楚，证据确实、充分，予以支持。对于辩护人关于被告人的行为不构成盗窃罪的辩护意见，经查，现有证据足以证实被告人主观上有非法占有的故意，被告人的银行卡内只有170多元，但当其发现银行系统出错时，即产生恶意占有银行存款的故意，共分171次恶意提款17万多元而非法占有，得手后潜逃并将赃款挥霍花光，其行为符合盗窃罪的法定构成要件，当以盗窃罪追究其刑事责任。辩护人提出的辩护意见，与本案的事实和法律规定不相符，本院不予支持。

依照《中华人民共和国刑法》第264条第1项、第57条、第59条、第64条的规定，判决如下：(1)被告人许霆犯盗窃罪，判处无期徒刑，剥夺政治权利终身，并处没收个人全部财产。(2)追缴被告人许霆的违法所得174000元发还广州市商业银行。

判决宣告后，许霆不服，以其是善意取款，不构成犯罪；取款机有故障，银行有过失；与同案人相比处罚太重，量刑不公等为由，提出上诉。

广东省高级人民法院于2008年1月9日作出〔2008〕粤高法刑一终字第5

号刑事裁定,以原审判决认定被告人许霆犯盗窃罪事实不清、证据不足为由,裁定撤销原判,发回重审。

二审认为,被告人许霆以非法占有为目的,采用秘密手段窃取银行经营资金的行为,已构成盗窃罪。许霆案发当日21时56分第一次取款1000元,是在正常取款时,因自动柜员机出现异常无意中提取的,不应视为盗窃,其余170次取款,其银行账户被扣账的174元,不应视为盗窃,许霆盗窃金额共计173826元。公诉机关指控许霆犯罪的事实清楚,证据确实、充分,指控的罪名成立。许霆盗窃金融机构,数额特别巨大,依法本应适用"无期徒刑或者死刑,并处没收财产"的刑罚。鉴于许霆是在发现银行自动柜员机出现异常后产生犯意,采用持卡窃取金融机构经营资金的手段,其行为与有预谋或者采取破坏手段盗窃金融机构的犯罪有所不同;从案发具有一定偶然性看,许霆犯罪的主观恶性尚不是很大。根据本案具体的犯罪事实、犯罪情节和对于社会的危害程度,对许霆可在法定刑以下判处刑罚。依照《中华人民共和国刑法》第264条、第63条第2款、第64条和《最高人民法院关于审理盗窃案件具体应用法律若干问题的解释》第3条、第8条的规定判决如下:(1)被告人许霆犯盗窃罪,判处有期徒刑五年,并处罚金2万元;(2)追缴被告人许霆的犯罪所得173826元,发还受害单位。

▶六、问题与思考 > > >

1. 不当得利的犯罪化是指某些行为开始是不当得利,但后来却转化成了刑法上的财产犯罪。比如许霆案,最后法院认为,最初许霆取得1000元属于民法的不当得利,但是,当许霆发现自动柜员机出现故障后,就转化为了盗窃。因此,如何在民法的不当得利与刑法的财产型犯罪之间划定一个明确的界限或者说不当得利犯罪化的标准,需要我们思考和研究。

2. 民法是权利法,民法体系也可以看作一个权利的体系。其中,在请求权分支中,不当得利请求权如果和其他民法上的请求权,如所有物返还请求权、合同上的请求权、侵权赔偿请求权、无因管理请求权等发生竞合,应如何处理?

DISIBIAN

第四编

继　承　法

引例一　胡艳琼等诉胡艳红法定继承案

▶一、案情简介[①] > > >

胡某某与蒋某某系夫妻关系，于1980年11月28日结婚，婚后生育了三个女儿，长女胡艳琼、次女胡艳萍、三女胡艳红。胡某某于2006年9月30日因病死亡，蒋某某于2007年3月27日非正常死亡。胡某某的父亲、母亲先于胡某某去世；蒋某某的父亲先于蒋某某去世，蒋某某的母亲蒋仇氏尚在，现年93岁。被继承人胡某某、蒋某某在1990年左右盖了三间四耳土木结构房屋一所、畜厩一间、厕所一个，胡某某祖上遗留厕所一个。1997年3月15日，通海县人民政府针对上述房产颁发了通集建〔1997〕字第05—(05)—1273号集体土地建设用地使用证，土地使用者胡某某，占地面积212.37平方米，在审批表上，家庭成员为5人。原告胡艳琼、胡艳萍和被告胡艳红均同意三间四耳房屋一所估价为60000元、畜厩一间估价为3000元、厕所两个估价为2000元。

被继承人胡某某在通海县人民医院治疗期间，因医疗事故死亡后，其家属与通海县人民医院于2006年11月11日达成赔偿协议：通海县人民医院赔偿胡艳琼、胡艳萍、胡艳红、蒋某某医疗费、误工费、丧葬费、交通费、精神抚慰金、死亡赔偿金等共计168000元。该笔补偿款在通海县人民医院支付后，分为两笔(150000元和18000元的各一笔)存入中国建设银行通海支行，存折由被告胡艳红保管，2006年11月13日、11月16日，被告胡艳红从18000元的账户上分两次共取走4000元，此款在2006年11月19日签订协议时作了扣减；2006年11月19日签订协议当天，被告胡艳红从18000元的账户上取走剩余的14000元，

① 案情来源：云南省通海县人民法院民事判决书〔2008〕通民一初字第446号；云南省玉溪市中级人民法院民事判决书〔2009〕玉中民一终字第57号。

现尚有存款150000元及到2008年11月13日为止的利息9180元。

蒋某某自1998年以来患有间歇性精神病，2006年11月9日至2006年11月15日在红河州第二人民医院住院治疗，住院费用由被告胡艳红支付。2006年11月19日原告胡艳琼、胡艳萍、被告胡艳红及被继承人蒋某某签订协议约定：(1)胡艳红必须继承胡家门户，子女必有姓胡。(2)胡艳红在继承父亲所有遗产的同时，必须监护、扶养好母亲，如母亲在往后生活中对胡艳红的扶养不满，大姐胡艳琼、二姐胡艳萍有权根据母亲及其他亲属的意见，取消胡艳红继承遗产及监护、扶养母亲的相关权利，不再享受平等权益。(3)母亲所拥有的相关遗产，在母亲百年归终后归胡艳红所有。(4)现在家中所有的现金（父亲死亡补偿费及母亲相关抚恤金、家庭原有资金）176000元整属于胡艳琼、胡艳萍共同监管，用于母亲今后的生活费、医疗费等相关用款。胡艳红每年支取存款利息和出租农田租金，用于家庭中母亲的生活费、修缮住房，及母亲大额费用支出，必须与大姐胡艳琼、二姐胡艳萍协调解决。(5)现金的支出以2006年11月20日起算，至2007年11月20日，胡艳红才能支取2007年11月20日至2008年11月20日的生活费（即利息），以后依次支取。协议签订后，蒋某某的生活主要由胡艳红照管。2007年3月27日蒋某某非正常死亡。另查明，胡某某和蒋某某的丧葬事宜主要由胡艳红办理，胡艳琼、胡艳萍参与操办，胡某某、蒋某某的丧葬费是用家庭资金支付。

原告请求依法继承胡某某、蒋某某的上述遗产。

一审法院经审理认为，2006年11月19日，原告胡艳琼、胡艳萍、被告胡艳红、被继承人蒋某某签订的协议，是在胡某某死亡后，其法定继承人胡艳琼、胡艳萍、胡艳红、蒋某某在场的情况下协商达成的，是对胡某某的遗产、胡某某医疗事故死亡获得的赔偿款、蒋某某的个人财产进行处分及对蒋某某将来的生活问题进行约定。从协议的内容来看，虽然上述协议双方当事人均签字认可，是当事人的真实意思表示，但协议所附条件（义务）即“被告胡艳红必须继承胡家门户，子女中必有姓胡”，限制、侵犯了被告胡艳红的婚姻自主权及他人（子女）的姓名权，违反了法律的强制性规定，应当认定该民事行为无效。所以2006年11月19日达成的协议所附条件违背了法律的规定，是无效的协议。被继承人胡某某、蒋某某的遗产应按法定继承来处理。遂作出以下判决：

1. 因被继承人胡某某医疗事故死亡获得的赔偿款余额164000元及利息9180元共计人民币173180元，原告胡艳琼、胡艳萍各分得43295元；被告胡艳红分得43295

元,扣除被告胡艳红已取走的 14000 元,实际被告胡艳红分得 29295 元。

2. 被继承人蒋某某遗产中分配胡某某赔偿款所得人民币 43295 元,原告胡艳琼、胡艳萍各继承 10823.75 元,原告蒋仇氏继承 4329.5 元,被告胡艳红继承 17318 元。

3. 坐落于通海县秀山镇金山村七组胡家头 129 号的三间四耳土木结构房屋一所(占地面积 179.36 平方米)、畜厩一间(占地面积 12.75 平方米)、厕所两个(占地面积分别为 8.98 平方米 、11.28 平方米)归被告胡艳红所有。

4. 被告胡艳红支付原告蒋仇氏房屋折价款人民币 4225 元。

5. 被告胡艳红支付原告胡艳琼房屋折价款人民币 17062.5 元。

6. 被告胡艳红支付原告胡艳萍房屋折价款人民币 17062.5 元。

一审判决后,被告不服,上诉至中级人民法院。

二审法院经审理认为:胡艳琼、胡艳萍、胡艳红、蒋某某于 2006 年 11 月 19 日签订的协议书约定胡艳红必须继承胡家门户,子女必有姓胡,侵犯了胡艳红的婚姻自主权及他人(子女)的姓名权,另外,蒋某某的第一顺序继承人除胡艳琼、胡艳萍、胡艳红外,还有蒋某某的母亲蒋仇氏,签订协议时蒋仇氏不在场,而蒋某某是精神病人,胡艳琼、胡艳萍、胡艳红在蒋仇氏不在场的情况下将蒋某某的财产处理给胡艳红,侵犯了蒋仇氏的合法权益。综上,一审判决认定该协议无效并无不当。胡艳红主张该协议合法有效理由不充分,法院不予采纳。对于胡某某因医疗事故死亡获得的赔偿款,一审法院确定由胡艳琼、胡艳萍、胡艳红、蒋某某平均分配符合本案实际,且不违反法律规定,法院予以支持。该协议书无效后,胡某某、蒋某某的遗产认定正确,至于遗产的分割,一审法院考虑胡艳红所尽义务较多,分配遗产时适当多分给胡艳红,有事实和法律依据,法院予以维持。二审法院做出判决:驳回上诉,维持原判决。

▶二、思维路径 > > >

在法定继承案件中,被继承人死亡后,继承人针对遗产的分割达成一致,但协议内容违反法律的规定,侵犯了其中某个继承人的权利,所签协议应认定为无效。本案中,胡艳琼、胡艳萍、胡艳红、蒋某某作为被继承人胡某某的法定继承人,自愿将胡某某的遗产全部分给胡艳红,但要求胡艳红必须继承胡家门户,子女必有姓胡的。违反法律的民事行为无效,无效的民事行为,从行为开始起就没有法律约束力。公民享有姓名权,有权决定、使用和依照规定改变自己的姓名,禁止他人干涉、盗用、假冒。公民也享有婚姻自主权,禁止买卖、包办婚姻和其他干涉婚姻自由的行为。姓名权、婚姻自主权是作为公民最基本的权利,任何组织、个人都不能干涉。因此该约定侵犯了胡艳红的婚姻自由及他人(子女)的姓名权,违反了法律的强制性规定。附条件的民事行为,如果所附的条件是违背法律规定或者不可能发生的,应当认定该民事行为无效。所以 2006 年 11 月 19 日达成的协议所附条件违背了法律的规定,是无效的协议,胡某某和蒋某某的财产只能按法定继承来处理。而考虑胡艳红所尽义务较多,分配遗产时适当多分给胡艳红,胡艳琼、胡艳萍二人所尽义务较少且相当,则应分配较少等量的遗产,法院依法作出判决。

▶三、法律依据 > > >

1.《中华人民共和国民法通则》第 58 条:"下列民事行为无效:

(一)无民事行为能力人实施的;

(二)限制民事行为能力人依法不能独立实施的;

(三)一方以欺诈、胁迫的手段或者乘人之危,使对方在违背真实意思的情况下所为的;

(四)恶意串通,损害国家、集体或者第三人利益的;

(五)违反法律或者社会公共利益的;

(六)以合法形式掩盖非法目的的。

无效的民事行为,从行为开始起就没有法律约束力。"

《中华人民共和国民法通则》第 99 条第 1 款:"公民享有姓名权,有权决定、使用和依照规定改变自己的姓名,禁止他人干涉、盗用、假冒。"

《中华人民共和国民法通则》第 103 条:"公民享有婚姻自主权,禁止买卖、包办婚姻和其他干涉婚姻自由的行为。"

2.《中华人民共和国物权法》第 95 条:"共同共有人对共有的不动产或者动产共同享有所有权。"

3.《中华人民共和国继承法》第 3 条:"遗产是公民死亡时遗留的个人合法财产,包括:

(一)公民的收入;

(二)公民的房屋、储蓄和生活用品;

(三)公民的林木、牲畜和家禽;

（四）公民的文物、图书资料；

（五）法律允许公民所有的生产资料；

（六）公民的著作权、专利权中的财产权利；

（七）公民的其他合法财产。”

《中华人民共和国继承法》第10条第1、2、3款：“遗产按照下列顺序继承：

第一顺序：配偶、子女、父母。

第二顺序：兄弟姐妹、祖父母、外祖父母。

继承开始后，由第一顺序继承人继承，第二顺序继承人不继承。没有第一顺序继承人继承的，由第二顺序继承人继承。”

《中华人民共和国继承法》第13条：“同一顺序继承人继承遗产的份额，一般应当均等。

对生活有特殊困难的缺乏劳动能力的继承人，分配遗产时，应当予以照顾。

对被继承人尽了主要扶养义务或者与被继承人共同生活的继承人，分配遗产时，可以多分。

有扶养能力和有扶养条件的继承人，不尽扶养义务的，分配遗产时，应当不分或者少分。

继承人协商同意的，也可以不均等。”

《中华人民共和国继承法》第25条：“继承开始后，继承人放弃继承的，应当在遗产处理前，作出放弃继承的表示。没有表示的，视为接受继承。

受遗赠人应当在知道受遗赠后两个月内，作出接受或者放弃受遗赠的表示。到期没有表示的，视为放弃受遗赠。”

《中华人民共和国继承法》第26条：“夫妻在婚姻关系存续期间所得的共同所有的财产，除有约定的以外，如果分割遗产，应当先将共同所有的财产的一半分出为配偶所有，其余的为被继承人的遗产。

遗产在家庭共有财产之中的，遗产分割时，应当先分出他人的财产。”

《中华人民共和国继承法》第29条：“遗产分割应当有利于生产和生活需要，不损害遗产的效用。

不宜分割的遗产，可以采取折价、适当补偿或者共有等方法处理。”

4.《中华人民共和国婚姻法》第22条：“子女可以随父姓，可以随母姓。”

5. 最高人民法院《关于贯彻执行〈中华人民共和国民法通则〉若干问题的意见（试行）》第75条：“附条件的民事行为，如果所附的条件是违背法律规定或者不可能发生的,应当认定该民事行为无效。”

▶四、学理分析 > > >

(一)无效民事行为[①]

1. 无效民事行为的概念

无效民事行为指欠缺法律行为根本生效要件,自始、确定和当然不发生行为人意思之预期效力的民事行为。其具体含义是:(1)自始无效。无效民事行为之无效,自行为开始起发生,该行为之意思,从开始起就不被法律所认可;(2)当然无效。即无效民事行为,无须任何人主张,也不待法院或仲裁机构宣告即无效。该行为无效不以主张、确认和宣告为要件;(3)意思无效。无效民事行为之无效,是指当事人意思不发生效力,而不是说没有任何法律效力。如果该无效行为满足侵权行为、不当得利或其他损害赔偿的法律要件时,仍得发生侵权、不当得利等法律规范所规定的效力。

2. 无效民事行为的类型

(1)行为人不具有行为能力实施的民事行为

无民事行为能力人实施的行为,因没有意思能力,不发生法律行为之效果意思的效力。法人实施行为能力范围以外的行为,特别是违反禁止性规定的行为,也不生效力。

(2)意思表示不自由的行为

意思的形成自由和意思表示自由是意思表示真实的前提。若在意思形成和表示过程中欠缺自由甚至完全不自由,按合同法的规定,一方以欺诈、胁迫、乘人之危的手段订立损害国家利益的合同,则应属无效,不能依照该意思表示的内容发生效力。

意思表示不自由的行为包括欺诈、胁迫、乘人之危的行为。

(3)恶意串通,损害国家、集体或者第三人利益的行为

恶意串通,损害国家、集体或者第三人的利益的行为,是行为人双方共同合谋进行的,以损害国家、集体或者第三人利益为目的的民事行为。比如采取恶意串通的方式(投标人与招标人恶意串通或投标人之间恶意串通)中标,中标为无效。它须具备下列条件:须表示与内心不一致。即外部表示与内心意思不一

① 参见法律出版社法规中心编:《民法通则关联法规精选》,法律出版社2005年版。

致，所表示的并不是行为人的真实意思，行为人内心中存在牟取不正当利益或损害他人的意思，但是却故意制造某种进行民事法律行为的虚假现象。例如为逃避强制执行而假装把财产赠与相对人，事实上当事人并没有出赠和受赠的意思。

须有恶意通谋。即表意人与相对人恶意串通。不但表意人单方面了解自己的表示是虚伪的，而且相对人也了解这一情况。串通指他们之间有勾结，有意思联络。而恶意则指对于该串通是完全了解的，表意人自己了解其表示与意思的不一致，不一致是恶意造成的，而不是出于认识上的错误。

须损害国家、集体或者第三人的利益。恶意串通的意思表示，必须具有损害国家、集体或者第三人的利益的目的。串通人之所以恶意串通，必然有其损人利己的非法目的。

(4)伪装行为

即以合法形式掩盖非法目的行为，是指以虚假的合法行为作表面行为，掩盖非法的隐蔽行为的行为。伪装行为，它由表面行为与掩藏行为互为表里构成。其表面行为因意思表示不真实而无效，而隐藏行为则因为内容违法而无效。比如，签订虚假的租赁合同，将租金摊入成本以逃避税收。

(5)违反法律或者社会公共利益的行为

民事法律行为的根本属性之一在于意思表示内容的合法性。因此，意思表示如果违法，当然不属于民事法律行为。所谓违法行为，不仅指违反民法规范，也包括违反其他部门法的规范，同时包括违反国家政策，损害社会公共利益。

① 违反法律

违反法律，是指违反法律、行政法规的强制性规定。强制性规定，又称为强行性规范，是任意性规范的对称。对强行性规范，当事人必须遵守，如果违反则导致行为无效；对任意性规范，当事人可以合意排除适用。

全国人大和全国人大常委会颁布的法律中的强制性规范、国务院颁布的行政法规中的强制性规范，是确认合同效力的依据，不能以地方性法规和规章作为否定合同效力的依据。

② 损害社会公共利益

当事人为追求自己利益而订立的合同，其履行或履行结果危害国家利益的，或者为了损害国家利益而订立的合同都是损害国家利益的合同。比如，实施结果污染环境的合同、从事犯罪或者帮助犯罪的合同等。损害社会利益的合同，当事人主观上可能是故意，也可能是过失。

3. 无效民事行为的特征

(1)当然无效

所谓当然无效，即不问当事人的意思如何而当然不生效力，既不需要当事人主张其无效，也不需要经过任何程序。当然，无效民事行为的当然无效，虽然不需要经过人民法院或者仲裁机关的裁判，但当事人对其是否无效有争议时，可以提起确认之诉，请求法院予以认定。

(2)完全无效

所谓完全无效，指民事行为虽然具备了全部成立要件，但因为欠缺生效要件而实际上完全不发生当事人所欲发生的法律效力。应当注意的是，无效民事行为的完全无效是针对当事人的意思表示而言的，并不妨碍它发生该民事行为效果以外的其他效果。例如，在具备侵权行为的要件时，将发生侵权行为的损害赔偿的法律后果。

(3)自始无效

无效民事行为，因为不具备生效要件，自该行为成立之日起即为无效，这与行为成立即已发生法律效力，而后因解除或者撤销再归于无效不同。

(4)确定无效

无效民事行为，不仅其成立时不发生法律效力，以后也绝对没有再发生法律效力的可能。这与效力未定的民事行为可以经过补正而生效不同。

4. 民事行为无效的后果

(1)如果这类行为所约定的义务尚未履行，那么就无须再去履行。因为它们根本不能使义务人负担义务。

(2)如果这类行为所约定的义务正在履行之中，那么即应中止履行。对于业已履行的部分，应按下面的原则去处理。

一是返还财产。在给付了财产的情况下，受领财产的一方应将该财产返还相对人。这是因为，自从民事行为被确认为无效之时，受领财产的一方继续占有该项财产就丧失了法律依据，因而有义务将财产返还给相对人。如果仅仅是当事人一方取得了财产，那么该当事人负返还义务；如果当事人双方对等地取得了财产，那么双方应当相互返还财产。如果财产已不存在，无法返还的，应折价赔偿；

二是赔偿损失。如果民事行为无效后给对方或者第三人造成了损失,还应当赔偿损失。如果损失是一方的过错造成的,则仅过错方赔偿;如果双方都有过错,则由双方承担各自应负的责任。

(3)追缴财产。这应属于公法上的责任。双方恶意串通,实施民事行为损害国家、集体或者第三人的利益,应当追缴双方已取得的或者约定取得的财产,分别收归国家、集体所有,或者返还第三人。应当注意的是,不仅要追缴双方已取得的财产,还要追缴其约定取得的财产。

(4)解决争议条款之有效。在双方民事行为无效后,该行为中关于解决双方争议的意思表示,可以独立发生效力,不因该行为无效或被撤销不发生效力。

(二)法定继承[①]

1. 法定继承的概念

法定继承是指在被继承人没有对其遗产的处理立有遗嘱的情况下,由法律直接规定继承人的范围、继承顺序、遗产分配的原则的一种继承形式。

与遗嘱继承相对,又称无遗嘱继承,指按照法律规定的继承人范围、继承顺序和遗产分配份额进行继承的制度。其法律特征有:(1)法定继承是以一定的人身关系为前提,即依继承人和被继承人之间的婚姻、血缘关系而确定的。(2)法定继承人的范围、继承顺序和遗产分配份额,都是强制性规范,除由死者生前依法以遗嘱方式加以改变外,其他任何人都无权变更。

2. 法定继承人的范围

根据中国的司法实践,继承人范围有:配偶、子女、父母和兄弟姐妹、祖父母、外祖父母。子女作为法定继承人,其继承权不受性别、年龄、婚生与非婚生的限制(见非婚生子女)。养子女同亲生子女一样,享有同等的继承权。但是由于“养子女和生父母间的权利和义务,因收养关系的成立而消除”(婚姻法第26条第2款),从而养子女丧失对生父母的遗产继承权。继子女同继父母间的继承权,根据婚姻法有关规定,只以互有扶养关系的为限。丧失配偶的儿媳同公婆之间、丧失配偶的女婿同岳父母之间的相互继承遗产的权利,在审判实践中也依他们之间的扶养关系而定。对父亲死后才出生的子女,即遗腹子,世界各国的继承法都特别规定保留其应继份额。如果胎儿出生后存活,就取得

① 参见魏振瀛:《民法》(第四版),高等教育出版社2010年版。

这份遗产;如果是死婴,则为他保留的份额,由其他法定继承人分配。兄弟姐妹是最近的旁系血亲,不仅同一父母的兄弟姐妹,就是半血缘关系的同父异母的或者同母异父的兄弟姐妹间也都互有继承权。祖父母和外祖父母享有同等的继承权。

3. 法定继承的适用情形

根据继承法规定,有下列情形之一的,遗产中的有关部分按照法定继承办理:

(1)被继承人生前未与他人订立遗赠扶养协议,或虽订立遗赠扶养协议,但只处分了部分遗产,或协议已失去法律效力的。

(2)被继承人生前未立遗嘱、遗赠,或虽立遗嘱、遗赠,但只处分了部分遗产,或所立遗嘱、遗赠无效或部分无效的。

(3)遗嘱继承人或受遗赠人先于被继承人死亡的。

(4)遗嘱继承人放弃遗嘱继承或受遗赠人放弃受领遗赠的。

(5)遗嘱继承人丧失继承权或受遗赠人丧失遗赠受领权的。

4. 对遗产的分配

(1)遗产须按法律规定的顺序进行继承:根据继承法第 10 条和第 12 条规定:第一顺序的继承人为配偶、子女、父母。第二顺序的继承人为兄弟姐妹、祖父母、外祖父母。继承开始后,由第一顺序继承人继承,没有第一顺序继承人继承的,由第二顺序继承人继承。"丧偶儿媳对公、婆,丧偶女婿对岳父、岳母尽了主要赡养义务的,作为第一顺序继承人。"

(2)一般情况下,同一顺序的各继承人均等分配遗产:根据继承法第 13 条规定,同一顺序的法定继承人在继承遗产时,一般情况下,应当按继承人的人数均等分配遗产数额。

所谓"一般情况"是指同一顺序的各个法定继承人,彼此在生活状况、劳动能力以及对被继承人所尽抚养、扶养或赡养义务等方面,情况基本相同,条件大致接近。所谓"均等分配遗产"是指同一顺序的各个法定继承人所取得的被继承人遗产数额比例相同,没有明显差别。

(3)特殊情况下同一顺序各继承人可不均等分配遗产,这些特殊情况是指:

① 对生活有特殊困难和缺乏劳动能力的继承人,在分配遗产时应当予以照顾,可以多分。生活有特殊困难是指继承人因为没有独立的经济收入或其他生活来源,难以维持其起码的物质生活条件。缺乏劳动能力是指继承人因

尚未成年不具备劳动能力或因年迈、疾病等原因而部分丧失或全部丧失劳动能力。

对于具备上述条件的继承人,在分配遗产时,必须给予照顾,其实际取得的遗产份额,应当较其他继承人为多。

② 对被继承人尽了主要赡养或扶养义务或者与被继承人共同生活的继承人,在分配遗产时可以多分。对被继承人尽了主要扶养义务是指对被继承人负有法定的抚养、扶养和赡养义务的继承人,为被继承人的生活提供了主要的经济来源或者提供了主要的劳务扶助。与被继承人共同生活,是指继承人与被继承人在日常生活方面处于相互紧密联系状态,彼此相互关心和照顾。

对于符合上述情况的继承人,在分配遗产时可以适当多分。

③ 有扶养能力和扶养条件的继承人,不尽扶养义务的,分配遗产时,应当不分或者少分。对被继承负有法定的抚养、扶养和赡养义务的继承人,在其具有履行抚养、扶养和赡养义务的条件下,如果拒绝履行上述义务,那么在分配遗产时,不应分给这类继承人任何遗产,或者仅分给其极少份额的遗产,以此作为对这类继承人的法律制裁。但应注意,如果被继承人因有固定收入和劳动能力,明确表示不要求其扶养的,分配遗产时,一般不应因此而影响其所应取得的遗产份额。

④ 经继承人之间协商同意的,也可以不均等分配。

本案中,胡艳琼、胡艳萍、胡艳红、蒋某某作为被继承人胡某某的法定继承人,自愿将胡某某的遗产全部分给胡艳红,但要求胡艳红必须继承胡家门户,子女必有姓胡的。根据民法通则第 58 条第 1 款第 5 项、第 2 款的规定,违反法律的民事行为无效,无效的民事行为,从行为开始起就没有法律约束力。第 99 条规定,公民享有姓名权,有权决定、使用和依照规定改变自己的姓名,禁止他人干涉、盗用、假冒。第 103 条规定,公民享有婚姻自主权,禁止买卖、包办婚姻和其他干涉婚姻自由的行为。姓名权、婚姻自主权是作为公民最基本的权利,任何组织、个人都不能干涉。因此该约定侵犯了胡艳红的婚姻自由及他人(子女)的姓名权,违反了法律的强制性规定。根据《最高人民法院关于贯彻执行〈中华人民共和国民法通则〉若干问题的意见(试行)》第 75 条的规定,附条件的民事行为,如果所附的条件是违背法律规定或者不可能发生的,应当认定该民事行为无效。依据继承法第 13 条第 3 款之规定,对被继承人尽了主要扶养义务或者与被继承人共同生活的继承人,分配遗产时,可以多分。法院依法作出判决。

五、相关案例 > > >

【案例 1-1】李白后人房产继承案[①]

百年前，李白的一位后人置下一片房产，生有五房儿子。百年后，五房儿子繁衍的各自分支都是枝叶茂盛，百年老宅的价值也是节节飙升。因种种原因，"李白后人"对百年老宅从没有进行过分家析产。如今，因城市发展需要，百年老宅即将拆迁，围绕拆迁款如何分配，70 多位"李白后人"打了一场罕见的遗产继承官司。

该案所涉李氏家族先祖叫李均泰，100 多年前从安徽来到南京，于清同治三年在今下关热河路 103 巷置下一片房产。2009 年 6 月，因城市建设需要，热河路 103 巷的李氏老宅面临拆迁。对拆迁补偿款进行分配的事宜自然提上了议程。为了妥善处理好拆迁补偿款分配问题，家族内部将知晓的、能够取得联系的，且认为有权参与分配的李均泰的后人均召集在一起商讨。虽经数次家族会议的协商，均没有能达成一致意见。

因无法达成一致意见，而拆迁又迫在眉睫，全家族成员一致表示通过诉讼途径，来求一个公正的裁决。下关法院经过几个月的艰苦工作，梳理出了继承人范围内总计 130 人的李家 5 支 6 代族谱，在世的 70 人，其中就有南京籍著名演员陶泽如。后下关法院召开了两次听证会，召集家族中各支代表核对族谱，并根据部分当事人提供的新线索，奔赴湖南、湖北、河南等地，查实了另外 5 名继承人。经依法追加，最终继承人范围由诉讼时的 37 人扩大到 75 人。为确定继承标的的具体面积，下关法院多方查找到民国时期、1956 年土地改革时期的老档案，结合落实政策发还通知，最终确定了面积。

充分做好前期准备后，法院公开开庭审理了本案。法庭上，以李均泰五个儿子为基线，以六个房屋共有人为主线，根据亲情的紧密程度及在分配意见上是否有共性为基础，73 名被告分成了 11 个阵营，连同原告，共有 12 个阵营。在两天的庭审中，围绕讼争房屋登记所有权人的认定及份额、房屋所有权的代表登记、各个当事人的继承份额等争议焦点，法官让 12 个阵营充分发表了意见。

围绕双方的争议焦点，法院经审理后认为：不动产物权的设立、变更、转让和消灭，经依法登记，发生法律效力。原被告的先辈在 1936 年进行土地所有权

① 参见宁法、江中帆：《李白后人的老宅遗产大战》，载于《检察风云》2010 年第 22 期。

登记时，此时国家尚未实行房屋所有权登记，房屋只是作为土地上的定作物登记在土地所有权的权利事项中，因此房屋的所有权是隐含在土地所有权之中的。因而，本案讼争的房屋所有权在1936年应为土地所有权登记的六个共有人——李文昭、李殿甲、李云海、李锦文、李文馨、李正瑞共有。

共有的形式有多种，本案中结合李殿甲在申请土地所有权登记时认可本财产为祖遗即祖上遗留财产，应当认定为李文昭、李殿甲、李云海、李锦文、李文馨、李正瑞是遗留财产的继承人。作为遗产的各个继承人，在遗产分割前对该遗产享有共同共有的权利，李文昭、李殿甲、李云海、李锦文、李文馨、李正瑞对共有的不动产没有约定共有形式，且至今没有分割遗产应视为各共有人之间按份共有。而作为按份共有人对共有的不动产享有的份额没有约定应视为等额享有。综上，李文昭、李殿甲、李云海、李锦文、李文馨、李正瑞对本案讼争的房屋各享有1/6产权。

对遗产的具体分配，经审委会的多次讨论，法官采纳了"长孙继承"的民俗习惯，确定了"5+1"的分配方案：即祖产平均分成六份，由老祖宗李均泰的"长房长孙"先继承一份，剩下的五份按每房一份，由各房按照法定继承顺序，按比例继承。

2010年9月16日，法院依据《中华人民共和国继承法》第2条、第5条、第10条、第11条、第13条、第25条，《中华人民共和国婚姻法》第17条第4项，《中华人民共和国民事诉讼法》第40条第1款、第64条，《最高人民法院关于贯彻执行〈中华人民共和国继承法〉若干问题的意见》第44条、第52条的规定，作出了一审判决。75名继承人中，除了第四房因"房长"李文思主持大局，要求把该房的1/6份额拿回去自己分配外，其余四房均由法官替每一个人计算好了继承份额。判决书中将继承人应得的份额进行了计算和列明。其中，个人继承到份额最多的为1/18，最少的只有1/2880，折合成日后的拆迁补偿款，大约为2000元左右。

【案例1-2】古月遗产继承案①

著名八一电影制片厂特型演员古月（原名胡诗学）心脏病突发去世后，其三个子女将古月的现任妻子张女士告上法庭，要求对古月的住房公积金30万元及其他遗产依法进行分割。10月16日，从北京市丰台区人民法院传来消息，在

① 参见李力、王悦：《古月遗产继承案和解　三子女与继母言和》，中国法院网，http://old.chinacourt.org/html/article/200610/18/220504.shtml，2006-10-18。

法官的调解下,原被告已经正式达成了和解协议,历时近半年的古月遗产继承案最终以双方握手言和而告终。

2005 年 7 月 2 日,古月在广东佛山三水因突发心肌梗死不幸与世长辞。因古月去世较为突然,生前也未留有遗嘱,其前妻的子女三人考虑到父亲作为我国著名演员的相关社会影响,希望能在家庭内部协商解决遗产分割一事,曾就此事与古月的现任妻子张女士多次协商,但双方一直没能达成一致。于是三个子女在 2006 年 4 月份的时候起诉到了法院。

丰台法院在受理了此案之后,法官考虑到古月生前作为公众人物,在社会中具有一定的影响力,没有急于判决结案,在调查取证的基础上耐心做双方当事人的工作。最终,在法官的主持下,10 月 16 日上午,古月的三个子女和张女士在调解协议上签下了自己的名字,之后,双方当场按协议履行,将遗产进行了分割。

【案例 1-3】侯耀文遗产继承案①

侯耀文是我国著名的相声作家、表演艺术家、国家一级演员。自幼受其父侯宝林的熏陶,1960 年登台,有 47 年的艺龄。生前任中国曲艺家协会理事,生前是中国铁路文工团总团副团长、说唱团团长,主管曲艺说唱业务。侯耀文的表演幽默、生动,刻画人物栩栩如生,门生有郭德纲、陈寒柏、常宽等,其相声作品在海内外有广泛影响。

2007 年 6 月,侯耀文突发心脏病猝死,由于生前并未订立遗嘱,自 2007 年 7 月出殡火化后,侯耀文的骨灰至今仍寄存在八宝山骨灰堂,因亲属之间的遗产分配问题,而无法入土安葬。

认为伯父侯耀华等三人侵占自己父亲的遗产,侯耀文女儿侯瓒及其妹妹将对方告上法院。

2009 年 7 月,侯瓒及其妹妹起诉到法院。侯瓒诉称,她和妹妹是遗产的第一顺序继承人。因客观上无法获知父亲有多少遗产,希望法院通过此案调查侯耀文名下的银行存款和交易记录,并进行分割。

而后,侯瓒又提出申请,要求变更、追加被告。新的诉状中,侯瓒及其妹妹为原告;侯耀华为第一被告,侯耀文的生前好友牛成志为第二被告,侯耀文弟子郭晓小则为第三被告。

① 参见《侯耀文遗产风波》,凤凰网,http://ent.ifeng.com/special/star/houyaowenyichan/。

侯瓒在申请中称，父亲去世后，侯耀华第一时间赶到父亲生前居住的玫瑰园，主持料理后事，并实际控制玫瑰园的所有遗产和证件。两年来，侯耀华从没主动邀请两位继承人清点、封存遗物。除了一部由侯耀华使用近一年后交付给妹妹的监护人的汽车外，侯耀华没有将剩余遗产分配给两位继承人的意图。

侯瓒还称，她从法院的调查取证中得知，牛成志取走其父名下多笔银行巨款，郭晓小夫妇二人使用私家车辆和搬家公司，先后拉走了玫瑰园别墅的所有物品。

侯瓒认为，上述遗产和物品，均属遗产范围。三被告未经其同意就擅自处分，涉嫌侵权；遗产的实际控制人侯耀华不履行确定遗产范围和分配的义务，并同他人擅自处分遗产，侵害了其姐妹的财产继承权。她们请求法院责令侯耀华等三人返还相应遗产，并承担侵权责任。

但随后，“侯耀文遗产案”因管辖权异议被“搁浅”，4 个月后，案件进入漫长的实体审理阶段，直到 2010 年 6 月 4 日，“侯耀文遗产案”终于公开审理。

庭审中，侯瓒和妹妹要求侯耀华返还钱款 130 余万元、礼金和墓地费 50 余万元；而侯耀华则拿出大量证据证明，自己并没有侵占弟弟任何款项，并表示由于侯瓒曾经向自己借款未遂而引发不满，称侯瓒一直希望自己能够分配到更多遗产。

在最后的法院调解环节：侯耀华认为此案是家务事，倘若侯瓒等能撤销对除侯耀华以外其他被告的诉讼，其他事情可以商量，但侯瓒方面不同意撤销侯耀华之外的其他被告，审判长宣布当庭调解失败，最终结果改日宣判。

8 月 20 日，峰回路转，侯耀文遗产纠纷案正式和解，遗产处理达成一致。侯耀华与侯瓒正式在西城法院签字和解，双方就侯耀文骨灰何时安葬、遗产如何处理等关键问题达成一致意见。至于和解协议的内容，双方同意凡是本案所涉事实双方不再具有权利和义务的纠纷，而双方此前争议一直较大的骨灰如何处理、何时下葬，遗产如何处理等问题，最终达成了一致意见。这个案子最终能以和解方式结案，是亲情和理性最终平息了这场风波。

▶ 六、问题与思考 > > >

1. 如何判断一份遗产分割的文件是遗嘱还是遗产分割协议？遗产分割协议成立的有效要件是什么？

2. 遗产分割协议效力的产生是否需要公证？遗产分割协议的公证需要注意哪些问题？

3. 法定继承人的继承份额应以平均分配为原则吗？

引例二　丈夫弥留之际妻子自拟代书遗嘱效力纠纷案

▶一、案情简介[①] > > >

1997 年，陈某与万某双方在各自丧偶后再婚，当时双方均已老年，各自膝下有儿女，2004 年 4 月，陈某被诊断为肺癌。2007 年 3 月 15 日下午，万某持一份自己草拟的遗嘱，其内容为“陈某在与万某结婚前所购的一套住宅楼由万某继承”，让所在社区的工作人员重新抄写一份，与社区的两名工作人员一起来到医院，由社区工作人员把遗嘱给陈某读了一遍，让陈某在遗嘱上签名。陈某签名后，万某又握住陈某的手在遗嘱上捺了手印。陈某从宣读遗嘱内容到社区工作人员离开，一直没有开口说话。12 天后陈某病逝，陈某的子女和万某为继承房子而诉讼到法院。

新疆生产建设兵团农九师中级法院审理认为：遗嘱只能由遗嘱人独立自主做出，不能由他人辅助或代理。万某提供的代书遗嘱，不符合由遗嘱人口述他人代为书写的形式要件要求，也不符合应当由两个以上见证人在场见证代书遗嘱全过程的法律规定。见证人只见证了陈某签字的过程，没有见证代书遗嘱的全过程，且遗嘱宣读后陈某没有开口说话，也没有用其他方式表达自己的意思，结合陈某当时的身体状况，没有充分证据证明遗嘱的内容确系本人的真实意思，判决万某在陈某弥留之际所立代书遗嘱无效，代书遗嘱争议的房产按照法定继承进行继承。

▶二、思维路径 > > >

本案是再婚夫妻之间的遗产继承问题，在司法实践中再婚夫妻遗产继承纠纷很常见。本案双方争论的焦点在于代书遗嘱的效力问题。我们分析此案件首先要明确代书遗嘱的格式、效力及认定条件。根据代书遗嘱的效力认定条件

① 案情来源：杨立新：《2008 年典型民事纠纷案件回顾》，载《法制日报（周末版）》2009 年 1 月 1 日（第 7 版）。

来具体地判断本案中万某为陈某代书的遗嘱是否属于代书遗嘱，如果属于代书遗嘱，那么再来判断它是否符合法律规定的代书遗嘱的要件以及它的效力情况。

▶三、法律依据 > > >

1.《中华人民共和国民法通则》第54条："民事法律行为是公民或者法人设立、变更、终止民事权利和民事义务的合法行为。"

《中华人民共和国民法通则》第55条："民事法律行为应当具备下列条件：

（一）行为人具有相应的民事行为能力；

（二）意思表示真实；

（三）不违反法律或者社会公共利益。"

《中华人民共和国民法通则》第56条："民事法律行为可以采用书面形式、口头形式或者其他形式。法律规定用特定形式的，应当依照法律规定。"

2.《中华人民共和国继承法》第16条："公民可以依照本法规定立遗嘱处分个人财产，并可以指定遗嘱执行人。

公民可以立遗嘱将个人财产指定由法定继承人的一人或者数人继承。

公民可以立遗嘱将个人财产赠给国家、集体或者法定继承人以外的人。"

《中华人民共和国继承法》第17条："公证遗嘱由遗嘱人经公证机关办理。

自书遗嘱由遗嘱人亲笔书写，签名，注明年、月、日。

代书遗嘱应当有两个以上见证人在场见证，由其中一人代书，注明年、月、日，并由代书人、其他见证人和遗嘱人签名。

以录音形式立的遗嘱，应当有两个以上见证人在场见证。

遗嘱人在危急情况下，可以立口头遗嘱。口头遗嘱应当有两个以上见证人在场见证。危急情况解除后，遗嘱人能够用书面或者录音形式立遗嘱的，所立的口头遗嘱无效。"

《中华人民共和国继承法》第18条："下列人员不能作为遗嘱见证人：

（一）无行为能力人、限制行为能力人；

（二）继承人、受遗赠人；

（三）与继承人、受遗赠人有利害关系的人。"

《中华人民共和国继承法》第22条："无行为能力人或者限制行为能力人所立的遗嘱无效。

遗嘱必须表示遗嘱人的真实意思,受胁迫、欺骗所立的遗嘱无效。

伪造的遗嘱无效。

遗嘱被篡改的,篡改的内容无效。"

▶四、学理分析 > > >

(一)遗嘱继承

遗嘱继承是法定继承的对称。遗嘱是遗嘱人生前在法律允许的范围内按照法律规定的方式对其遗产或其他事务所作的个人处分,并于遗嘱人死亡时才发生法律效力的法律行为。遗嘱继承,是指按照被继承人生前所立的遗嘱来确定遗产继承人及其继承的遗产种类、数额的一种继承方式。在遗嘱继承中生前立有遗嘱的被继承人称为遗嘱人或立遗嘱人,依照遗嘱指定享有继承权的人为遗嘱继承人。遗嘱继承具有以下法律特征①。

第一,遗嘱继承人继承遗产时,不再受原法定继承顺序的限制。凡被遗嘱继承人在遗嘱中指定为遗嘱继承人的,不论原来的法定继承顺序列于先或后,均享有同时、直接接受遗产的权利。

第二,遗嘱继承人接受遗产后仍有权按照法定继承顺序取得遗嘱未加处分的或者遗嘱因与法律抵触而无效部分所涉及的遗产。

第三,遗嘱继承人先于遗嘱人死亡的,其作为遗嘱继承人的法律地位在无遗嘱人另行补充指定的情况下不能由他的晚辈直系亲属(子女、孙子女、外孙子女等)替代,即不适用代位继承。

我国继承法第 16 条第 2 款规定:"公民可以立遗嘱将个人财产指定由法定继承人的一人或者数人继承。"也就是说,不是任何人或任何有血亲关系的人都可以成为遗嘱继承人的,遗嘱继承人是有特定范围的,这范围就是法定继承人的范围,即配偶、子女、父母、兄弟姐妹、祖父母、外祖父母、父母先亡的孙子女、外孙子女、对公婆尽了主要赡养义务的丧偶儿媳、对岳父母尽了主要赡养义务的丧偶女婿。遗嘱人可以从中指定一人或数人作为遗嘱继承人,也可以在遗嘱中写明排除某一个或某几个法定继承人作为遗嘱继承人。如果遗嘱人有数个法定继承人,而遗嘱人在其遗嘱中仅指定某一个法定继承人作为遗嘱继承人继承其全部遗产,则应认为其他法定继承人的继承份额当然地被遗嘱人所取消。

① 参见史尚宽:《继承法论》,中国政法大学出版社 2000 年版。

如果遗嘱人在遗嘱中仅指定某一个法定继承人作为遗嘱继承人继承其部分遗产,则应认为其他法定继承人仍享有对遗嘱人其他财产的继承权。

(二)遗嘱继承的要件

遗嘱生效需要具备有效的实质要件和形式要件。遗嘱有效的实质要件[①]有以下几点。

第一,遗嘱人须有遗嘱能力

遗嘱能力是指自然人依法享有的设立遗嘱,以依法自由处分其财产的行为能力。遗嘱为民事行为,设立人必须具有相应的民事行为能力。依我国现行法律规定,只有完全民事行为能力人,才有设立遗嘱的行为能力即遗嘱能力,不具有完全民事行为能力的人不具有遗嘱能力。因此,遗嘱人须为完全民事行为能力人,无行为能力人或者限制行为能力人所立的遗嘱无效。遗嘱人是否具有遗嘱能力,以遗嘱设立时为准。在设立遗嘱时,遗嘱人有遗嘱能力的,其后虽丧失遗嘱能力,遗嘱也不因此失去效力。反之亦然。所以,《最高人民法院关于贯彻执行〈中华人民共和国继承法〉若干问题的意见》第 41 条中明确规定:“遗嘱人立遗嘱时必须有行为能力。无行为能力人所立的遗嘱,即使其本人后来有了行为能力,仍属无效遗嘱。遗嘱人立遗嘱时有行为能力,后来丧失了行为能力,不影响遗嘱的效力。”

第二,遗嘱须是遗嘱人的真实意思表示

遗嘱必须是遗嘱人处分其财产的真实的意思表示,因为意思表示真实是民事行为有效的必要条件。遗嘱是否为遗嘱人的真实意思表示,原则上应以遗嘱人最后于遗嘱中作出的意思表示为准。受胁迫、欺骗所立的遗嘱无效;伪造的遗嘱无效;遗嘱被篡改的,篡改的内容无效。

第三,遗嘱不得取消缺乏劳动能力又没有生活来源的继承人的继承权

我国继承法第 19 条规定,遗嘱应当对缺乏劳动能力又没有生活来源的继承人保留必要的遗产份额。这一规定属于强行性规定,遗嘱取消缺乏劳动能力又没有生活来源的继承人的继承权的,不能有效。遗嘱人未保留缺乏劳动能力又没有生活来源的继承人的遗产份额,遗产处理时,应当为该继承人留下必要的遗产,所剩余的部分,才可参照遗嘱确定的分配原则处理。继承人是否缺乏劳动能力又没有生活来源,应按照遗嘱生效时该继承人的具体情况

① 参见陈苇:《婚姻家庭继承法学》,法律出版社 2002 年版。

确定。

第四，遗嘱中所处分的财产须为遗嘱人的个人财产

遗嘱既然是遗嘱人处分其个人财产的民事行为，那么只能就遗嘱人个人的合法财产作出处置。遗嘱人以遗嘱处分了属于国家、集体或者他人所有的财产的，遗嘱的该部分内容，应认定无效。

第五，遗嘱须不违反社会公共利益和社会公德

违反社会公共利益和社会公德的民事行为无效。遗嘱若损害了社会公共利益或者其内容违反社会公德，则也不能有效。

遗嘱有效的形式要件，是指遗嘱的形式符合法律的规定。遗嘱的形式若不符合法律的要求，也就不能有效。我国继承法规定的遗嘱形式有：公证遗嘱、自书遗嘱、录音遗嘱、口头遗嘱、代书遗嘱。

公证遗嘱，是指遗嘱人生前订立并经公证机关公证的遗嘱。遗嘱处分财产的范围应为遗嘱人个人所有，其中如果有配偶的遗产尚未分割的，应当先办理继承权公证，然后再办理遗嘱公证。遗嘱应当对缺乏劳动能力又没有生活来源的继承人保留必要的财产份额。

自书遗嘱属于遗嘱中的特殊形式，《中华人民共和国继承法》第 17 条第 2 款规定："自书遗嘱由遗嘱人亲笔书写，签名，注明年、月、日。"根据这项规定，自书遗嘱的要求是：(1)须由遗嘱人亲笔书写遗嘱内容并签名；(2)须由遗嘱人亲自用笔书写遗嘱全文；(3)必须注明年、月、日，三项缺一不可。

自书遗嘱并不需要见证人。但是，打印出遗嘱，然后只是签名，注明年、月、日，它的效力是有争议的，看具体情况而定，如果有相反证据证明该打印的遗嘱并非本人真实意思表示，很可能被认定为无效遗嘱。如果有数份遗嘱，经过公证的遗嘱效力最高；如果有数份经过公证的遗嘱，日期为最后日期的那份遗嘱效力最高。最好是能够自己书写，应该有个人的笔迹为证。

录音遗嘱，即立遗嘱人通过录音或录像的形式，确定其遗嘱的内容。录音遗嘱同代书遗嘱一样，需要有两个以上的见证人在场，并将其见证的情况进行录音、录像。最后，应将录音、录像内容封存，封口由见证人及遗嘱人签名盖封。

口头遗嘱，是指在危急情况下所立的遗嘱。但在危急情况解除后，遗嘱人能够用书面或者录音形式立遗嘱的，所立的口头遗嘱无效。

代书遗嘱，是指非由立遗嘱人自行书写的遗嘱，而是由代书人根据立遗嘱人的意思表示代为书写的遗嘱。由于其非自书性，在实践中产生的争议就比较

多,在对其效力的认定上也存在一些争议。

(三)代书遗嘱

遗嘱是遗嘱人对自己的财产或其他事项所作的处理,应当由遗嘱人自己完成。但是,遗嘱人不识字或因生病等不能书写,或者不愿意自己书写的,可以委托他人代写遗嘱。《继承法》第17条第3款规定:“代书遗嘱应当有两个以上见证人在场见证,由其中一人代书,注明年、月、日,并由代书人、其他见证人和遗嘱人签名。”

代书遗嘱需要满足以下条件:

第一,遗嘱人口述遗嘱内容,由见证人代替遗嘱人书写遗嘱。代书遗嘱不是代书人按照自己的意思设立遗嘱,而是代书人按照遗嘱人的意思表示,如实地记载遗嘱人口述的遗嘱内容,而不可对遗嘱内容作出任何更改或修正。

第二,代书遗嘱必须有两个以上见证人在场见证,其中一人可为代书人。见证人一般是遗嘱人指定的,并经本人同意的公民,不能以组织的名义为遗嘱见证人。继承法对见证人数量上的要求,主要是为了保障代书遗嘱确实是遗嘱人真实意愿的表露,也为了防止日后就遗嘱的效力发生纠纷。

第三,代书人、见证人和遗嘱人必须在遗嘱上签名,并注明年、月、日。代书人将书写完毕的遗嘱,应交由其他见证人核实,并向遗嘱人当场宣读,经遗嘱人认定无误后,由代书人、其他见证人和遗嘱人签名,并注明具体日期。在场见证的人为3人或更多的,都在遗嘱上签名更好,少则也得保证两人签名。代书人、见证人和遗嘱人必须亲笔签名,不允许他人代签。

第四,遗嘱代书人应当具有完全的民事行为能力,不是未成年人或者精神上、智力不健全的人。

在代书遗嘱的效力认定问题中,法律上要求见证人须为完全民事行为能力人,须与继承遗产及遗产继承人均无利害关系,至少有两个见证人须全程见证遗嘱书立过程。在实践中如有不足两个见证人见证遗嘱书立全过程的,应该认定为代书遗嘱无效,因为这样就存在在某个时间点上未有两个及两个以上的人见证遗嘱书立过程,影响代书遗嘱的真实性。

日期是任何一种遗嘱都须具备的要件,没有日期的代书遗嘱因不符合法律之规定,当属无效。另外日期是确定遗嘱效力的重要因素,尤其对某一遗产存在多份代书遗嘱的情况,日期就是确定效力的直接依据,日期最后的代书遗嘱才是有效力的遗嘱。

（四）本案分析

本案中万某与陈某是各自丧偶之后再婚，双方均已老年，在各自有子女的情况下，万某为了谋求自己的利益代陈某书写遗嘱，属于代书遗嘱。

首先，根据继承法第 17 条，代书遗嘱应当有两个以上见证人在场见证，由其中一人代书，注明年、月、日，并由代书人、其他见证人和遗嘱人签名。本案中确实有两个完全民事能力见证人在场见证，但是，万某让社区工作人员抄写自己草拟的遗嘱，而不是由社区工作人员听陈某的口述代书的遗嘱，万某的行为不符合法律规定，不能认定社区工作人员在场见证并由其中一个人代书的，不符合代书遗嘱的形式要件。

其次，在本案中，社区工作人员把遗嘱给陈某读了一遍，让陈某在遗嘱上签名。陈某签名后，万某又握住陈某的手在遗嘱上捺了手印，陈某从宣读遗嘱内容到社区工作人员离开，一直没有开口说话。虽然两名见证人员将遗嘱给陈某读了一遍，陈某也签字了，可是结合陈某的身体状况，并且社区工作人员抄写的遗嘱完全是按万某的意思草拟的，没有证据充分证明这是陈某的真实意思表示。

因此，虽然万某找了两个没有利害关系的见证人并到医院将遗嘱念给陈某听，并抓住陈某的手捺了手印。在一定程度上看似符合代书遗嘱两个以上完全民事行为能力见证人在场见证的要求，代书遗嘱也确实有两个见证人和陈某的签名，但是显然在以上几个问题中，万某的代书行为不符合代书遗嘱的构成要件。所以该代书遗嘱是无效的。

▶五、相关案例 > > >

【案例 2-1】国画大师许麟庐遗产纠纷案①

一代国画大师许麟庐，又名许德麟。1945 年拜齐白石为师，伴其左右 13 年，是我国著名国画家、书法家、书画鉴赏家。许麟庐于 2011 年 8 月 9 日因病去世，享年 95 岁。许麟庐先生去世后，不仅留下了自己生前的大量珍贵画作，还留下了 70 多幅其收藏的名人字画，其中不乏齐白石、郭沫若、张伯驹等大家之作，价值不菲。2012 年 7 月，夫人王龄文女士突然接到第三子许化夷委托律师发来的一封《律师函》，声称要求分割许麟庐先生留下的字画等遗产。2012 年 7 月 10 日，许化夷一纸诉状正式将 94 岁高龄的老母亲告上法庭。

① 参见裴晓兰：《母亲 95 岁生日子女上庭争家产》，载《京华时报》2012 年 10 月 19 日（第 13 版）。

早在2010年,94岁的许老先生就曾亲笔写下了生前惟一一份遗嘱:"我许麟庐百年以后,我的一切文物、字画及所有财产归我夫人王龄文所有。许麟庐(许德麟)二零壹零年九月二日所立遗嘱。"一位见证了遗嘱订立过程的子女回忆,写完遗嘱后,许麟庐专门在其上加盖了自己的人名印章、捺上手印,并让他把王龄文叫来,两人拉着手在遗嘱前合影。王龄文表示,许麟庐先生去世以前,本案原告许化夷与父母之间已有近20年无密切来往,始终没有尽到子女赡养年迈老人的义务。

本案是曾在丰台法院开过庭的案件,因标的较大,转到北京市二中院开庭,涉案遗嘱的真伪成为焦点,法院已决定进行鉴定。许化夷起诉称,2011年8月9日,父亲去世。父亲生前收藏了大量名人字画,此前清点共计72幅画作,其中以齐白石的画作居多。父亲去世后,这些名人字画作品一直没有依法分割。他认为,自己作为父亲的法定继承人,有权利继承父亲遗留的财产,因此起诉母亲和两个哥哥,要求对父亲遗留的72件名人字画和3把紫砂壶进行继承分割。

经过审理,法院将许麟庐的所有在世子女以及两名已故女儿的继承人都追加进本案。根据法律规定,遗产继承案件中追加进来的子女都被法院定为原告。本案正在进一步审理中。

【案例2-2】导演徐昌霖遗产继承案①

徐昌霖是活跃在上个世纪我国影视舞台上的著名导演,曾执导过《杨乃武与小白菜》《小小得月楼》等脍炙人口的影视作品。徐昌霖婚后育有二儿一女,前妻病逝后,与黄竹琴结婚,当这位著名导演告别人生舞台之后,一场他的遗产争夺战打响了。2006年2月,徐昌霖的两个儿子与徐昌霖的女儿打起遗产继承官司,继承标的是徐昌霖遗留下的价值80万元的房产。审理期间,黄竹琴的哥哥、姐姐以黄竹琴生前一直由黄家人照顾为由要求以第三人身份参诉,认为徐家三个儿女没有对黄竹琴、进行过赡养和抚养,他们无权继承黄竹琴遗产。徐昌霖生前分别于1994年11月、1998年8月、1999年2月写过三份遗嘱,内容完全一样,都是将去世后的积蓄和住房归黄竹琴所有,而1999年9月的一份遗嘱又表明黄去世后所剩的房产和积蓄归三个儿女所有。

合议庭认为,继承法的规定当被继承人立有数份遗嘱,遗嘱的内容相互抵触时,以被继承人最后遗嘱为准,并据此作出最终判决:被继承人名下的房产属

① 参见陈轶珺:《四份遗嘱导致遗产继承纷争 徐昌霖遗产继承案开庭》,新华网(上海频道),http://www.xinhuanet.com/chinanews/2006-06/30/content_7392679.htm,2006-06-30。

于夫妻共同财产，该房产的一半份额由徐昌霖的三个子女平分；另一半则由黄竹琴的哥哥、姐姐平分。

【案例2-3】孙生有遗产继承案[①]

新型集团是大连市数一数二的房地产企业，资产达到几十个亿元，而其创始者孙生有老人更是大连市房地产界呼风唤雨的人物。2002年6月22日，孙生有老人立下遗嘱：第一，在其百年之后，任何子女不得分割其在公司中的45%的股份；第二，指定女儿孙迎霞继承这45%股份，并接替董事长职务；第三，其他个人财产由孙迎霞依法负责分配；第四，公司的现董事会及领导班子成员要精诚团结，协助孙迎霞做好他未做完的事业，把新型集团建成一个百年企业。

2002年6月29日，孙生有老人突然中风，不省人事，44天后与世长辞。但是女儿孙迎霞并没能像他安排的那样顺利接管公司。看到孙生有老人的遗嘱，儿子们持反对意见，特别是孙才科反应强烈，认为孙生有这样的安排不公平、不合常理。在他的组织下，几个儿子强烈反对和阻挠孙迎霞的上任。无奈，经过谈判，孙迎霞决定退让，以退出公司为代价，和平解决了第一次遗嘱风波。2002年11月19日，孙迎霞及其控股的新星公司与孙才科代表的新型集团签订合同，把孙迎霞在新型集团的股权（含孙迎霞在集团下属的5家公司的全部股权，以及新星公司在集团下属的7家公司的全部股权）转让给集团；集团全部接受，并拿西北分公司的净资产等财产与孙迎霞及新星公司进行股权对价。孙生有持有的45%的新型集团股份按法定继承分割，股东结构变为：员工持股会（孙才科自任代表）占57.1%，杨玉卿（孙生有妻子）占27.3%，徐金花（孙生有母亲）、长子孙才科、次子孙才伟、三子孙才奎各占3.9%。大哥孙才科变成了集团的新当家人。

2005年1月24日，孙生有的妻子杨玉卿在大连市公证处立下遗嘱：把她在公司持有的27.3%的股份全部交由孙才科继承。2006年1月16日，杨玉卿去世，孙才奎、孙迎霞以及孙才伟的子女孙明华、孙明中在老人去世20多天后方知有此遗嘱，他们立即提出了异议，明确表示公证程序有瑕疵，遗嘱完全是孙才科一手策划出台的。即使有这份遗嘱，在孙生有遗嘱都没有执行的前提下，这次仍应该依家族惯例办理，以维护家族的团结和企业的稳定。但遗憾的是，这次孙才科却不打算走"以和为贵"的老路，他明确要求工商登记部门按照遗嘱立即变更股权，在万般无奈的情况下，孙才奎、孙迎霞以及孙才伟的子女孙明华、

① 参见孙继斌：《大连新型企业集团陷入遗嘱风波》，法制网，http://www.legaldaily.com.cn/bm/content/2006-09/19/content_412921.htm，2006-09-19。

孙明中选择了走诉讼程序解决继承权问题的艰难之路。

【案例2-4】龚如心遗产继承案①

曾经号称亚洲第一女富豪的龚如心，生前坐拥约400亿港元身家，曾在《福布斯》全球富豪榜中排行第154名。1997年7月8日，龚如心失踪多年的丈夫王德辉的父亲，要求法院确认1968年儿子所立的遗嘱，及颁令儿子已死。该份遗嘱内容为财产全部留给父亲王廷歆。

2001年8月6日，龚如心与王廷歆的“翁媳争夺遗产案”开庭审理，龚如心一度被指证假冒其夫遗嘱签字，并被警方拘捕。直到2005年9月16日，香港终审法院尘埃落定，龚如心成为其夫王德辉的唯一遗产受益人。至此，香港历史上历时最长的、耗资最多的“世纪争产案”终以龚如心的胜利而告终。

2007年4月3日，打赢遗产官司不久的龚如心也离开人世，享年70岁。尸骨未寒，对她遗产的争夺战又已热闹上演。之前审理龚如心与公公争家产案的中国香港高等法院大法官任懿君，按龚如心2002年定下的遗嘱，华懋慈善基金可认定为千亿财产继承者。2007年4月20日，陈振聪自认是龚如心遗产的唯一继承人，表示龚如心在2006年重新立了遗嘱。至此，华懋慈善基金和陈振聪均表示持有遗嘱，而两份遗嘱的内容却大相径庭，一场巨额遗产争夺战揭开了序幕，两份遗嘱由此成为了这场世纪官司的焦点。

▶六、问题与思考 > > >

1. 遗嘱自由与诸多婚姻家庭法所保护的权利以及社会公序良俗存在冲突，如何看待遗嘱自由与它们的关系问题？

2. 在订立遗嘱越来越被人们接受的当今社会，怎样理解遗嘱自由与公平、效率、秩序的关系？

3. 遗嘱自由是保证私法关系中个人独立自主和意思自治的重要体现，其对于社会与家庭生活都具有重要意义，但是任何自由都是有限度的，遗嘱自由有何限制？

4. 遗嘱的订立关系到婚姻、家庭、社会等诸多方面，试分析遗嘱继承的利益平衡机制。

5. 如何完善我国的遗嘱继承制度？

---

① 参见吕冰：《龚如心千亿遗产案带给香港社会的反思》，人民网（港澳频道），http://hm.people.com.cn/GB/42490/16027690.html，2011-10-26。

引例三　何国法诉朱子新等遗赠扶养协议案

▶ 一、案情简介[①] > > >

1991年1月，原告何国法与两被告朱子新、何凤花夫妇签订了一份《招子书约》。根据该《招子书约》，何国法受招为朱子新、何凤花之子，并照顾朱子新、何凤花的生活起居，两被告夫妇在死亡后的遗产由原告何国法继承。《招子书约》签订后，原告履行了部分扶养义务，但原告认为两被告心胸狭窄，经常指责其各种不是，且常常恶言恶语伤害原告。根据《招子书约》之约定，原告对被告尽义务来日方长，现在已经矛盾日增，以后必将难以相处。为了双方今后生活和维护原告自身的人格尊严，原告请求人民法院解除双方之间的遗赠扶养协议，准许其取回在被告家中属其所有的家具写字台1张、八仙桌1张，大衣柜1面及松木17根。

被告朱子新、何凤花称其二人招原告为子，并非为了传宗接代，而是为了老有所养。原告是完全自愿的，并非为被告所迫。《招子书约》中约定的原告的义务与权利是相当的，被告对原告的要求是不过分的。原告也基本上予以履行。原告系具有完全民事行为能力的成年人，不应反复无常，视协议为儿戏。基于上述理由，被告不同意与原告解除遗赠扶养协议。若原告坚持非解除不可，则要求原告供给被告本年度全年的口粮。

经武义县人民法院审理查明：被告朱子新、何凤花系再婚夫妻，再婚后未生育子女。因年老体弱，不能自食其力，为了老有所养，遂产生了招子念头。原告何国法，有妻及一子一女，家住山区，交通不便。为了不让子女永住山沟，想向外搬迁。两被告所在的山方村，交通较为便利。原告得知两被告欲“招子”，只要扶养二老过世，其房屋、财产可全部继承，遂同意受招为两被告之子。1991年2月16日，原被告双方在山方村部分干部的见证下签订了一份《招子书约》。《招子书约》载明：(1)朱子新、何凤花夫妇经充分协商，何国法自愿，招何国法为子。(2)朱子新、何凤花将现有三间楼屋中的西首两间给何国法使用，东首一间自用。朱子新、何凤花过世后，全部房屋遗赠给何国法所有。(3)何国法支付给朱子新、何凤花招子费500元，于1991年10月底前、1992年10月底前分别

① 案情来源：浙江省武义县人民法院调解书〔1993〕武东民初字第43号。

支付250元。(4)何国法每年支付给朱子新、何凤花口粮谷600公斤及生活用柴,口粮谷分两期支付。(5)何国法若不承担上述义务,朱子新、何凤花有权将三间房屋出卖,作为自己的生活费用。《招子书约》签订后,原告何国法将大衣柜1面、写字台1张、八仙桌1张搬入被告家中,但未在被告家中常住。两被告的口粮田由原告种植,原告依约供给两被告口粮谷及生活用柴,在农忙季节还给被告干一些农活。但原告因经济困难,《招子书约》约定的500元招子费未付。两被告向原告索要未果,双方由此产生矛盾。原告又因为被告对农事安排干涉过多,被告的口粮田1993年头季水稻未予种植。1993年5月,被告以原告未支付招子费为由,将原告出卖给他人的17根松木扣留,双方矛盾加剧。原告由此产生了来日方长、日后难以相处之念头,要求与被告解除协议,但被告不同意,原告遂诉至人民法院。上述事实,有以下证据予以证明:(1)原被告双方签订的《招子书约》文本。(2)证人金其法、何其富关于原被告双方矛盾已经较深,遗赠扶养协议难以继续履行的证言。(3)原告关于履行《招子书约》约定之义务情况及大衣柜等家具、松木在被告处的陈述。被告承认原告的陈述是真实的。

法院依照《中华人民共和国继承法》第31条第1款之规定,认定原被告签订的《招子书约》为遗赠抚养协议。参照《最高人民法院关于贯彻执行〈中华人民共和国继承法〉若干问题的意见》第56条的规定,认为原告无权要求被告补偿已经支付的供养费用,而且为使两被告不致因协议解除而造成生活困难,对两被告在协议解除后的近期生活应作适当安排。同时依照《中华人民共和国民法通则》第75条之规定,原告存放在被告家中的家具,是原告准备迁居到被告家中时自用的,并非赠与被告。准备出卖之松木,也是原告的财产。原告要求取回家具、松木,应予支持。

最终,在法院的调解下,双方达成了如下调解协议:(1)原告何国法与被告朱子新、何凤花解除遗赠扶养协议。(2)原告何国法付给被告朱子新、何凤花1993年上半年的口粮谷300公斤的价款195元(以每100公斤65元计),种晚稻费用70元,补偿115元,三项合计人民币380元。(3)原告何国法自被告处取回大衣柜1面,写字台、八仙桌各1张,松木17根。(4)双方对其他事项互不追究。

▶二、思维路径 > > >

本案应从《招子书约》的效力认定着手进行分析:(1)若此《招子书约》的签

订是旧的宗法观念的立继、立嗣行为，则在当今法治社会下是不予认定的；(2)结合本案当事人的各方面条件，分析签订《招子书约》的行为是否符合收养的条件。若成立收养关系，则原被告之间形成法定的赡养、继承关系，原告要求解除此约定的诉讼请求法院应不予支持；(3)结合《招子书约》的约定内容，以及当事人的各方面条件，分析判断是否符合遗赠扶养的构成要件，若成立遗赠扶养关系，则原告要求解除此约定的诉讼请求法院可以予以支持，但是原告不可要求被告偿还前期支付的扶养费用。

▶三、法律依据 > > >

1.《中华人民共和国继承法》第 31 条："公民可以与扶养人签订遗赠扶养协议。按照协议，扶养人承担该公民生养死葬的义务，享有受遗赠的权利。

公民可以与集体所有制组织签订遗赠扶养协议。按照协议，集体所有制组织承担该公民生养死葬的义务，享有受遗赠的权利。"

2.《最高人民法院关于贯彻执行〈中华人民共和国继承法〉若干问题的意见》第 56 条："扶养人或集体组织与公民订有遗赠扶养协议，扶养人或集体组织无正当理由不履行，致协议解除的，不能享有受遗赠的权利，其支付的供养费用一般不予补偿；遗赠人无正当理由不履行，致协议解除的，则应偿还扶养人或集体组织已支付的供养费用。"

3.《中华人民共和国民法通则》第 75 条："公民的个人财产，包括公民的合法收入、房屋、储蓄、生活用品、文物、图书资料、林木、牲畜和法律允许公民所有的生产资料以及其他合法财产。

公民的合法财产受法律保护，禁止任何组织或者个人侵占、哄抢、破坏或者非法查封、扣押、冻结、没收。"

4.《中华人民共和国收养法》第 4 条："下列不满十四周岁的未成年人可以被收养：

(一)丧失父母的孤儿；

(二)查找不到生父母的弃婴和儿童；

(三)生父母有特殊困难无力抚养的子女。"

《中华人民共和国收养法》第 5 条："下列公民、组织可以作送养人：

(一)孤儿的监护人；

(二)社会福利机构；

（三）有特殊困难无力抚养子女的生父母。”

《中华人民共和国收养法》第6条：“收养人应当同时具备下列条件：

（一）无子女；

（二）有抚养教育被收养人的能力；

（三）未患有在医学上认为不应当收养子女的疾病；

（四）年满三十周岁。”

四、学理分析 > > >

（一）遗赠扶养协议

遗赠扶养协议是扶养人与被扶养人（即遗赠人）之间签订的，有关扶养人承担被扶养人生养死葬的义务，被扶养人的财产在其死后归扶养人所有的协议。我国继承法第31条对遗赠扶养协议作出了相关规定，其内容是：公民可以与扶养人签订遗赠扶养协议。按照协议，扶养人承担该公民生养死葬的义务，享有受遗赠的权利。公民可以与集体所有制组织签订遗赠扶养协议。按照协议，集体所有制组织承担该公民生养死葬的义务，享有受遗赠的权利。遗赠扶养协议制度是我国继承法的创新之举，其充分结合了我国的相关国情，具有明显的中国特色，使得广大农村的孤寡老人的晚年生活有了制度上的保障。遗赠扶养协议主要具有以下几个方面的特征：

1. 遗赠扶养协议是扶养人与被扶养人之间的法律行为，是双方法律行为，其依照合同订立的程序，在不违反国家相关法律、行政法规强制性规定的情况下，双方自愿签订而成。遗赠扶养协议的双方性使其与遗赠协议相区别，后者具有明显的单方性。遗赠行为仅仅依照遗赠人的单方意思表示就可以成立。

2. 遗赠扶养协议的双方互负权利义务。扶养人履行义务在先，享受权利在后；被扶养人享受权利在先，履行义务在后。

3. 遗赠扶养协议是具有诺成性的法律行为。扶养人与被扶养人意思表示一致，遗赠扶养协议即生效成立。扶养人应该在协议成立后就开始履行扶养义务，在被扶养人死亡后，遗赠扶养协议才发生遗赠的效力。

4. 遗赠扶养协议形式的法律行为。[①] 我国继承法没有对遗赠扶养协议的形式作出明确规定，有学者认为，遗赠扶养协议自成立生效时起，到完全履行完

---

① 赵秀敏：《遗赠扶养协议法律问题探析》，载《现代商贸工业》2010年第1期。

毕要经历很长时间,为了减少扶养人与被扶养人之间的纠纷,明确双方之间的权利义务,遗赠扶养协议应该采用严格的书面格式,要有明确的签订时间,双方当事人的签名盖章等。同时为了确保协议的真实性,协议最好要经过公证机关公证或者两个以上的见证人现场确认。

遗赠扶养协议是按照合同的订立程序签订的,因其具有诺成性,所以协议签订即成立并发生法律效力。遗赠扶养协议对于扶养人和被抚养人双方,以及其他遗产继承人都具有相应的法律效力,其分别表现在以下几个方面:

1. 对扶养人的效力

在协议签订后,扶养人应向被扶养人履行相应的扶养义务,对于扶养义务的具体内容,当事人之间可以事先约定,若无约定,则一般包括:对被扶养人生前的生活起居进行照顾,在被扶养人死后安排丧葬事宜。如果扶养人未按协议约定履行扶养义务,被扶养人有权解除遗赠扶养协议,扶养人不得要求被扶养人偿还先前支付的扶养费用。若扶养人仅仅履行了部分扶养义务,法院可以在协议约定的遗赠财产范围内予以适当减少。

2. 对被扶养人的效力

虽然在被抚养人死后,其财产归扶养人所有,但是在被扶养人生前,其对自己的财产依然享有占有、适用、收益的权利,只是对于协议约定的遗赠财产,被扶养人不得随意进行处分。限制被扶养人相关财产的处分权,是为了防止被扶养人随意处分财产,从而侵害了扶养人的遗赠财产的取得权。

3. 对其他遗产继承人的效力

在一个继承案件中,可能同时存在着遗赠扶养协议、遗嘱继承、法定继承三种情况。根据继承法第 5 条的规定:“继承开始后,按照法定继承办理;有遗嘱的,按照遗嘱继承或者遗赠办理;有遗赠扶养协议的,按照协议办理。”《最高人民法院关于贯彻执行〈中华人民共和国继承法〉若干问题的意见》第 55 条规定“集体组织对‘五保户’实行‘五保’时,双方有扶养协议的,按协议处理;没有扶养协议,死者有遗嘱继承人或法定继承人要求继承的,按遗嘱继承或法定继承处理,但集体组织有权要求扣回‘五保’费用。”由此可知,在继承过程中,如果同时存在多种继承方式,优先执行遗赠扶养协议,其次执行遗嘱或者遗赠,最后执行法定继承。遗赠扶养协议的优先执行提高了扶养人履行扶养义务的积极性,使被扶养人在生活上能够得到更好照顾,这正是被扶养人所需要的结果。

遗赠扶养协议自成立生效时起,到最终双方义务履行完毕,要经历很长的一段时间，若当事人一方在协议执行过程中突然解除协议，或者某些行为严重违反了协议的约定，都会侵害到对方当事人的合法权益。对此《最高人民法院关于贯彻执行〈中华人民共和国继承法〉若干问题的意见》第56条作出了如下规定："扶养人或集体组织与公民订有遗赠扶养协议，扶养人或集体组织无正当理由不履行，致协议解除的，不能享有受遗赠的权利，其支付的供养费用一般不予补偿；遗赠人无正当理由不履行，致协议解除的，则应偿还扶养人或集体组织已支付的供养费用。"

从司法实践来看，扶养人不履行扶养协议主要有以下几种情况：一是扶养人丧失扶养能力，因疾病、残疾等原因，扶养人无法履行扶养义务；二是被扶养人主动解除扶养协议，拒绝扶养人继续履行遗赠扶养协议；三是被扶养人因疾病、残疾等原因丧失劳动能力，无法自行生活，遂与扶养人签订了遗赠扶养协议，在协议完全履行完毕前被扶养人又恢复劳动能力的；四是被扶养人未经扶养人同意，擅自处分协议约定下的财产的；五是被扶养人未经扶养人同意，擅自变更遗赠扶养协议其他内容的。

被扶养人不履行遗赠扶养协议主要有以下几种情况：一是扶养人履行协议存在瑕疵，未能向被扶养人提供协议规定的生活基本辅助；二是扶养人在履行扶养义务过程中对被扶养人造成了精神损害，使得被扶养人在精神上无法再接受扶养人履行扶养义务。

（二）收养

收养是指公民依法领养他人的子女作为自己的子女，从而在收养人与被收养人之间确立父母子女关系的民事法律行为。收养行为主要涉及三方主体，即收养人、被收养人和送养人。

收养人应具备以下条件：(1)收养人必须年满30周岁，限制收养人的年龄，使其与被收养人之间保持一定的年龄差距，是为了更好地在收养人与被收养人之间建立收养关系。(2)收养人无子女。基于我国计划生育的基本国策，要求收养人要无子女。收养法中的无子女主要是指夫妻双方无子女，或者所生子女已经死亡，或者是因为收养人无配偶而无子女。(3)有抚养教育被扶养人的能力，家长是孩子的老师，所以为了保证被收养人能够健康成长，要求收养人除具备必要的物质条件外，还应具备良好的思想道德品质，以及未患有在医学上认为不应当收养子女的疾病。(4)有配偶者收养子女，必须夫妻双方共同抚养。(5)收养人只能收养一名子女。

被收养人应当符合以下条件:(1)被收养人应是未满14周岁的未成年人。将收养对象限定在未满14周岁的未成年人,主要是为了收养人与被收养人之间更快地建立父母子女关系。(2)被收养人是丧失父母的孤儿,或者是查询不到生父母的未成年人,或是生父母确实无力抚养的子女。(3)收养年满10周岁以上的未成年人的,应当征得被收养人的同意。10周岁以上的未成年人已经具备一定的判断能力,只有征得其同意,才能使其更好地与养父母建立收养关系。

依照收养法的规定,送养人包括公民和社会组织:即未成年人的监护人或者社会福利机构。

(三)本案分析

上述案例中,原告与被告双方所订立的协议,被称为《招子书约》,结合案件发生地点(农村)与时间(20世纪90年代),可以推定被告夫妇签订《招子书约》的初衷就是想与原告之间建立父母与儿子的亲情关系,但是该书约中的招子条款与遗赠扶养协议条款之间存在着一定的冲突。如果《招子书约》中的招子条款是有效的,那么原告与被告之间形成的就是拟制的父母子女关系,同时双方之间形成的是法定的权利义务关系。原告应对被告履行法定的赡养义务,此义务不以被告必须履行财产转移义务为前提。原告在负有法定赡养义务的同时,还具有了法定的继承权利,因此如果《招子书约》中的招子条款是有效的,那么遗赠扶养协议的相关条款则必然无效。《招子书约》中有关的遗赠扶养协议条款是有效的,那么由于遗赠扶养协议的扶养人必须是与被扶养人无法定扶养、继承关系的公民,而书约中的招子条款确定了原被告之间的法定扶养、继承关系,因此如果遗赠扶养协议条款有效则招子条款必然无效。综上,招子条款与遗赠扶养协议条款二者只能存其一,不可同时成立。对于本案中招子条款的效力不能简单地予以否定,应该根据当事人的真实意思表示,协议签订时的社会观念以及协议的内容,对照相关的法律进行分析。《招子书约》签订于20世纪90年代,当时我国立继、立嗣的旧的宗法观念依然存在,若此行为属于宗法观念的行为,我们应该予以否定。若是符合收养法规定的收养条件的,就应确定原被告之间的收养关系。结合收养法第4条规定我们可以知道,被收养人应该是14周岁以下的未成年人,而本案中原告何国法是成年人,所以不符合收养条件。综上所述,被告招子行为不符合法定条件,所以是无效行为。原被告之间的《招子书约》只能根据遗赠扶养协议的相关法律来进行分析。根据《中华人民共和国继承法》第31条可知,原被告之间不存在法定的赡养、继承关系,同时原告具有相应的扶养能力，符合成为扶养人的条件，同时根据案件事实，被告朱子新、何凤花无子女照顾，可以成为受扶养人，且双方意思表示真实，所以可认定原被告之间签订的《招子书约》为遗赠扶养协议。

遗赠扶养协议一经签订，不得随意解除。本案审判法院考虑到原告坚持要求解除遗赠扶养协议，如若不予支持，使原被告继续维持遗赠扶养关系则更不利于原告正常履行扶养协议。所以原审法院依照《最高人民法院关于贯彻执行〈中华人民共和国继承法〉若干问题的意见》第56条的规定，判决解除原被告之间的遗赠扶养协议，但是原告无权要求被告偿还已经支付的扶养费用。同时因为原告解除协议的行为影响到了被告的近期生活，所以法院要求原告对被告在协议解除后的近期生活作适当安排。

▶五、相关案例 > > >

【案例3-1】叶文华夫妇诉小刁夫妇遗赠扶养协议纠纷案①

2000年，叶文华夫妇与小刁夫妇签订了一份《遗赠扶养协议》，并进行了公正，协议内容主要包括："甲方：叶文华、夏祝英、叶石青；乙方：小刁夫妇。一、乙方自愿扶养甲方，负责甲方的生老病死等一切事宜，并承担一切费用；二、甲方自愿将海光南村13幢302室（建筑面积64.56平方米）遗赠给乙方（必须在甲方三人均死亡后，乙方方可享受该权利）。"在履行协议内容的过程中，双方产生了矛盾，原告叶文华夫妇想解除协议，但是与小刁夫妇协商未果，遂诉至法院，请求解除《遗赠扶养协议》。海陵区人民法院审理后认为，"原告提出解除协议，被告提出异议。原告未能提供证据证实其理由，故原告的诉讼请求于法无据，不予支持。由于双方之间事实上已存在隔阂，希望被告能够检讨自己的不足，以取得原告的谅解"。被海陵区人民法院驳回诉讼请求后，叶文华夫妇上诉至泰州市中级人民法院，市中院驳回上诉，维持原判。

【案例3-2】《暮年约定》案②

10年前，没有子女的佟某为了解决其老无所养的后顾之忧，与自己的侄儿小佟签订了一份《暮年约定》。按照此协议，佟某以后的生活和百年之事由小佟

---

① 参见周书卉：《一份扶养协议》，泰州新闻网，http://www.tznews.cn/news/wb/tg/2012/05/2012-05--17151198.html，2008-12-13。

② 参见王蓓、杨群芳：《遗赠扶养协议没有履行　已支付扶养费不予返还》，载《宁波日报》2008年9月1日（B3版）。

负责，小佟每月支付佟某零用钱30元、供给三餐并照顾生活起居。而佟某将其财产楼房一间百年后赠与小佟。但近几年来，小佟对佟某的照顾越来越少，佟某生病时也从未陪护照顾，后来又索性停止了一日三餐的提供。佟某多次托人要求小佟履行上述协议，但均遭拒绝。无奈之下，佟某近日提起诉讼，要求解除《暮年约定》。小佟同意解除协议，但反诉要求佟某返还其已支付的扶养费用。慈溪市人民法院审理后判决，解除双方签订之《暮年约定》，同时驳回小佟的反诉请求。

【案例3-3】王占旗等与岳小毛等分割财产纠纷案[①]

原告岳小毛系原告张大英儿媳，黑书贤系岳小毛丈夫。被告王占旗与原告岳小毛之女黑春红于1985年3月登记结婚，并于当时签订遗赠扶养协议，约定招王占旗为上门女婿，王占旗对岳小毛夫妇履行赡养义务，岳小毛夫妇百年之后，其家庭全部财产由王占旗继承。王占旗与黑春红婚姻关系存续期间，与岳小毛、张大英、黑书贤共同居住在嵩阳办事处北旨村二组黑书贤老宅，当时家中有土木结构瓦房共9间，其中上房及东西厢房各3间。1996年7月，岳小毛长女黑春红死亡，岳小毛夫妻主持又为王占旗续娶被告韩五勤为妻。2003年，黑书贤去世。2004年7月，被告王占旗与被告韩五勤与原告岳小毛发生纠纷，原告张大英于2008年搬至女儿家居住，岳小毛亦从家中搬出。后岳小毛诉至法院，要求解除其与王占旗之间的遗赠扶养协议，法院于2010年1月18日作出〔2009〕登民一初字第1413号民事判决书，依法解除了原告岳小毛与被告王占旗于1985年签订的遗赠扶养协议。2004年9月，被告王占旗与被告韩五勤共同对所住房屋进行修缮，在原宅基地上新建上房二层，上下共6间平房，现与被告韩五勤共同居住其中。现岳小毛、张大英以遗赠扶养协议已经解除，原告岳小毛与被告王占旗之间不存在扶养与继承关系为由，要求对原被告共同生活期间的房产依法分割。另查明，原土木结构9间瓦房，现已全部灭失。

原审法院认为，本案争议的新建平房6间系原告岳小毛、张大英与被告王占旗、韩五勤在家庭共同生活期间所建造，是家庭共有财产；岳小毛与王占旗的遗赠扶养关系已解除，对房屋的共有关系也即解除，现原告要求对房产进行分割，该院予以支持，由于张大英年事已高，且其生活平时由原告岳小毛照料，为了方便二人生活起居，一楼3间房屋应由二原告居住为宜。

① 参见：河南省郑州市中级人民法院民事判决书〔2012〕郑民二终字第1706号。

原告不服，提起上诉称一审法院审查事实不清，证据不足，实属枉法裁决。2003年岳小毛是到守敬路高庄村刘全德家再婚生活居住，岳小毛多次对张大英挑拨离间，以致张大英于2008年离家出走到其女儿家居住。一审中说张大英由岳小毛照料，根本没有事实依据。一审法院认为遗赠扶养协议关系已解除，对房屋的共有关系也应解除是错误的。综上，请求二审法院查明事实真相，撤销原判并依法改判。被上诉人岳小毛、张大英辩称，张大英住其女儿家是被逼无奈之举，因张大英住在女儿家并非长久之计，但又有家不能归，只好送入敬老院，敬老院每月生活费800元，系岳小毛为其支付，后因付不起生活费又被送往女儿家中。现老人被女婿送到村里，四处流浪，有家不能归。为了让90多岁的老人早日回到自己的家中，请求法院驳回上诉，维持原判。

二审期间上诉人提交了两份证据：(1)2012年8月12日村委出具的情况说明一份，证明岳小毛2003年到守敬路居委会高庄再婚居住；(2)2013年1月22日村委会出具的介绍信一份，证明张大英不是在她女儿家住，而是在外流浪。

二审法院经审理认为，本案各方诉争的房屋手续上显示的姓名是黑书贤，黑书贤已经去世，但该新建平房6间是上诉人王占旗、韩五勤与被上诉人岳小毛、张大英在家庭关系存续及共同生活期间所建造，依法应属家庭成员共有。被上诉人岳小毛与上诉人王占旗的遗赠扶养协议通过诉讼已经解除。鉴于被上诉人岳小毛、张大英作为诉争房屋的共有人诉请对共有的房产进行分割，原审法院考虑到二被上诉人年事已高，判决一楼3间房屋归被上诉人岳小毛、张大英所有，二楼3间房屋归上诉人王占旗、韩五勤所有并无不妥之处。所以，上诉人王占旗、韩五勤的上诉请求因缺乏证据证明，且于法无据，本院不予支持。遂判决驳回上诉，维持原判。

【案例3-4】刘恩凤等诉杨胜利等追索遗赠扶养协议下遗赠的财产案①

二原告刘恩凤、王立龙为夫妻关系。四被告杨胜利、杨秀英、杨秀荣、杨秀琴系兄弟姐妹关系，均为被继承人杨树森的婚生子女。被继承人杨树森原系天津市河东区饮食公司集体第三基层店的退休干部，月退休金320元。1987年8月10日，杨树森与被告之母经法院调解离婚。离婚后，杨树森搬出独自居住生活，逐渐与其子女疏远。1990年6月经人介绍，杨树森雇原告刘恩凤为其做保姆，月工资300元人民币。3个月后，杨树森认原告刘恩凤为干女儿，双方关系

① 参见祝铭山：《继承纠纷：典型案例与法律适用（民事类）》，中国法制出版社2004年版。

较为融洽。1994 年 4 月 9 日，杨树森与二原告签订遗赠扶养协议，约定：二原告负责照顾杨树森生活、医疗、丧葬等事项，杨树森之财产在其去世后全部赠与二原告；二原告不得不作为的虐待遗赠人，遗赠人不得违约；杨树森现有财产为：黄色组合家具 1 套、北京牌 19 寸彩电 1 台、辛普森自动洗衣机 1 台、梦乡牌席梦思床 1 个、绿色三轮车 1 辆、落地扇 4 台、电镀折叠椅 4 个。该遗赠扶养协议经天津市河东区公证处公证。杨树森在同年 5 月 10 日将其住房换置与二原告同楼毗邻而居，由二原告对杨树森的生活进行照料。1994 年 11 月，原告刘恩凤因刑事犯罪被判处有期徒刑 2 年，服刑期间杨树森曾多次前往探望。由于原告王立龙与杨树森相处不睦，杨树森于 1995 年 8 月 25 日将其住房又换置他处平房独居生活，但杨树森未告知原告刘恩凤。1996 年 11 月 2 日凌晨 2 时许，杨树森因交通事故死亡，交通管理部门通知被告处理交通事故。经被告与事故责任单位协商，一次性给付被告 4 万元结案。四被告不顾他人提示杨树森与他人订立遗赠扶养协议一事，将杨树森部分遗产变卖处理，并将杨树森身带遗留物 6 张存折 9000 元，现金人民币 316 元及事故责任单位所赔偿的 4 万元人民币予以占有。二原告因向四被告索要遗赠的财产不成，向天津市河东区人民法院提起诉讼，要求追索遗赠遗产及赔偿金 4 万元人民币。四被告答辩称："杨树森系我们亲生之父，我们不知生父生前与二原告订有遗赠扶养协议，故生父意外死亡，我们料理丧事，处理、占有其遗产理所当然。事故责任单位一次性给付 4 万元人民币，是对我们的赔偿，不属遗产范围，不同意原告的诉讼请求。"

河东区人民法院经审理认为：原告刘恩凤、王立龙发扬敬老、养老的传统精神，与杨树森签订遗赠扶养协议，并履行了一定的扶养义务，应享有受遗赠的权利，对此应予保护。四被告均系杨树森的亲生子女，理应对杨树森尽法定的赡养义务，但四被告对杨树森与二原告签订遗赠扶养协议一事，时间长达 2 年之久，却全然不知，对此本院予以当庭批评教育。杨树森死亡后，四被告擅自变卖占有其全部遗产和事故责任单位一次性给付的 4 万元人民币，侵犯了二原告受遗赠的权利，应承担返还的民事责任。至于事故责任单位一次性给付的 4 万元人民币，除合理的丧葬费用及四被告料理丧事的误工损失外，其余为死亡补偿金，它系对受害人杨树森之赡养人或扶养人的经济补偿和精神慰藉，原告刘恩凤、王立龙作为遗赠人杨树森的扶养人，亦应按其对遗赠人所尽扶养义务给予补偿。遗赠人杨树森其余遗产和死亡补偿金，由其法定继承人继受。遂判决四被告将受遗赠财产和死亡补偿费用部分返还二原告。

▶六、问题与思考 > > >

1. 遗赠扶养协议约定的财产因不可抗力等原因而灭失后,遗赠扶养协议是否依然有效?

2. 遗赠扶养协议签订后,扶养人先于被扶养人死亡,但扶养人的亲属继续履行了扶养义务,扶养人的亲属能否继承被扶养人的财产?

3. 遗赠扶养协议签订后,被扶养人子女的赡养扶助义务是否依然存在?

DIWUBIAN

第五编

侵权责任法

引例一　郑元根、郑亚芳诉嵊州市剡湖房地产有限公司等财产损害赔偿案

▶一、案情简介[①] > > >

郑元根、郑亚芳二人为夫妻。2006 年 11 月 16 日，郑元根、郑亚芳二原告所有的位于嵊州市双塔路 85—10 号一楼营业房，因二楼的消防栓走水，发生大面积漏水，导致室内大量积水，墙面及店内货物严重受损。二原告所有的营业房所在小区为被告剡湖房地产公司开发，所涉的消防栓（属小区内公共配套设施）由剡湖房地产公司安装在该公司未出售的房子内（该房位于二原告营业房的二楼）。在该小区业主委员会未成立前由剡湖房地产公司委托南门物业管理有限公司（以下简称“南门物业”）对小区公共配套设施进行物业管理，包括本案所涉的消防栓。二原告于 2006 年 4 月 16 日向南门物业交纳了物业管理费。事故发生后，二原告曾多次向二被告提出赔偿事宜，二被告均以各种理由拒绝。现二原告起诉至法院，要求二被告赔偿各项财产损失。法院判决：(1) 嵊州市剡湖房地产有限公司于本判决生效后 10 日内赔偿给郑元根、郑亚芳财产损失 10529 元。(2) 嵊州市南门物业管理有限公司于本判决生效后 10 日内赔偿给郑元根、郑亚芳财产损失 10529 元。(3) 嵊州市剡湖房地产有限公司、嵊州市南门物业管理有限公司承担的责任内容相同，其中一方向郑元根、郑亚芳履行付款义务后，另一方对郑元根、郑亚芳付款义务即告免除。

▶二、思维路径 > > >

上述案例中，二原告的损失是由于安装在其营业房二楼里的消防栓漏水所

① 案情来源：国家法官学院、中国人民大学法学院编：《中国审判案例要览（2008 年民事审判案例卷）》，人民法院出版社、中国人民大学出版社 2009 年 12 月第 1 版，第 337 页—342 页。

致。因消防栓所在的房子剡湖房地产公司还未出售,该消防栓由该房地产公司控制管理,因此对二原告的损失,剡湖房地产公司应承担管护不当的侵权责任。同时该消防栓也属于小区内公共配套设施,应由南门物业公司管理,物业公司管理不当,当然也应对二原告承担责任。那么,二原告应该向哪个被告主张权利,二被告是否应划分责任份额?二原告能否要求每个被告全额赔偿?以剡湖房地产公司和南门物业公司为共同被告向法院主张权利是否恰当?应该由谁承担赔偿责任?法院裁决是否正确?以上问题应依照法律关于不真正连带责任理论来认定。

▶三、法律依据 > > >

1.《中华人民共和国民法通则》第 106 条:"公民、法人违反合同或者不履行其他义务的,应当承担民事责任。

公民、法人由于过错侵害国家的、集体的财产,侵害他人财产、人身的应当承担民事责任。

没有过错,但法律规定应当承担民事责任的,应当承担民事责任。"

《中华人民共和国民法通则》第 117 条第 2、3 款:"损坏国家的、集体的财产或者他人财产的,应当恢复原状或者折价赔偿。

受害人因此遭受其他重大损失的,侵害人并应当赔偿损失。"

2.《物业管理条例》第 36 条:"物业服务企业应当按照物业服务合同的约定,提供相应的服务。

物业服务企业未能履行物业服务合同的约定,导致业主人身、财产安全受到损害的,应当依法承担相应的法律责任。"

▶四、学理分析 > > >

(一)不真正连带责任的概念及特征

不真正连带责任是指各债务人基于不同的发生原因而对于同一债权人负有以同一给付为标的的数个债务,因一个债务人的履行而使全体债务均归于消灭,此时数个债务人之间所负的责任即为不真正连带责任。上述案例判决中第一被告剡湖房地产公司和第二被告南门物业管理有限公司所承担的责任就是不真正连带责任。

不真正连带责任的概念起源于德国,1891 年德国著名学者 Eisele 在论文

《共同连带和单纯连带》中界定了不真正连带责任。对于不真正连带责任，各国立法中基本上都没有对不真正连带责任作出过专门的规定，但体现这一原理的具体法律条款却散见于诸多部门法中。目前，我国民事立法中有很多关于不真正连带责任的规定，主要包括以下几个方面内容。

第一，我国产品质量法第 43 条规定，因产品存在缺陷造成人身、他人财产损害的，受害人可以向产品的生产者要求赔偿，也可以向产品的销售者要求赔偿。消费者权益保护法第 40 条规定，消费者或者其他受害人因产品缺陷造成人身、财产损害的，可以向销售者要求赔偿，也可以向生产者要求赔偿。即消费者可以选择债务人，可以先后向不同的债务人请求赔偿，但以受领一份给付利益为准。销售者与生产者中有责任一方为终局责任人，二者对受害人具有不真正连带责任。

第二，我国保险法第 60 条规定，因第三者对保险标的的损害而造成保险事故的，保险人自向被保险人赔偿保险金之日起，在赔偿金额范围内代位行使被保险人对第三者请求赔偿的权利。保险事故发生后，保险人未赔偿保险金之前，被保险人放弃对第三者的请求赔偿的权利的，保险人不承担赔偿保险金的责任。不真正连带责任中有终局责任人的，债权人对该债务人债务免除的效力及于其他债务人，即其他的债务人的债务在终局责任人得以免除债务的限度内也归于消灭。但是，如果被免除债务的不是终局责任人，这种免除的效力就不得及于其他债务人。

第三，我国海商法第 252 条第 1 款规定，保险标的发生保险责任范围内的损失是由第三人造成的，被保险人向第三人要求赔偿的权利，自保险人支付赔偿之日起，相应转移给保险人。第三人为终局责任人，其与保险人对被保险人负不真正连带责任。债务人之间的内部求偿关系适用代位求偿权或转让请求权的规定。海商法第 254 条第 1 款规定，保险人支付保险赔偿时，可以从应支付的赔偿额中相应扣减被保险人已经从第三人取得的赔偿，即终局责任人的清偿具有绝对效力，且被保险人在从终局责任人处没有得到全部赔偿时，可向其他非终局责任人请求未满足部分的赔偿。

第四，《最高人民法院关于审理人身损害赔偿案件适用法律若干问题的解释》第 11 条第 2 款规定，雇员在从事雇佣活动中遭受人身损害，雇主应当承担赔偿责任。雇佣关系以外的第三人造成雇员人身损害的，赔偿权利人可以请求第三人承担赔偿责任，也可以请求雇主承担赔偿责任。雇主承担赔偿责任后，可以向第三人追偿。这里雇主和第三人之间的责任为不真正连带责任。

第五,侵权责任法第 41 条至第 43 条规定,因产品存在缺陷造成损害的,被侵权人可以向产品的生产者请求赔偿,也可以向产品的销售者请求赔偿。产品缺陷由生产者造成的,销售者赔偿后,有权向生产者追偿。因销售者的过错使产品存在缺陷的,生产者赔偿后,有权向销售者追偿。这里规定的产品责任中生产者和销售者的责任形式就是不真正连带责任。该法第 59 条规定,因药品、消毒药剂、医疗器械的缺陷,或者输入不合格的血液造成患者损害的,患者可以向生产者或者血液提供机构请求赔偿,也可以向医疗机构请求赔偿。患者向医疗机构请求赔偿的,医疗机构赔偿后,有权向负有责任的生产者或者血液提供机构追偿。这里规定的医疗机构和医疗产品的生产者的责任、医疗机构和血液提供机构之间的责任形式属于不真正连带责任。该法第 68 条规定,因第三人的过错污染环境造成损害的,被侵权人可以向污染者请求赔偿,也可以向第三人请求赔偿。污染者赔偿后,有权向第三人追偿。该法第 83 条规定,因第三人的过错致使动物造成他人损害的,被侵权人可以向动物饲养人或者管理人请求赔偿,也可以向第三人请求赔偿。动物饲养人或者管理人赔偿后,有权向第三人追偿。这里规定的污染者与过错第三者之间的责任、动物饲养人或者管理人与过错第三人之间的责任均是不真正连带责任。

第六,物权法第 21 条规定,当事人提供虚假材料申请登记,给他人造成损害的,应当承担赔偿责任。因登记错误,给他人造成损害的,登记机构应当承担赔偿责任。登记机构赔偿后,可以向造成登记错误的人追偿。这就明确了如果不动产登记错误,登记机构与错误登记人的不真正连带责任。

法律责任在保护权利人的同时也会给责任人带来消极后果。因此,要正确适用不真正连带责任,必须准确理解不真正连带责任的法律特征。不真正连带责任的特征体现在以下几个方面。

1. 不真正连带责任是数个债务人因为不同原因关系而对同一债权人负担的责任

不同的原因关系是指形成各债务的基础。债包括意定之债和法定之债,基于法律行为而发生之债称为意定之债,契约系意定之债的主要发生原因;基于法律规定而发生之债,称为法定之债,无因管理、不当得利及侵权行为是法定之债的主要发生原因。不同的原因关系包括了两层含义,即法律事实不同或者法律关系不同。同种法律关系,法律事实不同也可以构成不真正连带责任。例如,在相关案例1-1"谢某某诉赵某某、王某人身损害赔偿案"中,业主王某家中放置的与玻璃顶棚连接通往地下室的木梯确实存在梯板脱落的情况,该木梯就其质地、结构、摆放位置存在安全隐患,王某作为物主对此情况的存在未预见性地警示施工人员,也未采取其他安全防范措施。所以,对原告在途经木梯过程中出现的伤害事故,其负有一定的过失责任,应承担与其过失相应的损害赔偿责任。同时,原告所从事的对业主王某家地下室枯死的盆栽进行处理的劳动,系受其直属上级即带班工人刘某某指令,在工作时间内从事该项劳动,是基于其与被告赵某某之间的雇佣关系而从事的该活动,属有偿劳动性质。故依照法律规定,雇主赵某某应当对雇员谢某某在从事雇佣活动中遭受的人身损害承担赔偿责任。王某和赵某某双方是基于不同的原因对于原告的损害负有以同一给付为标的的债务,而其中一个债务人对其责任范围内的给付则相应消灭了其他债务人相应的债务。这种责任形态即为不真正连带责任。

2. 构成不真正连带责任的数个债权相互独立且有各自独立的请求权

由于构成不真正连带责任的数个债权是基于不同的原因关系而形成的,因此债权人得以对多数个债务人分别享有独立的请求权。除法定竞合外,该等请求权可以由债权人按照自己的意愿选择行使,并且任一债权得到实现,其他债权也归于消灭。比如,甲委托乙保管的手表被丙损坏,甲可以基于保管合同要求乙承担违约责任,甲同时也可以要求丙承担侵权责任;但是无论乙的违约责任还是丙的侵权责任一旦得以最终实现,构成不真正连带责任的全部债务即宣告消灭。

3. 常见的不真正连带责任构成模式中一般存在最终责任人

这里的最终责任人是指应对形成不真正连带责任的损害承担终局责任,并且在其他债务人履行债务后,有权基于各自法律关系向其追索的债务人。例如,在医疗产品责任中的缺陷制造者,就是最终责任人。如果药品、消毒药剂、医疗器械的生产者或血液提供机构是最终责任人,医疗机构在承担了损害赔偿责任之后,就有权向最终责任人即药品、消毒药剂、医疗器械的生产者或血液提供机构追偿;反之,如果医疗机构是最终责任人,则药品、消毒药剂、医疗器械生产者或血液提供机构也可以向医疗机构追偿。

在相关案例1-2"中国铁道建筑总公司诉广东发展银行股份有限公司昆明分行侵权案"中,朱文龙等人私自盗用资金,已经构成犯罪,广东发展银行股份有限公司昆明分行侵权案违规划转中国铁道总公司款项,已构成对中国铁道总公司的侵权行为，朱文龙等人的犯罪行为和广东发展银行股份有限公司昆明分行的侵权行为相结合，造成中铁总公司的财产损失，是基于不同原因的同一给付内容的两个责任，属于不真正连带责任。

（二）不真正连带责任与相关概念区分

为了更加明确不真正连带责任，有必要将其与相似概念进行区分。

1. 不真正连带责任与连带责任

不真正连带责任与连带责任有密切的联系，都有多个债务人存在，债务均为相同内容的给付，各债务人均负全部履行义务，且债务人之一的全部履行使债权人对其他所有债务人的债权消灭。但是，二者也存在以下区别。

一是产生法理不同。连带责任的发生，在于加强对受害人的保护，使按一般理论不应承担责任或只应承担部分责任的债务人承担全部责任；而不真正连带责任的产生，乃至于保护受害人的同时限制权利人享受双重利益。

二是产生原因不同。不真正连带责任中，数个债务是基于不同的法律事实而产生，而连带责任中各个债务通常是基于同一法律事实而产生。

三是在内部求偿权的享有上不同。在不真正连带责任中，如果没有终局责任人，则不发生求偿问题。若有终局责任人，也只有在先承担履行义务的人不是终局责任人时，才发生追偿权，并且这种追偿是基于终局的债务承担。而在连带责任中，一个债务人承担履行义务后，可就超出自己承担份额的部分向其他债务人进行基于分担比例的内部追偿。

四是在有无具体债务分担上不同。在不真正连带责任中，每个债务人实际上只是仅就自己的独立行为负责，其间并不存在赔偿份额的分担问题。而在连带责任中，各债务人之间有内部债务分担问题。

2. 不真正连带责任与补充责任

补充责任，是指两个以上的行为人违反法定义务，对一个受害人实施加害行为，或者不同的行为人基于不同的行为而致使受害人的权利受到同一损害，各个行为人产生同一内容的赔偿责任，受害人分别享有的数个请求权有顺序的区别，首先行使顺序在先的请求权，不能实现或者不能完全实现时，再行使另外的请求权予以补充的侵权责任形态。

补充责任在民法领域存在的范围很广，如一般保证责任、数人侵权责任等。我国适用补充责任的侵权行为主要有：违反安全保障义务的侵权行为、学生伤害事故、帮工人受到损害的侵权行为。补充责任在性质上属于不真正连带责任，是不真正连带责任的一种特殊形式。

适用补充责任的侵权行为基本上具有不真正连带责任侵权行为的同样特点，就是两个以上的主体对同一个民事主体负有法定义务，当一个侵权行为侵害了这个法律所特殊保护的民事主体的民事权益时，该民事主体就产生了两个以上的损害赔偿请求权，分别针对负有不同法律义务的人。

之所以在责任形态上区别补充责任与不真正连带责任，原因之一，在适用补充责任的场合，实施侵权行为的数个行为人的法定义务有轻有重，因而应当承担的侵权责任也就有轻有重。例如防范制止侵权行为未尽安全保障义务的侵权行为，直接侵权人违反的法定义务是对绝对权的不可侵义务，实施的侵权行为侵害了绝对权，因而是应当首先承担责任的人。而公共场所管理人或者群众性活动组织者违反的义务是安全保障义务，并不是直接侵权人，是未尽安全保障义务的行为给直接侵权人提供了条件而间接地侵害了受害人的权利。因此，在两个侵权责任中，直接侵权人的责任是最终责任，而公共场所管理人或者群众性活动组织者的责任是从属的责任，是第二位的责任。为了体现这种责任性质和关系的不同，立法者采取补充责任的形态加以区别。原因之二，立法者出于公共政策考量，认为受害人的权益需要更为周到的保护，因此，在顺序在先的请求权行使之后不能得到满足，再规定受害人可以行使第二顺序的请求权保护未完全得到救济的权利。因此可以说，补充责任是不真正连带责任的一种特殊形式，其基本性质仍然是不真正连带责任，只不过两个请求权的关系变为顺位关系而不是选择关系。

两者的区别主要表现在：(1)在补充责任中，侵权第三人是第一顺序的责任人，补充责任人是第二顺序的责任人。受害人只能先向直接责任人求偿，求偿不能，才能向补充责任人请求承担补充责任；在不真正连带责任中，受害人不需确定最终的责任人，即可起诉要求任一责任人赔偿损害，这是两者之间的重大区别。(2)在补充责任中必有最终责任人，在不真正连带责任中，有时没有最终责任人。

(三)不真正连带责任类型

根据请求权竞合的原因不同，不真正连带责任可以分为以下两类。

1. 同种性质请求权竞合而形成的不真正连带责任

这类不真正连带责任包括：(1)一人或数人侵权之债与他人侵权之债竞合而形成的不真正连带责任。例如，乙盗窃甲的摩托车后逃跑，途中与酒后驾车的丙相撞,致摩托车严重受损。甲基于乙的盗窃行为和丙违章驾驶撞坏摩托车的行为要求其承担侵权责任,乙丙的侵权之债竞合,对甲形成不真正连带责任。(2)一人或数人合同之债与他人合同之债竞合而形成的不真正连带责任。例如,旅客甲与某旅游社签订旅游合同后,按旅游社安排乘坐列车前往目的地,途中被窗外飞石击中。甲同时起诉该旅游社与铁路局,旅游社与铁路局应分别基于旅游服务合同与客运合同对甲承担不真正连带责任。

2. 不同性质请求权竞合而形成的不真正连带责任

主要包括:(1)侵权之债与合同之债竞合而形成的不真正连带责任。例如,消费者甲在某酒店住宿,于晚上 11 时在走廊上遭 4 名男子殴打,酒店保安与服务员不仅未加制止,反而与他人一起围观,4 名男子将甲殴伤后离去。为此,甲将酒店及 4 名男子诉至法院。4 名男子与酒店分别基于侵权之债、合同之债对原告负有不真正连带责任。(2)合同之债与不当得利之债竞合而形成的不真正连带责任。例如,邮局将甲的包裹错递给乙,乙接受,此时邮局与乙分别基于合同之债、不当得利之债对甲负不真正连带责任。

(四)不真正连带责任的效力

不真正连带责任的效力就是不真正连带债务所产生的法律效果,分为对外效力和对内效力两个方面。对外效力是不真正连带债务引起的债权人与数债务人之间的法律效果,是指因责任人之一发生的事项其效力是否及于其他行为人;对内效力是不真正连带债务在债务人之间产生的法律效果,是指承担了全部侵权责任的人可否以及怎样向最终责任人追偿。

1. 不真正连带责任的对外效力

由于不真正连带责任是各自独立的责任,数个责任是基于不同的违法行为的原因发生而分别存在,因此,对于行为人之一发生的事项原则上对于其他行为人发生影响,即其效力及于其他行为人。不真正连带责任的基本结构是:各侵权人对于所造成的损害都应当承担责任,而且每一个人承担的责任都是全部责任。他们之间对外的关系就是不真正连带责任的对外效力。不真正连带责任的对外效力表现在以下几个方面。

第一,按照不真正连带责任的原理,发生不真正连带责任的侵权案件中的各个责任人对于受害人都发生全部承担满足其权利请求的效力。受害人即赔偿权利人对于各个责任人都享有请求权,都可以单独向其行使请求权。任何人对于受害人的请求权都有义务承担全部的赔偿责任。这种责任是中间责任,不是最终责任。

第二，任何一个责任人承担了自己的责任之后，其他责任人的责任归于消灭。这是因为，不真正连带责任的损害赔偿数额是一个竞合的数额，救济的是同一个损害。当一个责任人承担了赔偿责任之后，受害人的损害就已经得到了完全救济，不能够再行使另外的请求权，因此，另外的请求权因为损害已经得到救济而予以消灭。

2. 不真正连带责任的对内效力

研究不真正连带责任的对内效力主要是讨论追偿权的问题，也即一个责任人承担了赔偿责任之后，是否有权向没有承担责任的最终责任人请求赔偿。原则上，不真正连带债务中的数个债务人各自处在其各自的债务之关系当中，数个债务之关系相互独立，因此各债务之间不存在任何权利义务关系。只有当债权人的法益因一个或部分非终局责任债务人的履行而得到实现后，该非终局责任债务人取得向终局责任债务人追偿的权利时，各债务人之间始发生权利义务关系。

但并非在所有的不真正连带责任中存在追偿权的问题。存在终局责任人的情况下，非终局责任人向债权人承担责任后，才可能发生追偿权的问题，即非终局责任人向终局责任人主张赔偿。关于追偿权的取得方式，国外立法上有"请求让与"和"当然让与"两种模式。前者是指履行了债务的债务人可以请求债权人让与其对终局责任人的请求权，此时债务人须向债权人为请求让与的意思表示，又称之为"债权主义"；后者是指法律直接规定履行了债务的债务人当然地代位债权人行使对于终局责任人的请求权，此时债务人无须再为请求让与的意思表示，学说又称之为"特权主义"。我国台湾地区采用请求让与模式。我国台湾地区民法典第 228 条规定："关于物或权利之丧失或损害，负赔偿责任之人，得向损害赔偿请求权人，请求让与基于其物之所有权或基于其权利对于第三人之请求权。"日本民法采取当然让与模式，规定："债权人收受了作为损害赔偿的债权标的物或权利价额的全部时，债务人就该物或权利，当然代位债权人。"我国法律也有此规定，如保险法第 60 条第 1 款规定："因第三者对保险标的的损害而造成保险事故的，保险人自向被保险人赔偿保险金之日起，在赔偿金额范围内代位行使被保险人对第三者请求赔偿的权利。"可见我国法律采取当然让与模式。这种模式有利于保护非终局责任人的权利。非终局责任人赔偿之后，债权人的权利已经得到了满足。追偿权就是一种法定的权利，无须债权人为意思表示，非终局责任人就可以行使对终局责任人的赔偿请求权。因为不真正连带制度的首要目的是满足债权人的受损利益，充分实现其债权，当非终局责任人在全部履行了债务后，债权人的债权已得到实现，此时应尽最大可能满足该非终局责任人的利益。

（五）不真正连带责任的实行规则

如果数个债务人因为不同原因关系而对同一债权人应当负担不真正连带责任，其具体实行规则是：

第一，数个行为人基于不同的行为造成同一个受害人的同一个损害。例如，《最高人民法院关于审理人身损害赔偿案件适用法律若干问题的解释》第11条规定，雇佣关系以外的第三人造成雇员人身损害的，第三人的行为确实是造成受害人损害的原因，形成赔偿法律关系；但在雇主由于与雇员之间的雇佣关系中，雇主没有尽到应有的注意义务，对雇员造成的损害也负有赔偿责任。因此，雇员可以基于劳动关系请求工伤事故的损害赔偿，也可以基于侵权行为请求第三人承担侵权损害赔偿责任。

第二，数个行为人的行为产生各自独立的侵权责任，各个责任就救济受害人损害而言，具有同一救济目的。雇主的工伤事故赔偿责任和第三人的侵权赔偿责任，都是救济受害人同一个损害赔偿，都是一个救济目的，尽管分别产生了不同的侵权责任，但责任的目的都是救济该同一损害，而不是救济各个不同的损害。

第三，受害人享有的不同的损害赔偿请求权，只能"择一"行使。雇员即受害人或者向雇主请求承担赔偿责任，或者向第三人请求承担赔偿责任，而不是分别行使各个请求权。受害人选择的一个请求权实现之后，其他请求权消灭。这是不真正连带责任的"最近规则"，就是受害人可以选择距离自己最近的法律关系当事人作为被告，起诉其承担中间责任。

第四，损害赔偿责任最终归属于造成损害发生的最终责任人。如果受害人选择的侵权责任人就是最终责任人，则该责任人就应当最终地承担侵权责任。如果选择的责任人并不是最终责任人而是中间责任人，则承担了中间责任的责任人可以向最终责任人请求赔偿，最终责任人应当向中间责任人承担最终责任。

上述案例中涉及的是财产损害赔偿纠纷。这里面涉及两种法律关系：一是侵权法律关系。由于漏水的消防栓位于剡湖房地产公司未出售房屋内，由其控制、管理，并负有保修责任（按照国家规定的保修期限和保修范围承担物业的保修责任），因其未尽管理、保修义务致该处消防栓走水造成二原告的损失，应承担侵权责任,二原告对剡湖房地产公司享有侵权损害赔偿请求权。二是物业管理服务合同关系。南门物业公司与剡湖房地产公司之间已就小区前期物业管理达成协议,根据双方签订的物业服务合同约定,南门物业的管理服务范围包括对附属配套建筑及其设施的维修、养护和管理。尽管二原告没有直接参与前期物业服务合同的签订,但剡湖房地产公司已将物业交付给二原告使用,二原告也已向南门物业交纳物业管理费用,则二原告与南门物业之间事实上形成了物业管理关系,故该前期物业服务合同对二原告及南门物业之间同样具有约束力,也就是说,南门物业应依约对小区内公共配套设施(包括消防栓)进行维修、养护和管理,为业主提供相关服务。现南门物业对小区内公共配套设施未尽合同义务,应当对消防栓走水所造成二原告的财产损失承担违约责任,二原告对南门物业公司享有违约损害赔偿请求权。本案中,因为剡湖房地产公司、南门物业公司客观上基于不同的原因关系而产生同一损害事实(原告财物损失),并且各自独立负有全部清偿债务的责任,即已构成不真正连带责任。作为债权人,对于两个竞合的请求权,二原告可以按照自己的意愿分别行使独立的请求权,也可以对两个债务人选择行使请求权,并且任一债权得到实现,其他债权也归于消灭。因此,二原告可以请求其中一个被告全部支付,也可以同时请求两被告全部给付,但无论剡湖房地产公司的侵权责任还是南门物业公司的违约责任一旦得以最终实现,构成不真正连带责任的全部债务即宣告消灭。因此本案法院的判决是正确的。

▶五、相关案例 > > >

【案例 1-1】谢某某诉赵某某、王某人身损害赔偿纠纷案[①]

谢某某系赵某某经营的北京某花木园艺场(个体工商户性质)雇用的工人,从事花木园艺工作。王某系昌平区北七家镇温哥华小区 D6—7 号别墅业主。2007 年 5 月,赵某某与王某达成由其园艺场对王某的别墅庭院进行绿化改造的合同。5 月 9 日,谢某某等几名工人随同带班工人刘某某进驻王某的庭院进行施工。当日下午,业主王某要求带班工人刘某某派人清理其地下室一株枯死的盆栽,刘某某同意第二天派人办理。次日上午 11 时左右,谢某某受带班刘某某的指派携带工具通过木梯下到地下室,对枯死盆栽进行处理,并将死树搬离地

① 参见北大法意案例库,http://www.lawyee.net/Case/Case_Display。访问时间:2013 年 10 月 6 日。

下室到地面上，通过木梯返回地下室进行后续处理的过程中，位于木梯中部一块梯板脱落，导致谢某某从梯上摔倒坠落，确诊为颈椎外伤椎体脱位、四肢瘫（高位）、骨髓损伤等。法院判决：被告赵某某赔偿原告谢某某因伤造成的医疗费、精神损害赔偿金等共计人民币 450083.84 元；被告王某赔偿原告谢某某各种费用共计人民币 112520.96 元。以上两项在执行中，如其中一被告已完全履行给付，则另一被告免除给付相应价款的义务，即原告从被告赵某某、王某处所获得的赔偿总额不超过本判决第一项所确定的数额。

【案例 1-2】中国铁道建筑总公司诉广东发展银行股份有限公司昆明分行侵权案①

中国铁道建筑总公司内昆铁路工程指挥部（以下简称内昆指挥部）计财处原副处长朱文龙未经该处同意，私自伙同昆明宏铁经贸有限责任公司（以下简称宏铁公司）崔永祥及广东发展银行股份有限公司昆明分行（以下简称广发昆明分行）信贷科科长张海晖等人，利用职权之便，在广发昆明分行处违规开户，朱文龙将中国铁道建筑总公司 1000 万元款项于 1999 年 9 月 16 日存入该账户。后广发昆明分行于同年 10 月 10 日以“广东发展银行昆明分行特种转账传票”将该款划转到宏铁公司，宏铁公司将该款用以归还所欠广发昆明分行的保证金共 700 万元，剩余 300 万元为宏铁公司使用。中国铁道建筑总公司认为因广发昆明分行擅自划转原告存款的行为违反了中国人民银行《支付结算办法》第 9 条规定，侵害了其合法权益，向法院提起民事诉讼。法院认为，朱文龙等人的犯罪行为和广发行昆明分行的侵权行为相结合，产生的两个责任，为不真正连带责任。

▶六、问题与思考 > > >

1. 依据民事诉讼法规定，如果债务人不如期履行法院生效判决，债权人可向法院申请执行。在债务人之间需要承担不真正连带责任时，因各债务人均有履行全部债务的义务，故均可为被执行人。申请人是否可以多个债务人中的一个作为被申请人申请执行？如果把全部债权人作为被申请人时，法院究竟是执行哪一个，其中是否有不正当因素导致的偏向执行行为？如分开执行则可能导致原告获得双重赔偿，该情形又如何解决？非终局债务人如何向终局人追偿？

① 国家法官学院、中国人民大学法学院编：《中国审判案例要览（2006 年民事审判案例卷）》，人民法院出版社、中国人民大学出版社，第 306—311 页。

2. 不真正连带责任案件往往涉及两个以上的案由，如本文“郑元根、郑亚芳诉嵊州市剡湖房地产有限公司等财产损害赔偿案”，就是侵权损害赔偿与物业管理服务合同纠纷。在权利人向法院合并起诉的时候，就会涉及案由的确定，那么两个不同的民事法律关系究竟是用其中一个案由，还是两个案由同时运用？

引例二　东莞市成功针织制衣厂等与伍玉梅违反安全保障义务责任纠纷案

▶一、案情介绍[①] > > >

伍玉梅于2010年3月10日入职东莞市成功针织制衣厂（以下简称成功制衣厂），任生产部工人。尹灿耀是该厂法定代表人。2010年12月14日早上7时40分，伍玉梅在成功制衣厂饭堂就餐期间，在领取早餐后回就餐位置过程中摔倒在地。伍玉梅随即被送至东莞市人民医院诊治，并于当天入院治疗，住院29天后出院。住院诊断证明书显示出院诊断为“胸口椎体压缩性骨折”，“医生意见”一栏第5点为“出院后复查，康复交通费、二次手术拆除内固定物总共费用约贰万元”。伍玉梅出院后，又于2011年4月12日到东莞市人民医院进行复诊，根据当天的门诊病历记录显示，医生认为根据伍玉梅的恢复情况，可在18个月后手术取出内固定物。在伍玉梅诊疗期间，成功制衣厂和尹灿耀为其垫付了医疗费用51917.59元、护理费840元、交通费和住院伙食补助费，共计58053.93元。其后，伍玉梅就其伤情委托广东岭南法医临床司法鉴定所进行伤残等级的法医学鉴定。广东岭南法医临床司法鉴定所于2011年4月28日出具《司法鉴定意见书》（广东岭南法医鉴定所〔2010〕临鉴字0475号），认定伍玉梅的伤残程度构成九级伤残。

伍玉梅于2011年1月13日就案涉事故向东莞市社会保障局申请工伤认定，该局认定案涉事故属非工伤。其后，伍玉梅就案涉事故向东莞市劳动人事争议仲裁院东城仲裁庭申请仲裁，要求成功制衣厂和尹灿耀支付后续治疗费、

① 案情来源：广东省东莞市中级人民法院民事判决书〔2012〕东中法民一终字第503号。

评残费、误工费、护理费、残疾赔偿金、住宿费、被扶养人生活费、精神损害抚慰金等费用。仲裁庭经审理后，认定案涉事故属于非因工受伤，并据此作出东劳人仲东城庭案字〔2011〕109 号仲裁裁决书，裁决：由伍玉梅在裁决书生效之日起 15 日内返还成功制衣厂和尹灿耀 58053.93 元。2011 年 9 月 8 日，伍玉梅向法院提起诉讼，请求法院判决成功制衣厂、尹灿耀垫付的费用无需返还，并另行赔付 198700 元。

一审法院认为发生案涉人身损害事故的饭堂设于成功制衣厂内，而且由该厂负责经营管理，故该厂负有为就餐人员提供安全就餐环境的义务，若因其未能依法履行安全保障义务而导致他人发生人身损害，则其应当承担相应的赔偿责任。经一审法院现场勘查，饭堂地面所铺设的白色普通地砖表面光滑，防滑功能较差，一审法院认为伍玉梅称是因为饭堂过道地面有油污而摔倒的主张可信度较高，故对伍玉梅的主张予以采纳。然而考虑到事故发生时，案涉饭堂墙面上已张贴有警示标志，而且伍玉梅是成年人，并长期在事发的饭堂就餐，其本身也应当尽到谨慎注意义务，因此酌情认定成功制衣厂应当对伍玉梅在案涉事故中所遭受的人身损害承担 70% 的赔偿责任。由于成功制衣厂为个人独资企业，该厂投资人为尹灿耀，因此根据《中华人民共和国公司法》第 63 条“一人有限责任公司的股东不能证明公司财产独立于股东自己的财产的，应当对公司债务承担连带责任”的规定，因成功制衣厂、尹灿耀均没有提供证据证明成功制衣厂的财产独立于尹灿耀自己的财产，故尹灿耀应就成功制衣厂对伍玉梅的赔偿承担连带清偿责任。

判决后，成功制衣厂、尹灿耀不服一审判决提起上诉。二审法院认为，根据本案实际情况，成功制衣厂未尽安全保障义务和伍玉梅疏于注意两个原因，在损害发生过程中的大小关系相当，根据《中华人民共和国侵权责任法》第 26 条的规定，认定成功制衣厂应当对伍玉梅在案涉事故中所遭受的人身损害承担 50% 的赔偿责任。

▶二、思维路径 > > >

本案应重点分析“成功制衣厂”、尹灿耀是否违反了侵权责任法第 37 条规定的安全保障义务，此为本案审理和判决的前提。分析本案时应先突破两个关键性问题，首先，判定本案被告违反安全保障义务的法律依据何在？其次，如果被告违反了安全保障义务，则构成对原告的侵权，在责任的承担上是否存在过失相抵原则适用的可能性?

▶三、法律依据 > > >

1.《中华人民共和国侵权责任法》第 26 条:"被侵权人对损害的发生也有过错的,可以减轻侵权人的责任。"

《中华人民共和国侵权责任法》第 37 条第 1 款:"宾馆、商场、银行、车站、娱乐场所等公共场所的管理人或者群众性活动的组织者,未尽到安全保障义务,造成他人损害的,应当承担侵权责任。"

2.《最高人民法院关于审理人身损害赔偿案件适用法律若干问题的解释》第 6 条:"从事住宿、餐饮、娱乐等经营活动或者其他社会活动的自然人、法人、其他组织,未尽合理限度范围内的安全保障义务致使他人遭受人身损害,赔偿权利人请求其承担相应赔偿责任的,人民法院应予支持。

因第三人侵权导致损害结果发生的,由实施侵权行为的第三人承担赔偿责任。安全保障义务人有过错的,应当在其能够防止或者制止损害的范围内承担相应的补充赔偿责任。安全保障义务人承担责任后,可以向第三人追偿。赔偿权利人起诉安全保障义务人的,应当将第三人作为共同被告,但第三人不能确定的除外。"

《最高人民法院关于审理人身损害赔偿案件适用法律若干问题的解释》第 17 条第 1 款:"受害人遭受人身损害,因就医治疗支出的各项费用以及因误工减少的收入,包括医疗费、误工费、护理费、交通费、住宿费、住院伙食补助费、必要的营养费,赔偿义务人应当予以赔偿。"

3.《中华人民共和国公司法》第 63 条:"一人有限责任公司的股东不能证明公司财产独立于股东自己的财产的,应当对公司债务承担连带责任。"

▶四、学理分析 > > >

(一)安全保障义务及立法历程

安全保障义务是指特定公共场所的管理人或者群众活动的组织者,对于进入该场所或者参与活动人的人身或者财产安全负有适当、合理的注意和保护义务。管理人或者组织者是安全保障义务的承担者。受到侵害方为安全保障义务的权利人。

安全保障义务,是随着司法实践的需求而不断地成长和完善的,行为人所承担的防止其保护范围内的人遭受第三人的侵害,或者防止处于其控制范围内的第三人侵害他人的义务是通过安全保障义务来完成的，安全保障义务的概念是在司法判例中出现的，尤其是1999年法院审理的“王利毅、张明霞诉上海银河宾馆赔偿纠纷案”后，安全保障义务开始引起了法律界人士的关注，研究者以及法官就此案纷纷发表自己的学说和观点。学者的理论研究成果和司法实践推动了安全保障义务的有关立法，2003年颁布的《最高人民法院关于审理人身损害赔偿案件适用法律若干问题的解释》中，首次使用了安全保障义务一词，2010年实施的侵权责任法第37条将上述司法解释法律化，在第37条规定了公共场所的管理人或者群众性活动的组织者的安全保障义务。

(二)安全保障义务的内容

根据义务人具体身份的不同，安全保障义务的内容也有差异，但大体概括为：

1. 安全警示义务。管理人或者组织者应当对场所或活动中可能存在的损害风险通过明示的方式对社会公众进行警示。明示的方式有公告、通知、广播、专人提示等。无论何种明示方式，它都必须足以达到让人知晓、足以排除损害风险的程度。明示内容应当涵盖损害风险的种类及其预防损害风险的方法或手段。

2. 风险管理义务。现代社会经营环境错综交结，风险无时不存在于经营或组织过程中。管理人或者组织者应当对潜在的风险适时超前进行规范、协调，预防风险的发生。如商场在宣传活动中，商场应当保证活动的有序进行，对活动现场负有防止混乱的义务。

3. 监督义务。管理人或者组织者应根据自身场所或者活动的特点，有针对性地作必要的检查和督促，以预防不安全因素诱发损害的发生。作为商业性经营主体，履行检查和督促义务以不侵害他人权益为前提。

4. 组织义务。管理人或者组织者对场所或者活动应当进行合理安排，使进入人或者参加者处于适当的安全保护状态，防止被侵害。如不能把老、弱、病、残、孕这些人安排与青壮年一起。

5. 调查义务。管理人或者组织者在经营或者活动开始前，应当派专人对自身设备、设施和相关服务硬件等进行调查，对损害风险摸底，排除不安全因素，积极修缮，消灭风险源，以确保安全可靠。

6. 保管、保护义务。管理人或者组织者既不要因为自己的行为导致他人受到侵害，也不要因第三人的行为而不履行适当、合理的保管、保护义务，导致损害的发生或者扩大。

(三)违反安全保障义务的侵权责任的判断标准

侵权责任法第37条是对安全保障义务的原则性规定,只是说明未尽到安全保障义务、造成他人损害的,应当承担侵权责任。对于安全保障义务的判断标准,该条并未明确。这就对司法实践中认定安全保障义务人是否存在过错制造了难题。根据《最高人民法院关于审理人身损害赔偿案件适用法律若干问题的解释》第6条第1款规定,安全保障义务人因未尽合理限度内的保障义务而致使他人人身损害的,应承担相应赔偿责任。在实践中如何具体把握立法的精神,可以依据以下标准加以确定。

1. 安全保障义务人是否获益。根据收益与风险相均衡的原则,经营者收益的大小应与其所承担风险的多少一致。据此,从事经营活动并从中获益的安全保障义务人的安全保障义务一般应多于那些无偿提供服务、举办公益活动的安全保障义务人。如宾馆、酒店等服务行业经营者的安全保障义务多于从事志愿活动的志愿者安全保障义务。

2. 违反安全保障义务后的救助情况。损害发生后,在判断安全保障义务人是否违反了安全保障义务时,要考虑安全保障义务人在发生侵权行为前后所采取的防范、制止侵权行为的状况等各方面情况。如在酒吧、迪厅等娱乐场所发生第三人侵权的情形,要考虑该娱乐场所是否按照有关规定配备了适量、专业的保安,侵权行为发生时保安有没有协助消费者及时制止第三人侵害、侵权行为发生后安全保障义务人是否采取了积极的救助措施,如帮助消费者拨打120急救电话等。通常在司法实践中,还应考虑安全保障义务人实施危险救助的时间和方法。一般来说,采取救助措施的时间越早,方法越得当,损害就越小,安全保障义务人的责任也就越小;反之,损害越大,责任就越大。

一些安全保障义务人以公告、合同、店堂告示等方式告知公众,对在场所或者活动中所受的损害由受侵害人自行负担。此类告知以公告、合同、店堂告示等方式将自己承担的法定义务转移,不符合法律要求。因为安全保障义务是强制性法律义务,不允许当事人以协议形式予以转移,即使转移也无法律效力。另外,此类告知属格式合同。依据合同法第40条规定:"……提供格式条款一方免除其责任、加重对方责任、排除对方主要权利的,该条款无效。"此类告知在司法环境中无法让告知人达到预期目的,反而会带来败诉的法律风险,自身的声誉也随之处于风险中。一些管理人或者组织者认为只有与自己发生实际业务的人,他们才承担安全保障义务,这是不对的。实际上,只要进入自己的管理或者组织的区域内,那就必须承担安全保障义务。换句话讲,履行安全保障义务不是以对方当事人是否发生真实的交易为要件。

(四)违反安全保障义务的侵权责任的承担方式

在侵权责任法上,违反安全保障义务的侵权责任承担形式有两种,即直接责任和补充责任。

第一,直接责任,是指违法行为人对自己实施的行为所造成的他人人身损害和财产损害的后果由自己承担责任的侵权责任形态。从违反安全保障义务的情形来看,直接责任指的是由于行为人自身未尽保护关照义务,致使其行为导致相对人造成损害而由行为人自己承担责任的责任形式。需要注意的是,如果未履行安全保障义务的是产品或服务提供人的使用人的话,比如商场的员工,在这种情形下,责任仍旧由产品或服务的提供人来承担,所涉及的其实是一个替代责任,但仍然认为属于直接责任。

安全保障义务主体承担直接责任的构成要件有:(1)管理人和组织者的经营管理和组织活动引起他人的正当信赖,例如信赖其环境设施的正常利用符合安全性要求;(2)侵权的损害发生于义务主体的危险控制范围之内;(3)对发生损害的潜在危险,管理人和组织者本能够合理予以控制,但是没有予以合理控制;(4)损害结果的发生没有第三者责任的介入。

第二,补充责任。侵权责任法上的补充责任,是指两个以上的行为人违反法定义务,对一个被侵权人实施加害行为,或者不同的行为人基于不同的行为而致使被侵权人的权利受到同一损害,各个行为人产生同一内容的侵权责任,被侵权人享有的数个请求权有顺序的区别,先行使顺序在先的请求权,再行使其他请求权的侵权责任形态。侵权责任法第 37 条第 2 款规定了义务主体承担补充责任的情形。

(五)本案分析

结合上述的学理分析,具体到本案中,首先,应认定成功制衣厂作为案涉饭堂的管理人,对于在该饭堂消费的伍玉梅,应承担安全保障义务。就本案而言,在案涉饭堂铺设普通地砖,容易因油污造成地面打滑的情况下,成功制衣厂应尽到善良管理人的注意义务,采取一定的措施,例如铺设防滑地垫等,避免在饭堂消费的员工打滑摔倒,而不应仅仅停留于张贴提示,警示小心地滑。因案涉饭堂地面有油污致伍玉梅摔伤,成功制衣厂疏于善良管理人的注意,应认定成功制衣厂没有尽到安全保障义务，因此，对原告人身权遭受的损害应承担侵权责任。

其次，成功制衣厂、尹灿耀违反了安全保障义务，构成侵权责任。在责任的承担上，本案比较清晰和简单，不存在第三人介入导致侵权问题的产生之情形，完全是由行为人的直接行为导致的。因此，在责任分配上，主要考虑原告是否存在过错情形，如果原告对于自己损害后果的产生在主观上也存在过错，则可以相应地减轻或者免除被告的侵权责任。本案中，结合具体的案情，应认定原告存在过错，本案可以适用过失相抵原则适当地减轻被告的侵权责任，因事故发生前成功制衣厂饭堂墙面上已粘贴有“小心地滑”的警示标志，且伍玉梅在案涉的饭堂就餐，其本身也应当尽到谨慎注意义务。对于责任份额的认定，应主要考虑双方行为与损害发生的关系来确定。

五、相关案例 > > >

【案例 2-1】王利毅、张丽霞诉上海银河宾馆赔偿纠纷案①

1998 年 8 月 23 日，王利毅、张丽霞之女王翰来上海参加药品交流会，入住上海市银河宾馆。下午 2 时 40 分左右，王翰经宾馆服务总台登记后，由服务员领入 1911 客房，下午 4 时 40 分左右在该客房被犯罪分子仝瑞宝（已被判死刑并执行）杀害，随身携带的人民币 2.3 万余元、港币 20 元和价值人民币 7140 元的欧米茄牌手表一块被劫走。事后查明，仝瑞宝于当日下午 2 时零 2 分进入宾馆伺机作案，在按 1911 客房门铃待王翰开门后，即强行入室将其杀害并抢劫财物，下午 4 时 52 分离开宾馆。王利毅、张丽霞因与银河宾馆就赔偿问题发生纠纷，故向法院提起诉讼，请求法院判令被告银河宾馆向原告承认错误、赔礼道歉，赔偿原告经济损失 798860 元（其中包括王翰被抢劫财物损失、丧葬费用、差旅住宿费、教育抚养费），赔偿精神损失费 50 万元。

一审法院认为原告王利毅、张丽霞之女王翰虽在入住被告银河宾馆期间遇害致死，财物被劫，但王翰的死亡和财物被劫是犯罪分子仝瑞宝的加害行为所致，银河宾馆并非共同加害行为人。银河宾馆在管理工作中的过失，同王翰的死亡与财物被劫没有法律上的因果关系。故王利毅、张丽霞以银河宾馆在管理工作中有过失为由，要求银河宾馆承担侵权赔偿责任，没有法律依据，不予支

① 参见：上海市长宁区人民法院民事判决书〔1998〕长民初字第 2455 号；上海市第一中级人民法院民事判决书〔2000〕沪一中民终字第 2309 号。

持。但被告银河宾馆是四星级涉外宾馆,内部有规范的管理制度,并安装着安全监控设施。银河宾馆制订的《银河宾馆质量承诺细则》置放于客房内,并于1998年8月19日起实施。该细则中有"24小时的保安巡视,确保您的人身安全""若有不符合上述承诺内容,我们将立即改进并向您赔礼道歉,或奉送水果、费用打折、部分免费,直至赔偿"等内容。考虑到银河宾馆在提供服务过程中虽有一定的违约过失,故违约赔偿的数额应当参照本案的实际情况酌情而定。判决被告上海银河宾馆赔偿原告王利毅、张丽霞人民币8万元。

判决后,双方当事人均不服提出上诉。二审法院认为自王翰登记入住银河宾馆起,王翰就与上诉人银河宾馆形成了以住宿、服务为内容的合同关系。在此合同中,银河宾馆除应履行向王翰提供与其四星级收费标准相应的房间设施及服务的义务外,还应履行保护王翰人身、财产不受非法侵害的义务。王翰是在宾馆内被犯罪分子杀害的。由于刑事犯罪的突发性、不可预测性和犯罪手段的多样化,作为宾馆来说,尽管认真履行保护旅客人身、财产不受非法侵害的义务,也不可能完全避免此类犯罪事件在宾馆内发生。因此,一旦此类犯罪事件发生,不能以宾馆承担着保护旅客人身、财产不受非法侵害的合同附随义务,就一概认为宾馆负有责任,具体情况必须具体分析。对犯罪造成的危害结果,根据罪责自负的原则,必须由犯罪分子承担刑事和民事的法律责任。宾馆能证明自己确实认真履行了保护旅客人身、财产不受非法侵害的合同义务后,可以不承担责任。为了住宿旅客的人身、财产安全,宾馆必须对所有进入住宿区的不熟识人员给予充分注意,在不乏热情地接待、询问中了解此类人员的动向,以及时发现并遏止其中一些人的犯罪企图,保护旅客的安全。事实证明,银河宾馆并没有配备专门人员负责此项工作,以至于犯罪分子仝瑞宝出入王翰所在的住宿区时,均没有遇到过宾馆工作人员,更谈不上受到注意与询问,因而才能顺利进入客房作案,作案后又从容逃脱,王翰的尸体在第二天才被发现。银河宾馆不在旅客住宿区配备负责接待的工作人员,是其工作中的一大失误,这一失误已将旅客置于极不安全的境地,这也是仝瑞宝将银河宾馆选作犯罪地点的根本原因。银河宾馆虽然在住宿区每个楼层的电梯口都安装了电视监控设备,但是当监控设备已经反映出仝瑞宝为等待犯罪时机在不到两小时内7次上下宾馆电梯时,宾馆工作人员不能对这一异常举动给予密切注意。事实证明,由于出入电梯间的客流量较大,这一措施对及时保护旅客的人身、财产安全并不奏效。银河宾馆没有全面、认真地履行合同义务,自应承担违约责任。二审法院认为原审判决认定事实清楚，适用法律正确，判处恰当，审判程序合法，应予维持。

【案例 2-2】莫某某与上海鲁迅公园公共场所管理人责任纠纷案①

2011 年 9 月 3 日 18 时 20 分许，莫某某在上海市四川北路 × × × 号鲁迅公园湖泊内游泳时，被他人用器具追打，致莫某某人身受损。后莫某某被送往中国人民解放军第四一一医院（以下简称四一一医院）急诊诊治；莫某某于 2011 年 9 月 8 日至同月 16 日、2011 年 10 月 12 日至同月 21 日两次至四一一医院入院诊治，并复诊多次。期间，莫某某支付医疗费人民币（以下币种均为人民币）15991.08 元。莫某某遂以第三者肇事方无法查实、鲁迅公园作为公共设施的所有人未尽管理之责为由诉至法院，要求鲁迅公园按照 100% 比例承担补充赔偿责任，赔偿范围包括医疗费、护理费、住院伙食补助费、交通费、鉴定费、律师代理费、误工费、精神损害抚慰金、后续治疗费。

一审法院认为公民享有生命健康权。因第三人的行为造成他人损害的，由第三人承担侵权赔偿责任；管理者或者组织者未尽到安全保障义务的，承担相应的补充责任。本案中，鲁迅公园作为提供游客休憩娱乐活动场所的法人，应当对相关公众的人身安全负担合理的保障义务；而莫某某作为进入公共场所活动的自然人，也应遵守相应的游园秩序，合理安排适当的体育健身运动。现莫某某所受人身损害，系由第三人的侵权行为所致；而因鲁迅公园作为管理人具有他人不可比拟的控制能力，具有对于可能发生的危险的预见性，故其对湖泊内的游船设置、禁止游泳的湖泊区域等均应采取相适应的管理措施，因疏于恪尽安全保障义务，其应承担相适应的补充赔偿责任，该补充赔偿责任的范围仅限于其能够防止或者制止损害的范围。判决鲁迅公园赔偿莫某某医疗费 4797.32 元、护理费 270 元、住院伙食补助费 105 元；鉴定费 3060 元，赔偿莫某某律师代理费 1000 元。莫某某其余的诉讼请求不予支持。

判决后莫某某不服提起上诉。二审法院认为结合讼争双方的身份对应关系（园方和游客）、莫某某遭受人身损害的具体要素（起因、时间、范围、直接侵害者等）以及鲁迅公园所负安全保障义务的合理限度，一审法院经综合审查判断后认定莫某某所受人身损害系第三人的侵权行为所致、鲁迅公园作为事发场所的管理人未尽到相应的安全保障义务，并据此判决鲁迅公园承担 30% 的补充责任，经核，合法有据，并无不当。二审法院驳回上诉，维持原判。

① 参见：上海市第二中级人民法院民事判决书〔2012〕沪二中民一（民）终字第 2554 号。

【案例2-3】马青等诉信泰证券公司、古南都明基酒店等未尽安全保障义务人身损害赔偿纠纷案①

2005年7月22日，被告江苏展览馆（以房屋产权人的名义）、被告古南都明基酒店（以房屋出租人的名义）、被告信泰证券玄武门营业部三方签订《房屋租赁协议》一份，由信泰证券玄武门营业部承租南京市玄武门22号房屋第一层部分区域及第二层整体全部区域，作为其开展证券业务的场所，承租期限为2005年7月21日至2007年9月21日。

2005年11月1日，受害人钱进（男，1946年8月11日出生）在被告信泰证券公司下属的分支机构信泰证券玄武门营业部207室（以下简称207室）炒股。上午10时许，钱进因其晾晒窗台上的鞋垫落到室外，遂打开窗户翻窗到平台上去捡鞋垫，因平台底板塌落坠楼，经医院抢救无效死亡。事发后，信泰证券玄武门营业部经与钱进家属协商，并于2005年11月5日向钱进家属钱南鹏垫付了8000元，用于钱进家属处理钱进后事，对于该借款的处理，待钱进家属处理完毕出葬事宜后另行协商。因对赔偿问题未达成一致意见，钱进之母马青、子钱南鹏、女钱南雁以信泰证券玄武门营业部、信泰证券公司、江苏展览馆、古南都明基酒店为被告，向法院提起诉讼，要求被告连带赔偿死亡赔偿金、被扶养人生活费、丧葬费、精神损害抚慰金等合计303567.50元。

南京市玄武区人民法院经审理认为，公民、法人合法的民事权益受法律保护。经营者应当对经营场所尽必要的安全保障义务，履行安全保障义务须在合理的限度范围之内。原告认为钱进为捡鞋垫，到“阳台”上突遇底板塌落坠楼身亡，系被告未尽安全保障义务所致，应由被告承担赔偿责任的意见，该院认为，阳台是室内与室外之间的过渡空间，本案中钱进翻窗踩踏的不属于阳台，系承载空调室外机的一个平台，且207室窗户安装有限位器，从事发后公安部门拍摄的现场照片看，窗台上留有螺丝刀，结合公安部门对多位证人所作的调查笔录可以推定，钱进是用螺丝刀拧开限位器后自行开启窗户翻窗出去的。207室的窗户非供人翻窗出入，作为承载空调室外机的平台也并非必然能再承受一个人的重量，钱进作为一个完全民事行为能力人擅自开启窗户翻窗，踩踏放置空调室外机的平台，没有尽到一个完全民事行为能力人对自己行为的正确判断，

① 参见最高人民法院中国应用法学研究所编：《人民法院案例选》（2007年第1辑），人民法院出版社2007年版，第207页。

应对自己行为造成的后果承担责任。故原告以被告未尽到安全保障义务为由要求被告承担赔偿责任的主张，无事实和法律依据，该院未予支持。综上，南京市玄武区人民法院依照《中华人民共和国民法通则》第5条之规定，于2006年5月15日作出判决：驳回原告马青、钱南鹏、钱南雁的诉讼请求。

原告不服一审判决提起上诉。

南京市中级人民法院经审理认为，对于钱进如何翻出窗台，该事实虽没有直接证据证实，但根据现场窗台上留下的螺丝刀及公安机关对207室内人员所作的笔录，证据之间能够相互印证，原审判决对此事实的推定能够成立。根据《最高人民法院关于审理人身损害赔偿案件适用法律若干问题的解释》第6条第1款的规定："从事住宿、餐饮、娱乐等经营活动或者其他社会活动的自然人、法人、其他组织，未尽合理限度范围内的安全保障义务致使他人遭受人身损害，赔偿权利人请求其承担相应赔偿责任的，人民法院应予支持。"本案中被上诉人作为经营者和管理者，属安全保障义务人，有义务对经营场所内活动的人员提供安全的环境以及对危险源进行有效控制。安全保障义务人承担责任的基础在于疏于安全保障义务的过错，安全保障义务人的过错应根据其提供保障的必要性和可能性，在合理的范围内承担责任。被上诉人古南都明基酒店在承租南京市玄武门22号楼之后，对房屋进行装修，为美观需要，在窗外修建了不能承重的平台，危险源的存在是不可否认的。但在装修的同时，被上诉人在安装窗户时加装了限位器，客观上杜绝了室内外人员由此出入的可能，就被上诉人的正常认知水平而言，无法预料室内的人员会动用工具拧开限位器翻出窗外，因此要求被上诉人对平台危险性再予警示，显然超出了安全保障义务的合理限度。

2006年7月31日，南京市中级人民法院依照《中华人民共和国民事诉讼法》第153条第1款第1项之规定，作出〔2006〕宁民一终字第1083号民事判决：驳回上诉，维持原判。

▶六、问题与思考 > > >

正如上述案例，不同类型的安全保障义务案件越来越多地发生在我们身边，我国安全保障义务的相关规定是否能适用变化莫测、繁杂的社会环境？安全保障义务是否应该进一步加强相关立法？是否应考虑在我国立法中引入安全保障义务的上位概念作为义务？

引例三　徐某某诉彭宇人身损害赔偿纠纷案

▶一、案情简介[①] > > >

2006 年 11 月 20 日上午,徐某某在南京市水西门公交车站等候 83 路公交车,大约 9 时 30 分左右有两辆 83 路公交车同时进站。徐某某准备乘坐后面的 83 路公交车,在行至前一辆公交车后门时,彭宇第一个从公交车后门下车。徐某某摔倒致伤,彭宇发现后将其扶至旁边,在徐某某的亲属到来后,彭宇便与徐某某亲属等人将徐某某送往医院治疗。徐某某后被诊断为左股骨颈骨折并住院治疗,施行髋关节置换术,产生了医疗费、护理费、营养费等损失。徐某某向法院起诉称其行至前一辆公交车后门时被从车内冲下的彭宇撞倒,导致摔伤。请求判令彭宇赔偿人民币 136419.3 元。

法院经审理认为,原告赶车到达前一辆公交车后门时和刚从该车第一个下车的被告瞬间相撞,发生事故。原告在乘车过程中无法预见将与被告相撞;同时,被告在下车过程中因为视野受到限制,无法准确判断车后门左右的情况,故对本次事故双方均不具有过错。因此,本案应根据公平责任合理分担损失。公平责任是指在当事人双方对损害均无过错,但是按照法律的规定又不能适用无过错责任的情况下,根据公平的观念,在考虑受害人的损害、双方当事人的财产状况及其他相关情况的基础上,判令加害人对受害人的财产损失予以补偿,由当事人合理地分担损失。根据本案案情,法院酌定被告补偿原告损失的 40% 较为适宜。判决被告彭宇赔偿原告徐某某人民币 45876.36 元。

▶二、思维路径 > > >

“彭宇案”属于一般侵权案件,法官依据逻辑判断和事实推定认定彭宇构成了侵权,本案法院的判决结果是否正确不是我们讨论的重点,在立法中是否应该加强民事救助义务的相关立法,这才是本案给我们的最大的警示。民事救助在我国现行立法中有相关规定,但是这些立法将民事救助义务限定为具有特殊关系的特定主体之间,而对于陌生人之间是否存在一般性的民事救助义务缺乏相关立法规

---

① 案情来源:南京市鼓楼区人民法院民事判决书〔2007〕鼓民一初字第 212 号。

定，而随着社会大众交往的复杂性，民事救助义务立法问题亟须解决。

▶三、法律依据 > > >

1.《中华人民共和国民法通则》第98条："公民享有生命健康权。"

《中华人民共和国民法通则》第119条："侵害公民身体造成伤害的，应当赔偿医疗费、因误工减少的收入、残废者生活补助费等费用；造成死亡的，并应当支付丧葬费、死者生前扶养的人必要的生活费等费用。"

2.《最高人民法院关于审理人身损害赔偿案件适用法律若干问题的解释》第17条："受害人遭受人身损害，因就医治疗支出的各项费用以及因误工减少的收入，包括医疗费、误工费、护理费、交通费、住宿费、住院伙食补助费、必要的营养费，赔偿义务人应当予以赔偿。

受害人因伤致残的，其因增加生活上需要所支出的必要费用以及因丧失劳动能力导致的收入损失，包括残疾赔偿金、残疾辅助器具费、被扶养人生活费，以及因康复护理、继续治疗实际发生的必要的康复费、护理费、后续治疗费，赔偿义务人也应当予以赔偿。

受害人死亡的，赔偿义务人除应当根据抢救治疗情况赔偿本条第一款规定的相关费用外，还应当赔偿丧葬费、被扶养人生活费、死亡补偿费以及受害人亲属办理丧葬事宜支出的交通费、住宿费和误工损失等其他合理费用。"

▶四、学理分析 > > >

民事救助义务问题的提出始于詹姆斯·巴尔·埃姆斯1908年发表于《哈佛法律评论》的名为《法律与道德》的经典之作。他在文中提出，假设你过桥时，正好有人掉到河里并大声呼救，你有义务扔给他一条绳子来救助他们吗？答案是此事归良心管辖，法律规定人们无须承担这种救助义务。

（一）民事救助义务

救助义务是伴随着注意义务和作为义务的发展而逐渐产生的，注意义务孕育和催生了作为义务及救助义务，在目前，我国的民事立法中并未明确何谓救助义务。从某种程度上讲，救助义务即为作为义务的应有含义。在侵权责任法上，救助义务专指危险发生后的保护义务，强调行为人应该采取积极的措施、实施积极的行为保护他人利益，以防止他人遭受不合理的损害。在学理上救助义务包括具有特殊身份关系主体间的救助义务和陌生主体间的救助义务两种，后者即通常意义上的一般救助义务或者旁观者的救助义务。鉴于对特殊关系主体间的救助义务有相关的法律进行了规定,我们在此处主要讨论一般救助义务。一般救助义务是指对于处在危险环境下的人所提供的帮助和援助,在不危害救助者本人合法利益的前提下应采取合理的措施使受害人摆脱困境和危难,避免受害人人身损害的发生。

(二)民事救助义务立法化的正当性基础

1. 道德和法律的融合

在中国,道德一词可追溯到先秦思想家老子所注的《道德经》一书[①],“道”指自然运行与人世共通的真理;“德”是指人世的德性、品行、王道,在西方古代文化中,“道德”即 Morality 一词,起源于拉丁语的“Mores”,意为风俗和习惯。道德是衡量人的行为正当性的内在的观念标准,是社会规范的一种表现形式,具有强烈的伦理性质。道德的最本质的功能是用来维护群体利益的最大化。一个社会一般有公认的道德规范。人类的道德具有共通性。但是,不同的时代、不同的国度以及不同的文化氛围中,所重视的道德元素及其道德标准也常常有所差异。法律是由国家制定或认可,并由国家强制力保证实施的,以规定当事人权利和义务为内容的,具有普遍约束力的社会规范。今天,法律以各种方式影响着每个人的日常生活与整个社会。

(1)道德与法律的相互博弈。在法学领域中,法律和道德之间经历了由浑然一体到相互分离而又逐渐融合的发展历程。由此引发了旷日持久的“恶法非法”与“恶法亦法”的命题争论。在分析实证法学派占据法学研究主流的 19 世纪,二者势不两立的状态演绎到了极致。“恶法亦法”与“恶法非法”的这种相互对峙的表白形式,也诠释了分析实证法学派和自然法学派对道德和法律之关系的不同认识:前者坚持道德和法律的截然不同与相互独立,因此不符合道德要求的法律亦符合法律的品质,而后者在认为法律即道德,法律是道德的化身是伦理的体现,以道德作为衡量法律善恶的标准,不合道德标准的法律不是法律。由于道德和法律是随着社会历史的变迁与人类社会的进步而不断变化,因此,应以现代发展的法学眼光再次审视两大法学派别的观点,重新定位法律和道德在社会调整功能上的地位与相互关系。按照马克思唯物主义的观点,道德

① (春秋)老子著,雅瑟主编:《道德经大全集》,新世界出版社 2011 年版,第 281 页。在《道德经》第 51 章“尊道贵德”中,老子所言:“道生之,德畜之,物形之,势成之。是以万物莫不尊道而贵德。道之尊,德之贵,夫莫之命而常自然。”

和法律之间是相辅相成不可分割的。自然法学派看到了法律和道德之间的相似,但却忽视了它们之间的差异;实证主义法学派过多地关注两者的区别而忽视了它们之间的联系,因此都是片面的。一个良好的和谐的社会关系的实现,应该是通过法律和道德的结合来完成的。

(2)道德和法律的良性互动。诚然,在历史发展和社会进步的历程中,无论法律还是道德都起到了至关重要的作用,同为社会规范在一定程度上约束和限制了人们的某些行为,发挥了扬善和惩恶的社会功能,但同为社会关系的调整工具,道德和法律具有完全不同的特质,单靠法律或者道德都难以单独完成社会关系调整的重任。唯有两者相互融合才能达到最佳的调整效果,道德主要依靠社会风俗以及人的内心信念来实现,是调整社会关系的"软件工具",法律主要依靠国家强制力完成,是社会秩序稳定和谐的"硬件工具"。在一个社会中只有硬件和软件相互配套才能是最佳的发展模式。道德本身是宽泛和模糊的,在某种意义上需要法律弥补道德原则的不足;而法律规定的是僵硬和局限的,有时可能会要求人们去做一些他们的道德观念不允许的事情,因此道德可以为评价和批判法律提供基础。[①] 道德来源于人类社会发展过程中的人文自觉,它是一种更高层次的要求。由于个体在认识和思想等方面存在着客观差异,我们不能强制要求不特定的主体都以这种标准来要求自己的,只有那些大家普遍认同和遵循的道德才能成为法律调整的范围。在某种意义上讲,法律是最低的道德规范,是道德的最低要求,道德是法律的基础,法律是道德的屏障。帮助、救助没有特殊关系而处于困境中的第三人本是道德的应有之义。一般而言,在不危及自身安全的状况下应该对处于困境中的人实施关照。但是,随着人类社会由熟人社会向陌生人社会的过渡,人与人之间的关系逐渐疏远和冷漠,物质文明的高速发展与人性的冷漠和道德的滑坡形成了鲜明的对比。女童被碾轧无人救助案、老人跌倒无人扶助案、有人落水见死不救案等见死不救的事件不断充斥着人们的感官,每天在全国不同程度地上演着,国人在良知与现实的困境中变得茫然,个别受害者的悲剧已经不是一个个案,而变成了不容忽视的社会问题。在此类案件中,如果单纯地依靠人们的道德意识已经不能解决,道德规范在这些现象面前显得苍白无力。依据法律和道德的发展规律,当社会发展到一定时期法律严重滞后的情况下必须重新立法,法律就是通过一系列事件不断改

① 彼得·凯恩著,汪志刚译:《侵权法解剖》,北京大学出版社 2010 年版,第 28 页。

进和完善的，在立法上施加对陌生人的救助义务，是道德转化为法律的必然选择，是陌生人时代的必然需求。随着技术的进步，人们似乎正变得越来越冷漠，我们已经进入了一个因特网的电子通信时代，人与人之间可以随意交流的时代已一去不返，加强公民的法律责任观念有助于重新建立良好的社会关系。[①]

因此我们可以清晰地认识到，唯有内容良善，且具备良性形式的法律，才能成为保护人民福利的有效保障。

2. 自由与权利的平衡

按照传统民法的观点，自由是民法的灵魂和根基，民事领域中的意思自治原则是其精神的体现，是一个人不受制于另一人或另一些人因专断意志而产生的强制的状态。[②] 民法领域中的自由专指私法上的自由，是相对于公权力而言的，是民事主体充分的行为自由，不受国家公权力的干涉。而侵权责任法更多体现出了对受害人的人文关怀，是受害人权益保护之法。因此，在侵权责任法领域，行为人的行为自由和受害人的权利保护成为相互博弈的一对问题，如果对行为人附加救助陌生人的义务将一定程度上干涉行为人的行为自由，反之，将无法保护受害人的合法权益，这与侵权责任法的宗旨不符，救助义务的设立是否意味着对行为人行为自由等方面的剥夺成为这一问题解决的先决条件。对这个问题可以从公权与私权、私权主体间的相互关系进行探讨。

（1）公权对私权的保护。根据康德的权利概念，“如果对自由的一种行使本身是对符合普遍法则的自由的妨碍，因而是不正当的，那么，反对对自由的这种行使的强制就是正当的，这种强制作为对妨碍自由的制止与符合普遍法则的自由相一致”。[③] 因此，在民事领域，主体在行使行为自由权的同时应遵循不得损害国家或者他人的合法权益的原则，自由不能以牺牲他人的权益为代价。为了防止损害他人权益的自由，在民事领域中还存在对其进行约束的公序良俗原则。从来就没有不受约束的自由，不作为将不会承担民事侵权责任的自由观是对自由理论的一种误解。诚然，不同主体所享有的自由因其能力等自身素质的不同而存在差异，自由权不是一个空中楼阁，它的实现需要一定的外部条件，需

---

① Kathleen M. Ridolfi: *Law, Ethics, and the Good Samaritan: Should there be a Duty to Rescue?* Santa Clara Law Review 2000, 40 SANCLR, pp. 957.

② 弗里德利希·冯·哈耶克：《自由秩序原理》，邓正来译，生活、读书、新知三联书店 1997 年版，第 4 页。

③ 康德：《康德著作集》（第 7 卷），Cassirer 编辑出版，1916 年版，第 32—33 页。转引自：黄裕生：《康德论自由与权利》，载《江苏行政学院学报》2005 年第 5 期。

要国家公权力的保障才能变为现实。从这个角度讲,国家公权力的保障是自由权实现的根基,因此私法上的权利和公法上的权力之间存在相互关系,社会有义务保护公民免受暴力性事件的侵害,作为回报,个人也应有义务协助社会完成这一功能[①],义务的设定并不是对行为人行为自由的限制,而是行为人在享受行为自由时的对价的付出。

(2)私权主体内部的相互协助。虽然,古典自由主义法学理论崇尚个人的自由,不赞成以积极的行为参与到与第三人之间的权利和义务关系。而事实上,古典自由主义法学理论的自然权利理论在支持人们有义务阻却暴力行为的同时,也为救助义务转化为更普遍,而不限于刑事侵害行为的、在侵权责任法和刑法上更具有普遍必须作为的义务打下了理论基础。古典自然法学的自然权利理论为救助义务提供了理论基础。因为,按照自由主义法学理论的观点,自然法的基本核心观点是人们不仅负有保护自身的自然义务,还负有保护第三人的自然义务。自然的基本法则是使人类社会存续的最基本的规则,在自然法理论支持下,每个人都负有义务来执行自然法,在不危及自身生命安全的情形下,应对其他需要救助的人提供帮助,以使自然法调整状态下的社会同胞免受暴力行为的侵害。[②] 自由主义法学理论的自然法规则为救助义务的建立提供了强有力的理论支撑,同时他们坚持的社会契约论也为救助义务提供了另一理论基础。按照该学派的观点,市民社会是通过缔结契约而形成的一个"相互保护生命、财产和权利"的社会,通过这种契约,社会成员被紧密地团结在一起,这个社会中每个成员都享有保护其生命、财产和权利的自由,同时还负有保护其他成员的生命权、财产等权利免受他人暴力侵害的义务。行为人作为社会团体中的成员之一,其角色具有两重性:既是权利的享受者也是义务的承担者,社会中的每个成员既是救助义务的履行者也是潜在的被救助对象,成员在履行对社会其他成员救助义务的同时,实际上也是在享受被其他人救助的权利,对处于困境中的受害者的合法权益进行保护的义务,正是对行为人行为自由的限制,反之亦然。

(三)奖励施救者立法模式的构建

从我国目前立法的层面上看,救助义务的法律规定呈零散状况,只在海商

---

① Steven J. Heyman: *foundations of the duty to rescue*, *Vanderbilt Law Review April*, 1994, 47 Vand. L. Rev, pp. 693.

② Steven J. Heyman: *foundations of the duty to rescue*, *Vanderbilt Law Review April*, 1994, 47 Vand. L. Rev, pp. 707.

及医疗领域明确了船长、医师等的救助义务，在民法通则确立了无因管理制度，除此之外再无其他立法规定，并且民法通则有关无因管理的条文内容过于单薄，只简单地规定了无因管理的法律效力，仅规定无因管理人在受损时有权要求受益人偿付由此而支付的必要的费用，但是，并未进一步界定无因管理人及管理的事务范围，尤其欠缺了对施救者的奖励制度。目前，我国地方性政府在救助义务的立法上进行了积极有益的探索，如《山东省见义勇为保护条例》《重庆市鼓励公民见义勇为条例》《四川省保护和奖励见义勇为条例》《北京市见义勇为者奖励和保护条例》《天津市见义勇为者奖励和保护办法》等，加强了对施救者的保护和奖励，为我国提供了有益的参考。如《北京市见义勇为者奖励和保护条例》规定“本市奖励公民见义勇为人员，保护其合法权益。全社会应当关心和支持见义勇为人员”“新闻宣传部门应当及时宣传见义勇为事迹，报道奖励和保护见义勇为人员的活动”。《四川省保护和奖励见义勇为条例》规定“机关、企事业单位和基层组织应当对见义勇为进行表彰和奖励。对有突出表现的见义勇为个人或群体，由各级人民政府依照本条例的规定进行表彰和奖励”“对见义勇为人员的保护，坚持及时有效的原则；对见义勇为人员的奖励，坚持精神鼓励与物质奖励相结合的原则”。

通过在各省市制定立法条例，远不能解决现代社会层出不穷的“见死不救”事件。但救助义务毕竟是积极主动地干预到他人的权利和义务关系之中，一旦处理不慎，将侵害他人的合法权益，因此，应结合我国相关立法构建出科学合理的救助义务。

1. 应该明确救助义务适用范围。在目前的侵权责任法环境下，救助义务的适用范围不宜过宽。这是出于对受害人权利保护和行为人行为自由平衡的考虑。对受害人的保护的量度不是无限制的，它要受到行为人行为自由这个质的影响。反之，行为人的行为自由的量度亦受到受害人权益保护这个质的影响。诚然，在民事领域中，救助义务的含义是广泛的，既包括对出于危险境地的人身权利的保护，也包括对财产权利的保护。但是，生命和健康是人类生存的前提条件，是其参与民事活动的基础。生命健康相比较财产权而言应更具有优先性。因此，笔者以为，应该将救助义务的适用范围限定在人身权的范围内，即当生命权和健康权面临危险的时候才会产生救助义务，而且这种危险状况应显而易见。

2. 规定“善撒玛利亚人”的范围。除要规定哪些特殊主体之间必须承担作为义务，更要规定一般性的民事救助义务的存在。在此，引入英美法系特殊关系理论，对具有特殊关系的主体之间的救助义务立法，不但要明确其必须承担救助义务，而且要明确违反救助义务的法律责任，特殊关系的主体范围将随着人们社会交往的多样化而变化，因此，笔者以为特殊关系的主体应包括两类：一是有法定权利和义务关系的主体间，主要包括父母子女之间、夫妻之间、医生和患者之间、学校和学生之间等；另一类是主要靠道德约束的主体间，如恋人之间、驴友之间等。而对于没有特殊关系主体间的救助义务，我们更应该侧重对其履行了救助义务后享有受奖励的权利的规定上。

3. 救助义务的合理性。对此问题应明确合理救助的含义，要求救助者采取合理措施避免受害人遭受更大的损害，施救者应做到一个"合理人"的标准，"合理人"是法律在消除了所有人的外在及内在差异而虚构出的一个中等的普通人的模型，这种标准是一种外在的客观的标准，"这源于法律缺乏探究行为人内部心理活动的工具，由于条件的限制，法律只能在可视的外部表现的范围内发挥其功能"。在判定救助义务人是否具有过失时，即"将加害人的具体的'现实行为'，衡量合理人在同一情况的'当为行为'，若认定其有差距，即加害人的行为低于注意标准时，为有过失"。但总体而言，合理人标准反映了社会对被告所从属的一类人在行为时应当为他人着想的一种期望，因此，在将行为人的行为同合理人标准进行对比时，应考虑到行为人的预见能力、行为人的职业特征及行为人所处的外部环境等因素，具体在救助义务场合，救助义务的判定应根据不同的人或不同的阶层以及特殊的场合进行微调，或扩张或限缩合理人标准。如果具有专业的救助知识可以亲自施救，而如果没有救助方面的专业知识可以通过报警或联系医院等方式履行救助义务。只要是施救者以一个"合理人"的标准履行了救助义务而造成损害后果的，施救者将免责，并在立法中进一步界定施救者的免责事由。

4. 确立对施救者的民事权利保护。一方面，可考虑借鉴我国古代的"诬告反坐"制度，明确施救者采取施救措施后反被诬陷的将追究施救受益人的法律责任，以此消除施救者施救时的心理顾虑，鼓励人们积极施救；另一方面应通过立法加大对施救者的补偿和奖励，对此，可采取两种措施：一是对施救者在施救过程中造成伤害的应由受益人予以补偿，在很多情况下，受益人并非为第一责任人，因此，如何把握受益人承担补偿责任的"度"成为关键性问题。对此，可以考虑以救助者在救助过程中所受到的损害为参照量，以其受到的损害为限，由被救助者承担全部的补偿责任；二是可由国家给予一定的物质奖励，因为，无论是哪种救助行为，在一定程度上都维护了国家公共安全和秩序，作为公共安全受益人的国家也应当对施救者予以奖励。对此，可参照省市等地方性的奖励条例，对施救者履行救助义务的行为采取物质奖励和精神奖励相结合的原则，并可考虑在物质奖励中设定奖金条款，使其作为物质奖励的一种形式，尽量做到物质奖励的具体化。

（四）本案分析

具体到本案，南京法院按照民事诉讼法的规定，运用法官的心证逻辑对本案进行了判断和事实推定，最终认定彭宇向原告承担赔偿责任。本案在判决生效后，在社会上引起了极大的反响，诸多学者发表论文，从民事实体法的角度声讨南京法院的判决。如果在我国立法中，有一般性的民事救助义务的相关立法，则本案的判决将不会存在任何争议，也不会引起民众对法院审理判决的质疑。按照一般性的民事救助义务理论，本案中，彭宇对原告实施了救助行为，这是其应尽的社会义务，并且一旦其着手实施了救助行为，就要履行一个合理人标准，认真履行救助义务，当然，彭宇亦可以得到相应的物质和精神奖励。

五、相关案例 > > >

【案例 3-1】“驴友”被判担责案①

2006 年 7 月 7 日，被告梁某在南宁时空网发帖召集网友进行户外探险活动，帖子内容为：“7 月 8 日、9 日赵江泡水 FB，……要一起的报名了哦！定好人数，费用 AA，应该每人 60 元左右，明天周六 8 点……集合。”受被告陈某邀请，受害人骆某（系两原告之女）答应与陈某一同参加。7 月 8 日，各参加成员共 13 人在南宁市安吉客运站集合。每人交付给梁某 60 元活动费用后，乘坐梁某提供的车辆前往活动地点。7 月 8 日晚，该团队扎帐篷于赵江河谷裸露的石块上，骆某、陈某同住一个帐篷。7 月 8 日晚上至 7 月 9 日凌晨，该地区普降暴雨。7 月 9 日上午 7 时许，山洪暴发，骆某被冲走，其他成员在自救或者互救脱离危险后，电话报警。事后，于河流下游发现骆某遇难遗体。骆某父母以人身损害赔偿为由将梁某、陈某及其他同行成员共 11 人告上法庭。

---

① 参见《“驴友”被判担责谈民事救助义务》，法律快车网，http://www.lawtime.cn/info/minfa/yuedingyiwu/2010081749316.html，2010-8-17。

法院审理后认为，梁某是此次活动的发帖人，且随后的一系列行为也具有组织行为的特征，应认定为组织者，对此次活动应具有前瞻意识，负有指导队员认识困难、克服困难的责任，由于对天气形势判断失误，应当预见没有预见；选择扎营地点不当，且在天降暴雨的情况下，没有安排队员守夜，也不组织队员及时撤离，最终发生骆某死亡的后果，其行为具备疏忽大意、疏于防范、未尽职责的重大过失，且具有明显主观过错，必须承担本案中最大的责任，判决承担60%的责任。同时，法院认为，基于相约进行户外探险行为的关系，各参加人之间在发生危险时，具有对自身及其他人进行救助的义务。对除梁某之外的其他被告人而言，已完成自救义务，但考虑到救助他人的客观条件的限制，仅需承担本案最轻的责任，判决承担15%的责任。对受害人骆某而言，法院认为在本案中既未完成自救义务，也未完成救助他人的义务，应承担25%的责任。

【案例3-2】醉酒男子冻死家门口　送其回家同事被判赔案[①]

2009年2月19日，上海市檀先生和几个同事一起聚餐，大家都喝了些酒。结束后，一名姓朱的同事坚持要自己骑摩托车回家，但当天下雨路很不好走，檀先生就喊了辆出租车送朱同事回家。车开到距离朱家约30米左右的巷口时，车子进不去。姓朱的同事就下车自己走了回去。檀先生看对方神志清楚，坚持不要送，而且离家门又近，就没多想，跟着出租车返回了。第二天上午，朱姓同事被发现死在离家门口不远的地方。一个月后，檀先生被死者家属告上法庭。法院认为朱某是完全民事行为能力人，对饮酒的危害应该是很清楚的。对于自身死亡的后果，应承担主要的民事责任。而檀某作为护送人员，在明知朱某饮酒过多的情况下，其护送、帮助义务未能完成，从而导致朱某在失去照顾的情况下丧失生命，也应承担相应的民事责任。故上海市浦口区法院以檀某护送、帮助义务未完全完成，判决檀某负20%的责任，赔付10.6万余元。

▶六、问题与思考 > > >

见死不救案件逐渐引起社会的关注，相关新闻充斥在媒体和报端上，如何加强相关民事救助义务的立法成为一种社会的需求，但是将道德义务上升为法律义务，还应当借助救助者与被救助者的关系类型，以及救助行为的合理性等因素来限制民事救助义务的范围。并结合西方国家的成功经验，合理地设计我

① 参见黄南、赵雯：《醉酒男子冻死家门口　送其回家同事被判赔10万》，载《扬子晚报》2009年12月19日。

国民事救助义务的立法模式和路径，相比较而言，“善撒玛利亚人”立法模式比“恶撒玛利亚人”立法模式更适合。

引例四　继母伤害继子女致死案

►一、案情简介[①] > > >

广东省汕头市青山村村民黄模梅自2007年起与林×弟以夫妻名义同居，并与林×弟之女林×珠（殁年11岁）一起生活，林×珠的母亲去向不明，林×弟是林×珠的法定监护人。期间，黄模梅多次因琐事对林×珠怀恨在心，迷信认为林×珠命格与其相克，故经常以“不给饭吃、辱骂殴打”等方式虐待林×珠。2009年5月30日15时许，黄模梅趁林×弟外出不在家中之机，恐吓林×珠离家出走未果，遂持木棒朝林×珠头部猛击并殴打其身体，致林×珠头部受伤流血倒地死亡。随后，黄模梅将住处房门锁好后逃离现场。经鉴定，被害人林×珠符合受钝性暴力作用致重型颅脑损伤死亡；黄模梅患偏执型精神分裂症，有限制刑事责任能力。由于黄模梅是限制责任能力人，其父母黄×如、林×娥是其法定监护人。

广东省汕头市中级人民法院审理广东省汕头市人民检察院指控被告人黄模梅犯故意杀人罪，附带民事诉讼原告人林×弟提起刑事附带民事诉讼一案，于2010年6月12日作出〔2010〕汕中法刑一初字第19号刑事附带民事判决。原判决认为被害人林×珠是农业家庭户口，其被杀害造成的经济损失，包括：（1）死亡赔偿金6399.8×20=127996元；（2）丧葬费27698÷12×6=13849元；误工损失费12006÷12÷30×10=333.5元。尸体保管费160×10=1600元，以上共计人民币143774元。故黄模梅应赔偿附带民事诉讼原告林×弟经济损失143774元；附带民事诉讼被告黄×如、林×娥对被告人黄模梅未能赔偿的上述费用，承担补充赔偿责任。附带民事诉讼被告人黄×如、林×娥对附带民事判决不服，提出上诉。提出：（1）上诉人不是黄模梅监护人；（2）上诉人不是一审适格被告；（3）一审认定死亡赔偿金属适用法律错误；（4）被上诉人有过错应承

① 案情来源：广东省高级人民法院刑事附带民事判决书〔2010〕粤高法刑一终字第381号。

担相应责任。请求二审依法改判。

二审法院认为，原审被告人黄模梅对其故意杀死被害人林×珠的行为，除须承担刑事责任外，还须承担赔偿经济损失的民事责任。上诉人黄×如、林×娥对黄模梅未完全尽到应有的监护义务，对本案产生的民事赔偿责任，应承担较轻的次要责任。被上诉人林×弟对黄模梅和林×珠都没尽到监护义务，对本案产生的民事赔偿责任，应承担主要责任。被害人林×珠被杀害造成的经济损失共计人民币143774元，由原审被告人黄模梅承担20%，被上诉人林×弟承担80%。黄模梅应赔偿人民币143774×20%=28754.8元；上诉人黄×如、林×娥对原审被告人黄模梅未能赔偿的上述费用，承担补充赔偿责任。原判认定事实清楚，证据确实、充分，定罪准确，量刑适当，审判程序合法，但附带民事诉讼判决不当，应予纠正。

▶二、思维路径 > > >

从刑法的角度来讲，我国刑法没有专门设立虐童罪，故意伤害罪也要求受害人达到轻伤以上结果。本案例中受害人被伤害致死，违法者受到了刑法的制裁。有的儿童虽然遭到虐待，但身体没有达到轻伤的标准，实施暴力者也无法受到刑法的制裁。

此类案例从民事方面来讲，重点关注无民事行为能力人与限制民事行为能力人的监护责任问题，如果监护人对被监护人未尽到监护义务时，应明确如何承担民事侵权责任。

▶三、法律依据 > > >

1.《中华人民共和国民法通则》第17条："无民事行为能力或者限制民事行为能力的精神病人，由下列人员担任监护人：

（一）配偶；

（二）父母；

（三）成年子女；

（四）其他近亲属；

（五）关系密切的其他亲属、朋友愿意承担监护责任，经精神病人的所在单位或者住所地的居民委员会、村民委员会同意的。

对担任监护人有争议的，由精神病人的所在单位或者住所地的居民委员会、村民委员会在近亲属中指定。对指定不服提起诉讼的，由人民法院裁决。

没有第一款规定的监护人的，由精神病人的所在单位或者住所地的居民委员会、村民委员会或者民政部门担任监护人。”

《中华人民共和国民法通则》第 18 条：“监护人应当履行监护职责，保护被监护人的人身、财产及其他合法权益，除为被监护人的利益外，不得处理被监护人的财产。

监护人依法履行监护的权利，受法律保护。

监护人不履行监护职责或者侵害被监护人的合法权益的，应当承担责任；给被监护人造成财产损失的，应当赔偿损失。人民法院可以根据有关人员或者有关单位的申请，撤销监护人的资格。”

《中华人民共和国民法通则》第 119 条：“侵害公民身体造成伤害的，应当赔偿医疗费、因误工减少的收入、残废者生活补助费等费用；造成死亡的，并应当支付丧葬费、死者生前扶养的人必要的生活费等费用。”

《中华人民共和国民法通则》第 133 条：“无民事行为能力人、限制民事行为能力人造成他人损害的，由监护人承担民事责任。监护人尽了监护责任的，可以适当减轻他的民事责任。

有财产的无民事行为能力人、限制民事行为能力人造成他人损害的，从本人财产中支付赔偿费用。不足部分，由监护人适当赔偿，但单位担任监护人的除外。”

2.《最高人民法院关于贯彻执行《中华人民共和国民法通则》若干问题的意见（试行）》第 10 条：“监护人的监护职责包括：保护被监护人的身体健康，照顾被监护人的生活，管理和保护被监护人的财产，代理被监护人进行民事活动，对被监护人进行管理和教育，在被监护人合法权益受到侵害或者与人发生争议时，代理其进行诉讼。”

《最高人民法院关于贯彻执行〈中华人民共和国民法通则〉若干问题的意见（试行）》第 22 条：“监护人可以将监护职责部分或全部委托给他人。因被监护人的侵权行为需要承担民事责任的，应当由监护人承担，但另有约定的除外；被委托人确有过错的，负连带责任。”

3.《最高人民法院关于审理人身损害赔偿案件适用法律若干问题的解释》第 20 条：“误工费根据受害人的误工时间和收入状况确定。

误工时间根据受害人接受治疗的医疗机构出具的证明确定。受害人因伤致残持续误工的,误工时间可以计算至定残日前一天。

受害人有固定收入的,误工费按照实际减少的收入计算。受害人无固定收入的,按照其最近三年的平均收入计算;受害人不能举证证明其最近三年的平均收入状况的,可以参照受诉法院所在地相同或者相近行业上一年度职工的平均工资计算。"

《最高人民法院关于审理人身损害赔偿案件适用法律若干问题的解释》第27条:"丧葬费按照受诉法院所在地上一年度职工月平均工资标准,以六个月总额计算。"

《最高人民法院关于审理人身损害赔偿案件适用法律若干问题的解释》第29条:"死亡赔偿金按照受诉法院所在地上一年度城镇居民人均可支配收入或者农村居民人均纯收入标准,按二十年计算。但六十周岁以上的,年龄每增加一岁减少一年;七十五周岁以上的,按五年计算。"

4.《中华人民共和国未成年人保护法》第10条:"父母或者其他监护人应当创造良好、和睦的家庭环境,依法履行对未成年人的监护职责和抚养义务。

禁止对未成年人实施家庭暴力,禁止虐待、遗弃未成年人,禁止溺婴和其他残害婴儿的行为,不得歧视女性未成年人或者有残疾的未成年人。"

《中华人民共和国未成年人保护法》第60条:"违反本法规定,侵害未成年人的合法权益,其他法律、法规已规定行政处罚的,从其规定;造成人身财产损失或者其他损害的,依法承担民事责任;构成犯罪的,依法追究刑事责任。"

▶四、学理分析 > > >

虐待儿童是家庭暴力中最严重的行为,因为受害者是没有自我保护能力的未成年人。虐待儿童狭义是指父母或其他监护人故意而非偶然地对儿童施以暴力,或故意而非偶然地失职而给儿童造成的损害、伤害或死亡的行为。广义上亦可理解为对儿童施加的任何伤害行为。

(一)监护人侵权

我国民法通则第18条第3款规定,监护人不履行监护职责或者侵害被监护人的合法权益的,应当承担责任;给被监护人造成财产损失的,应当赔偿损失。侵害未成年子女造成子女人身伤害的,依照民法通则、《最高人民法院关于审理人身损害赔偿案件适用法律若干问题的解释》等规定之精神,承担抚养损害赔偿责任。造成精神损害的,依照《最高人民法院关于确定民事侵权精神损害赔偿责任若干问题的解释》,承担精神损害赔偿责任。

监护人侵权责任构成同一般侵权责任构成要件相同,即:违法行为、损害事实、因果关系、主观过错。

1. 违法行为

监护人侵害未成年人合法权益的违法行为,包括两种情形:一是不作为方式,即:违背法定抚养义务,不履行或不适当履行抚养义务,侵害子女受抚养权、受保护权、受教育权;二是作为方式,即:违法滥用权利,侵害未成年人生命健康权、人格尊严、人身自由权、隐私权等。

2. 损害事实

监护人侵害未成年人合法权益,使未成年人的人身利益受到损害。如未成年人受抚养权、受保护权、受教育权,无法得到实现,生活没有保障;无法接受学校教育,辍学在家,从事苦力劳作等。未成年人遭到虐待,如案例中所述,生命健康遭受伤害或致死。或受到强迫,限制活动自由,跟踪追查隐私,给未成年人的身心带来巨大压力和痛苦,造成精神伤害。

3. 因果关系

监护人侵害未成年人的合法权益与未成年人生命、身体健康受到损害,无生活来源、无人格尊严等带来的损失和伤害有直接的因果关系,其损害事实是由监护人的侵权行为造成的。

4. 主观过错

监护人侵害未成年人人身权益,其行为应具有主观上的故意。主观上无过错并不构成此责任,如:意外烫伤子女。主观上故意包括:不抚养子女,断绝子女生活来源;不付教育费,使子女辍学在家;任意辱骂、殴打、伤害子女,尤其是继子女,侵害子女身心健康权等。

本案中黄模梅是一起与林×珠生活的继母,其行为是故意伤害林×珠的生命健康,属于违法行为,结果造成了林×珠的死亡这一损害事实,林×珠的死亡与黄模梅的行为具有直接的因果关系,且黄模梅的行为主观上是故意的,综上所述,虽然黄模梅是限制行为能力人但是她的行为也构成了对林×珠侵权。而林×弟作为黄模梅和林×珠的监护人,虽然不是他直接造成了林×珠的死亡,但是他也没有尽到他的监护责任。故黄模梅和林×弟都应当对林×珠的死亡承担赔偿责任。

现实中大部分的情况都是亲生父母或继父母对子女的人身造成伤害,这些父母都为完全民事行为能力人,是法律上规定的法定监护人,故相似案件发生时我们应该看他们的行为是否符合以上四个构成要件，以此来判定是否构成监护人侵权。

(二)教育机构侵权

根据现行法律的规定，所谓教育机构的侵权责任，是指在幼儿园、学校和其他教育机构的教育、教学活动中或者在其负有管理责任的校舍、场地、其他教学设施、生活设施中，由于幼儿园、学校或者其他教育机构未尽教育、管理职责，致使在其中学习或者生活的无民事行为能力人和限制民事行为能力人遭受损害或者致他人损害的，学校、幼儿园或者其他教育机构应当承担的与其过错相应的侵权责任。

1. 我国民事侵权相关法律对教育机构侵害未成年人合法权益的规定

(1)侵权责任法第 38 条规定，无民事行为能力人在幼儿园、学校或者其他教育机构学习、生活期间受到人身损害的，幼儿园、学校或者其他教育机构应当承担责任，但能够证明尽到教育、管理职责的，不承担责任。侵权责任法第 39 条规定，限制民事行为能力人在学校或者其他教育机构学习、生活期间受到人身损害，学校或者其他教育机构未尽到教育、管理职责的，应当承担责任。侵权责任法第 40 条规定，无民事行为能力人或者限制民事行为能力人在幼儿园、学校或者其他教育机构学习、生活期间，受到幼儿园、学校或者其他教育机构以外的人员人身损害的，由侵权人承担侵权责任；幼儿园、学校或者其他教育机构未尽到管理职责的，承担相应的补充责任。

(2)《最高人民法院关于审理人身损害赔偿案件适用法律若干问题的解释》第 7 条规定，对未成年人依法负有教育、管理、保护义务的学校、幼儿园或者其他教育机构，未尽职责范围内的相关义务致使未成年人遭受人身损害，或者未成年人致他人人身损害的，应当承担与其过错相应的赔偿责任。

2. 教育机构侵权归责原则

过错责任原则，即以行为人过错为承担民事责任要件的归责原则，是指侵权人主观上对于侵害行为具有过错(故意和过失)的，才成立侵权责任。它包括一般方式(过错责任原则)和特殊方式(过错推定责任原则)。一般适用过错责任原则时是由受害人负举证责任证明侵害人主观上存在过错。过错推定责任原则是指在法定的情形下，当行为人的过错无法判明或法律另有规定时，如由被害人负担举证责任，会导致显失公平的结果出现，所以法律实行过错推定。即发生损害事实就推定行为人主观上存在过错，唯行为人证明自己确无过错才能免责。过错推定实行举证倒置——由行为人负举证责任。如能证明自己无过错,才能免责。

3. 教育机构侵权责任的承担

教育机构侵权责任的方式包括停止侵害、消除影响、恢复名誉、消除危害、赔礼道歉、恢复原状、赔偿损失等。这些侵权责任方式可以单独适用,也可以并用。

教育机构侵权损害赔偿当事人为赔偿权利人和赔偿义务人。“赔偿权利人”是指因侵权行为或者其他致害原因直接遭受人身损害的受害人、依法由受害人承担扶养义务的被扶养人以及死亡受害人的近亲属。“赔偿义务人”分为一般赔偿义务人和特殊赔偿义务人。一般赔偿义务人是指因自己的侵权行为承担赔偿责任的侵权行为人;一般赔偿义务人都是自然人。特殊赔偿义务人是指依法应当对侵权行为人的侵权承担赔偿责任的人;特殊赔偿义务人本身不是侵权行为人,包括自然人、法人和其他组织。

4. 本案分析

结合上述学理分析,本案从民事方面来讲,因为无民事行为能力人与限制民事行为能力人不具有保护自己利益的能力,法律规定监护制度的主要目的就是为了更好地保护未成年人的利益。因此,监护人侵害未成年人的权利,无论是否收到刑法的制裁,其都应该承担侵害之民事责任。上述案例中黄模梅作为一起与林×珠生活的继母,伤害了林×珠的生命,其应当承担赔偿责任。黄×如、林×娥、林×弟作为其的监护人也有过错,故应当共同承担相应的赔偿责任。

▶五、相关案例 > > >

【案例 4-1】重庆继母虐待女童案①

重庆市一名 4 岁女童小雅琳 2007 年父母离婚,后与父亲谭向平与继母翁光友一起生活,长期被继母翁光友虐待。2012 年 9 月 12 日 14 时许,翁光友在垫江县桂溪镇渝东建材市场自己的租住房内见小雅琳打其子谭某,便质问小雅琳为何打谭某,但小雅琳一直不说话。翁光友遂用手指关节敲打小雅琳头部两下,见小雅琳仍不理睬,便拿了一根竹制叉衣棍,对其头部、臀部击打数十下,直到小雅琳承认以后不再打谭某后才罢手。当日 17 时许,翁光友发现小雅琳尿血,昏迷,遂告诉丈夫谭向平,谭向平立即将小雅琳送到县人民医院治疗,后转

① 参见陈静:《继母殴打致女孩脑伤获刑 5 年 生母直呼判太轻》,载《重庆晚报》2010 年 11 月 20 日。

至重庆医科大学附属儿童医院救治。经诊断,小雅琳双侧臀部、右大腿前侧等处软组织挫伤;广泛头皮血肿;双侧额叶脑挫裂伤;左侧硬膜血肿。经法医鉴定,小雅琳的人体损伤程度属重伤。小雅琳的主治大夫表示小雅琳右肢偏瘫,即使治好出院,也肯定会有后遗症。10 月 24 日,小雅琳苏醒。11 月 5 日,当地检察院对翁光友提起公诉。

法院经审理认为被告人翁光友故意伤害他人身体,致人重伤,其行为已构成故意伤害罪,应依法惩处。为了保护未成年人不受各种犯罪侵害,结合被害人小雅琳尿血、昏迷等伤情及本案的社会危害,酌情从重处罚,依法判处有期徒刑五年。

【案例 4-2】母亲饿死两女童案[①]

2013 年 6 月 21 日,南京市江宁区泉水新村的一居民家中,一名 1 岁和一名 3 岁女童被发现死于家中,尸体已经腐烂。两女童父亲因犯罪与 2013 年 2 月底被羁押,母亲乐燕依靠社区发放的救助和亲友、邻居的帮扶独自抚养两个女儿。乐燕因沉溺于毒品,经常疏于照顾女儿。2013 年 5 月 3 日,乐燕将其随身携带的家门钥匙遗落在朋友家,至案发一直未取回。乐燕离家后曾多次向当地有关机关索要救助金,领取后即用于在外吸食毒品、玩乐,两个女儿在家无人照料。6 月 21 日,社区民警去乐燕家探望时,通过锁匠打开房门后,发现两女童已死在家中。经鉴定二女童无机械性损伤和常见毒物中毒致死的依据,不排除其因缺水、饥饿、疾病等因素衰竭死亡。

后公安机关将乐燕抓捕归案。法院经审理认为乐燕身为两个女儿的生母,对女儿负有法定的抚养义务;明知两年幼的女儿无人抚养照料,其不尽抚养义务必将会导致两被害人因缺少食物和饮水而死亡,但却仍然将两被害人置于封闭房间内,仅留少量食物和饮水,离家长达一个多月,不回家抚养照料两被害人,在外沉溺于吸食毒品、打游戏机和上网,从而导致两被害人因无人照料饥渴而死。乐燕主观上具有放任被害人死亡的间接故意,客观上造成两被害人死亡的结果,因此其行为构成故意杀人罪。判处无期徒刑,剥夺政治权利终身。

【案例 4-3】幼儿教师虐童案[②]

颜艳红,原浙江温岭城西街道蓝孔雀幼儿园教师。2012 年 10 月一组涉嫌

---

① 参见:《南京饿死两女童母亲被公诉》,南方周末网,http://www.infzm.com/content/94113,2013-09-06。

② 参见李超:《涉嫌寻衅滋事虐童幼师刑拘》,载《新京报(电子报)》2012 年 10 月 26 日(A01 版)。

虐童的照片在网络上传播,其中的主人公就是普通的幼儿园老师颜艳红。照片显示,其在该园活动室里强行揪住一名幼童双耳向上提起,幼儿表情痛苦。其后网友在颜艳红的QQ空间里发现有多张儿童被胶带封嘴、蒙脸、倒插垃圾筒等照片,这些照片都是她自己要求拍照留言并传到网上去的。2012年10月24日,温岭市教育局很快介入调查并给出处理决定:责成城西街道蓝孔雀幼儿园作出深刻检查,及时整改并立即辞退此次事件相关教师。

公安局于2012年10月29日将此案提请温岭市人民检察院批准逮捕。但检察院审查后认为该案需补充侦查,未对颜艳红作出逮捕或不逮捕的决定。11月16日22:37,温岭公安局依法释放颜艳红。

两个月后,5名学生家长对颜艳红提起民事诉讼。在诉讼里,家长向她提出了赔偿精神抚慰金5万元以及公开赔礼道歉等要求。

▶六、问题与思考 > > >

随着我国社会主义法治观念的深入人心,尤其是我国颁布和实施未成年人保护法以来,社会各界对于未成年人权益也给予了更多关注,未成年人权益保护状况已经有了很大的改善。但是,我们也应当看到,我国法律规定过于原则导致对未成年人权益的保护缺乏操作性和执行力度,未成年人的合法权益仍未完全得到保障,以各种方式侵害未成年人的身心健康、践踏未成年人权益的现象仍时有发生。结合本案,应该思考:

1. 从法律角度来讲,你对加强监护人责任和教育机构责任规定方面有什么建议和意见?

2. 我们该建立一套怎样的社会监督体制来保护未成年人的合法权利得到最大程度的保障?

引例五　黄某某诉陈权茂等12户人身损害赔偿纠纷案

▶一、案情简介[①] > > >

2010年5月29日16时许,黄某某随其母亲黄汝光经过兴宁市兴田街道办

① 案情来源:广东省兴宁市人民法院民事判决书〔2010〕兴法民一初字第1054号;梅州市中级人民法院民事判决书〔2011〕梅中法民一终字第123号。

事处丽都新园Bl、B2栋的楼门口路段时被一块状硬物（水泥制）砸伤头部，黄某某受伤后即送往兴宁市人民医院住院手术治疗，至2010年6月11日好转出院，共住院20天。兴宁市公安局大新街派出所民警会同兴宁市公安局刑事侦查大队的干警对现场进行勘查。勘查结果为：现场位于兴宁市兴田街道办事处丽都新园Bl、B2栋（坐北向南）楼门口，案发时天气小雨，光照一般，距Bl、B2栋楼门口约2米左右的花池边，遗留有黄某某受伤后留下的血迹，血迹旁约50厘米处遗留一块规格为10厘米×10厘米×5厘米的疑似水泥块状物。经检查Bl、B2栋楼外墙建筑，未发现墙体有剥落的情况，经询问及检查该楼住户住宅，未发现其他异常情况。

黄某某因伤所受的损失未得到公安部门的解决，其法定代理人遂于2010年7月14日向法院起诉，以兴宁市兴田街道办事处丽都新园Bl、B2栋的12位住户为被告，要求12位住户连带赔偿黄某某各项损失66567.30元及残疾赔偿金。

一审法院认为：原告黄某某在被告居住的兴田街道办事处丽都新园Bl、B2栋的楼门口被水泥块砸伤，从兴宁市公安局大新街派出所的现场勘查情况和原告黄某某受伤的部位及黄某某颅骨凹陷性粉碎性骨折的结果，结合现场概况、周围环境考虑，并根据民事诉讼高度盖然性的证明标准，可以认定黄某某是被Bl、B2栋楼上坠落或抛掷的水泥块致伤。黄某某受伤后经公安人员调查未能确定具体的加害人。而各被告在庭审中均未提交证据证实自己不是侵权人。根据《中华人民共和国民法通则》第126条、《中华人民共和国侵权责任法》第87条的规定，各被告均应对原告黄某某的损害给予补偿。判决：被告陈权茂、罗本渊、薛幼辉、罗爱红、林永泉、罗文珍、罗钦泉、何柳鸳、何国志、罗志城、刘煌言、张锐各自补偿原告黄某某因伤所受的损失52694.7元之中的4391.2元。判决后，各被告均不服提起上诉。二审法院经审理认为一审认定事实清楚，适用法律正确，处理适当，予以维持。

二、思维路径 > > >

本案是侵权责任法第87条规定的高空抛掷或坠落物致人损害，侵权责任属于特殊侵权纠纷案件。此类案件，我们应首先从高空抛掷或坠落物致人损害的民事责任构成要件分析，是否有损害事实和损害结果，损害事实与结果有无因果关系。然后要结合实际情况，分析建筑物抛掷物侵权责任的性质；其次就是建筑物抛掷物致人损害时，如果无法判定侵权行为的具体行为人时，受害者的权利如何保障的问题。

三、法律依据 > > >

1.《中华人民共和国民法通则》第126条:“建筑物或者其他设施以及建筑物上的搁置物、悬挂物发生倒塌、脱落、坠落造成他人损害的,它的所有人或者管理人应当承担民事责任,但能够证明自己没有过错的除外。”

2.《中华人民共和国侵权责任法》第87条:“从建筑物中抛掷物品或者从建筑物上坠落的物品造成他人损害,难以确定具体侵权人的,除能够证明自己不是侵权人的外,由可能加害的建筑物使用人给予补偿。”

四、学理分析 > > >

建筑物抛掷物致害,是指高层建筑的所有人或者其他居住人从其住所抛出物件致受害人损害,但不能确定真正的行为人。

(一)建筑物抛掷物致害补偿责任立法回顾

在我国,建筑物本身责任的立法要早于建筑物抛掷物责任立法,现行法律关于建筑物责任的规定最早见于《中华人民共和国民法通则》第126条,这一条文将建筑物致人损害的物件限制在建筑物本身以及建筑物之上的搁置物和悬挂物,不包括建筑物中的抛掷物致害。由建筑物的所有人或者是管理人承担赔偿责任,侧重于对建筑物的整体以及附属物的致害责任进行规范。

在侵权责任法立法过程中,立法起草机关区分了建筑物搁置物、悬挂物与抛掷物的不同,将建筑物致害行为(包括建筑物之上的搁置物和悬挂物)和建筑物抛掷物致害行为分别规定,在民法通则的基础上增设了建筑物抛掷物的侵权行为类型。2002年“侵权责任法草案一审稿”第56条确定了建筑物抛掷物致害行为的“建筑物使用人的侵权责任”;2008年“侵权责任法草案二审稿”第83条将此改为“建筑物使用人的赔偿责任”;2009年正式通过的《中华人民共和国侵权责任法》第87条确定为“建筑物使用人的补偿责任”。至此建筑物抛掷物致害行为在行为人不明时,其救济方式在中国经历了“侵权责任—赔偿责任—补偿责任”的历史发展。

(二)建筑物抛掷物侵权与其他侵权行为区别

1. 建筑物抛掷物致害行为不同于搁置物、悬挂物致害行为

对于从建筑物上的物件坠落致人损害的责任,因与建筑物具有关联性,故习

惯上被称为建筑物致人损害的责任,简称建筑物责任。建筑物上发生的物件坠落的情况,因发生坠落的原因不同,其致人损害的情况也是不同的。在这些发生的原因中,基本可分为两种原因:一种是建筑物自身的原因,另一种是人从建筑物中抛掷物件而发生的坠落。[①] 是否为人力因素所为是二者最根本的区别。

众所周知,地球上的物体都受到地球引力的作用,搁置物、悬挂物依托于建筑物,其坠落在于克服了地球引力,非人为原因造成,所有人或者管理者的推定过错,在于没有发现搁置物、悬挂物与建筑物的依托关系因为非人为的因素发生了危险,可能是因为地球的引力的作用而落下致害。[②] 可见搁置物和悬挂物坠落致害不是因行为人积极行为造成,充其量是所有人或者管理者的不作为的消极行为所导致,所以对于搁置物和悬挂物致害应由有过错的所有人或管理者承担责任。但是抛掷物致害却是由行为人的积极行为即抛掷行为所为,抛掷物致人损害并非建筑物自身缺陷造成,而是建筑物以外的物从建筑物向外抛出致人损害。[③] 行为人在抛掷行为中主观上存在故意,按照侵权责任法中自己责任原则,应当要求抛掷的行为人承担民事侵权责任,不能类推适用搁置物、悬挂物致害责任。

2. 建筑物抛掷物致害行为不同于危险责任行为

以西班牙为代表的一些西方国家将建筑物抛掷物致害行为视为危险责任行为。所谓危险责任,王泽鉴先生认为,系指特定企业、特定装置、特定物品的所有人,在一定条件下,不问有无过失,对于因企业、装置和物品本身所具有的危险而产生的损害所承担损害赔偿责任。[④] 危险责任在适用时不问行为人主观上有没有过错均应对损害后果承担责任。危险责任是在 19 世纪末 20 世纪初随着工业现代化和科学技术的发展而产生的,为现代侵权责任法的发展带来了生机,亦迅速成为侵权责任法中的重要制度,危险责任表现为对行为人的制裁,对受害人权利的保护,而本质上强调的是社会公平正义。此处的危险包括“物的危险”和“活动的危险”。按照《西班牙民法典》的规定,建筑物坠落物适用危险责任最根本的原因在于建筑物是危险物,居民生活在建筑物中对周围环境造成了危险。而众所周知,建筑物是居民安家乐业之根本,是生存的最基础设施,如果将居民在自家居住的行为也视为一种危险行为,则造成人人自危、惶惶不

① 麻昌华:《高空坠物致人损害的法律救济》,载《法学论坛》2010 年第 2 期,第 26 页。

② 王竹:《建筑物抛掷物致害的“不赔”与“赔”》,载《燕山大学学报》2008 年第 3 期,第 58 页。

③ 王利明:《抛掷物致人损害的责任》,载《政法论坛》2006 年第 6 期,第 26 页。

④ 王泽鉴:《侵权行为法》(第一册),中国政法大学出版社 2001 年版,第 16 页。

可终日。在建筑物抛掷物致人损害以危险责任要求建筑物的使用人承担责任缺乏法理基础。

笔者认为，建筑物抛掷物致害行为与建筑物之上的搁置物、悬挂物致害行为迥然不同，后者是物件致害行为与人为因素无关，而前者为纯粹的人为行为，其与一般的人为抛掷物致害行为本质相同，只不过是实施抛掷行为的地理位置比较特殊而已，我们不能因为抛掷物本身的危险性而推断出从事行为的地点具有危险性，建筑物不是危险物品，建筑物抛掷物致害行为不同于危险责任行为。

（三）高楼抛掷物、坠物致人损害责任的特点

1. 因高楼中抛掷和坠落的物致人损害，主要分为：从建筑物中抛掷物品造成他人损害；从建筑物上坠落的物品造成他人损害。

2. 物品是从高楼中抛掷或坠落而导致他人损害。

3. 难以确定具体侵权人。

4. 归责原则上的特殊性：主要采取公平责任原则，例外情况下采取过错推定责任原则。

（四）高空抛掷物侵权责任的构成要件

1. 违法行为

违法行为是指自然人或者法人违反法律规定而实施了作为或不作为的行为，侵犯了法律所保护的他人的合法权益或者法律所保护的利益。它包括行为人应监管或者管理的人或者物所产生的违法行为。

2. 损害事实

损害事实是由于违法行为所产生的利益减少或者灭失的客观事实，它包括人身损害事实、精神损害事实以及财产损害事实。作为侵权责任构成要件的损害事实一般要求是可赔偿性损害。

3. 因果关系

因果关系指的是违法行为与损害事实之所以发生之间的内在联系，这种联系是前者引起后者、后者被前者引起的客观联系。

本案中原告黄某某的受伤符合以上三个要件，且建筑物使用人的抗辩理由于法无据。故陈权茂等12户住户作为可能加害的建筑物使用人，依法应对在其12户住户楼下因高空抛掷或坠落物而受伤致残的黄某某承担民事补偿责任。上述裁判结果衡量了受害人和使用人之间的利益，亦充分体现了《中华人

民共和国侵权责任法》填补损害的功能。

（五）建筑物抛掷物、坠物致人损害的责任主体

建筑物抛掷物、坠物致人损害的责任主体是可能加害的建筑物使用人（推定加害人）。

1. 责任主体是建筑物的使用人：是指在侵权行为发生时建筑物的实际使用人（建筑物所有人、承租人、借用人、其他使用建筑物的人）；

2. 责任主体是可能加害的建筑物使用人；

3. 责任主体是无法举证排除自己是侵权人的建筑物使用人。

（六）建筑物抛掷物、坠物致人损害责任的免责事由

某人实施的高空抛物致害行为使“可能加害的建筑物使用人”等众人成为了责任承担者。法律在将有些“无辜”者认定为责任承担者的同时也应为这些“无辜”者提供一些可以免责的事由。侵权责任法第87条对免责事由作出了指导性规定，即“除能够证明自己不是侵权人的外”。责任承担者要证明自己不是侵权人就必须证明自己不具有实施高空抛物致害行为的可能性，也就是证明自己不具侵权行为实施的条件或能力。在此笔者主张“可能加害的建筑物使用人”的免责事由有以下几种情况：

第一，证明自己限于条件或能力没有实施高空抛物致害的行为。此免责事由可包括：证明在损害发生时自己没有在建筑物之中、证明自己所处的位置无法实施高空抛物致害行为、证明自己家中无抛掷物或坠落物的可能，如在损害发生的方向该建筑物使用人使用的房屋没有窗户，或者窗户设有空隙狭小的护栏，抛掷物或者坠落物无法通过等。

第二，证明自己限于条件或能力即使实施了高空抛物致害行为，也无法使抛掷物或坠落物到达发生损害的位置。例如，自己居住的位置与损害的现场相悖或距离太远，无法将物抛掷或坠落到发生损害的现场。又如，建筑物使用人为残疾人或者生活难于自理之人，或者损害事件发生之时家中仅有婴幼儿，限于其能力其实施的行为无法将物抛掷或坠落到发生损害的现场。

第三，证明自己虽然实施了高空抛物致害行为，但自己的行为与损害的发生没有因果关系。例如自己的抛物或坠落物在下坠过程中被阻拦，仍然悬挂在半空中等。

（七）在高空抛物事件中物业管理公司的责任问题

笔者认为应从以下两个方面考虑：

1. 物业管理公司对高空抛物引起的人身财产损害不承担赔偿责任。理由是:

(1)高空抛物是行为人的故意行为,由此引起的一切责任(包括刑事责任和民事责任)应由行为人承担,这是一项基本法理。所以要求物业管理公司直接承担赔偿责任没有法理依据。

(2)在现行立法中找不到可要求物业管理公司直接承担责任的条文,即没有法律依据。

(3)物业管理公司的权利能力和行为能力所限,对高空物业管理无法预见、难以制止。物业管理公司在性质上是受托对小区物业实施管理,是小区规章制度(业主公约)的执行者,而不是制定者,它的权利来自于法律的规定和业主的授权。现行立法中有授权物业管理公司采取什么措施制止高空抛物行为,所以物业管理公司的地域范围是红线以内业主门户以外,他们无权入室巡视行权,即使授权入室行权也难以发现和制止高空抛物行为,所以物业管理公司无此行为能力。

2. 物业管理公司在一定条件下应承担一定的补偿责任。理由是:物业管理公司有管理小区公共秩序的责任或维护区域内秩序的责任,高空抛物是破坏小区公共秩序、危害公共安全行为,所以设法防止高空抛物应是物业管理公司职责之一。在目前的立法和现实条件下,物业管理公司的警示工作是必须的,如物业公司未尽此职责,应承担一定的补偿责任,如已尽此责任,则不应承担任何民事责任。

(八)本案分析

在本案中,原告黄某某在被告居住的兴田街道办事处丽都新园 Bl、B2 栋的楼门口被水泥块砸伤,从兴宁市公安局大新街派出所的现场勘查情况,结合现场概况、周围环境考虑,认定黄某某是被 Bl、B2 栋楼上坠落或抛掷的水泥块致伤,而具体的抛掷行为人不明,因此,本案无法确定具体的加害人。根据侵权责任法的相关规定,此类案件适用过错推定原则,如果 Bl、B2 栋楼的住户不能证明自己不存在过错的,则法院可以推定他们存在过错,构成高空抛物中的侵权人,应当向原告承担侵权责任;另外根据侵权责任法第 87 条规定,从建筑物中抛掷物品或者从建筑物上坠落的物品造成他人损害,难以确定具体侵权人的,除能够证明自己不是侵权人的外,由可能加害的建筑物使用人给予补偿。注意,此处是补偿责任而不是赔偿责任,亦不是连带责任,因此,法院最终判定由各被告陈权茂、罗本渊、薛幼辉、罗爱红、林永泉、罗文珍、罗钦泉、何柳鸳、何国志、罗志城、刘煌言、张锐各自补偿原告黄某某因伤所受的损失52694.7元之中的4391.2元，适用法律正确，处理适当，符合侵权责任法的相关原理和规定。

▶五、相关案例 > > >

【案例5-1】重庆叉棍案[①]

2008年11月24日，22岁女子袁正敏在重庆市渝州新城小区2号楼下，被从楼上掉下的一根长约1.3米的叉棍插入头部。由于找不到肇事者，袁正敏将2号楼的最有可能掉落叉棍的61名业主（部分房屋有多名业主）告上了法庭，索赔40万元。2010年6月，重庆市九龙坡区人民法院一审判决其中的48家业主分摊八成责任，共赔偿20.7万元，每家赔偿4326元。宣判结束后，面对“连坐”式的赔偿结果，50名业主不服提起上诉。2010年12月，重庆市中级人民法院开庭二审。庭审中，家住2号楼5—7的刘女士提交新证据称，其房屋的阳台在该事故发生时被灯箱广告牌完全封闭，不具备抛掷或坠落叉棍的客观条件。二审法院判决，除清水房业主和刘女士外的其余59名被告、共计47户平均分担80%的责任，即每户补偿袁正敏4418.4元。

【案例5-2】重庆烟灰缸案[②]

2000年5月11日凌晨，重庆市民郝某在重庆市某区学田湾正街的马路上和朋友李某聊天，而他们所处的位置，正在临街的仅一墙之隔而彼此相连的65号楼6号房和67号楼3号房的窗下。此时本应是夜深人静的时候，却偏偏从窗户里飞出一只硕大的玻璃烟灰缸，致使郝某头部受伤。公安机关经过现场侦查，排除了有人故意伤害的可能性，但难以确定该烟灰缸的所有人。2001年3月，郝某将位于出事居民楼第二层以上的24户居民告上法庭，要求他们共同赔偿自己的医药费、精神损失费等各种费用。法院经审理认为，对于开发商，因为其不是房屋的使用人，不可能有从窗户里往外扔烟灰缸的行为，故不应承担赔偿责任。对于22户人家，则适用过错推定原则，将举证责任倒置，只要其不能举证排除自己有扔烟灰缸的可能性，就要承担赔偿责任。因此，除了将郝某请

---

① 参见杨圣泉、尤先锋、韩政采：《天降叉棍伤人案一审宣判 1人免责60人分摊20余万》，载《重庆商报》2010年6月4日（18版）。

② 参见：《抛掷物致人损害典型案件——“重庆烟灰缸案”案情简介》，中国民商法律网，http://www.civillaw.com.cn/article/default.asp? id=31418，2007-2-28。

求赔偿的精神损害赔偿金从10万元降为3万元外，对郝某的医药费、住院期间生活补助费、护理费、伤残补助费、误工费、鉴定费、精神抚慰金共计178233元，渝中区法院判决由22户房屋的实际使用人共同承担赔偿责任。

▶六、问题与思考 > > >

伴随我国社会发展和城市化进程的加快，房地产业发展迅猛，城市人口日趋集中，高层住宅随处可见，动辄七八层，也有十几层甚至几十层的楼房，这些楼房的下面多是小区的道路，也有直接挨着公共大马路。因某些缺乏自律和社会公德的人随意进行高空抛物，或者一些非直接人为原因造成建筑物的物品坠落，从而频繁引发高层建筑中抛掷或坠落物伤人的案件。有数据表明，高空抛掷或坠落物导致的安全事故已经成为除道路交通事故外最主要的重大人员伤亡事故之一，被称为"悬在城市上空的利剑"。高空抛物责任的成立有助于预防高空抛物的行为，从而避免悲剧的发生。结合本案情况，请思考以下问题：

1. 应如何加强相关立法减少高空抛物相关案例的产生？

2. 很多人无法证明自己没有实施该行为，也无法证明真正的行为人，因此无法免责时，真正行为人的赔偿责任份额会因为多数人的分担而降低，是否反而会促使更多的行为人继续实施高空抛物行为？而如果不采取由"不能证明自己无过错的行为人"承担补偿责任机制，则无法保护受害人的合法权益，因此，如何协调和平衡受害人和无辜"行为人"之间的利益是立法的一大难题。

HOUJI

后　　记

《民法案例教程》是在我国持续深化法学专业实践教学改革，不断提高法学专业学生的实践创新能力的背景下编写的一部教程。本教程全部选用司法实践中的经典名案和疑难案例作为主案例，就每个主案例设“案情简介”“思维路径”“法律依据”“学理分析”“相关案例”“问题与思考”六个部分，将实践、法律、理论充分结合，以案释理，依法析案，力争以简洁明晰的语言解析实例，紧密结合现行法律规定和民法学理论深入阐释案件内在机理，并通过思维路径的点拨、相关案例的配置以及启发性问题的提出拓展学生思考的深度和广度。研读本教程，有利于开阔法科学生的视野，激发学习民法的兴趣，提高解决实际问题的能力，对于司法实践人员也有较高的指导价值。

本教材由陈佳（河北大学政法学院副教授、硕士研究生导师）、戴景月（河北省高级人民法院民事审判第二庭庭长、审判委员会委员）任主编，由苏艳英（河北大学政法学院讲师、法学博士）、邓春景（河北农业大学人文社科学院副教授、民商法学硕士）、苗春刚（华北电力大学人文学院讲师，民商法学硕士）任副主编。参编作者有：王宇（河北北方学院助教，民商法学硕士）、陈丽琴（河北金融学院法律系副教授，民商法学硕士）、贾少涵（河北农业大学人文社科学院讲师，民商法学硕士）、刘晨曦（河北大学政法学院民商法学专业硕士研究生）、田宇（河北大学政法学院民商法学专业硕士研究生）、李鹏鹏（河北大学政法学院民商法学专业硕士研究生）、靳哲思（河北大学政法学院民商法学专业硕士研究生）。

本教材的撰写分工如下(以撰写编目顺序为序):

陈　佳、戴景月、王　宇:第一编;

苗春刚、陈丽琴:第二编;

邓春景、贾少涵:第三编;

刘晨曦、田　宇、李鹏鹏:第四编;

苏艳英、靳哲思:第五编。

本教程的写作与出版得到了中国民主法制出版社、河北大学政法学院领导的关心和支持,在此表示诚挚的谢意。由于水平有限,加之时间仓促,书中不足之处在所难免,希望读者批评指正。

编　者

2015 年 2 月